뒤틀린 세계화

한국의 대안 찾기

나남
nanam

임현진 Lim, Hyun-Chin

서울대 사회학과를 졸업하고, 동 대학에서 사회학 석사학위를, 미국 하버드대에서 사회학 박사학위를 받았다. 서울대 사회과학대학장, 한국사회학회장, 한국 NGO 학회장, 국제개발 협력학회장 등을 역임했으며, 현재 서울대 사회학과 교수이다. 전공은 정치사회학, 사회발 전론, 비교사회학이며, 주요 저서로는 《지구시민사회의 구조와 역학》, 《세계화와 반세계 화》, *NEW ASIAS* 등이 있다. hclim@snu.ac.kr

공석기 Kong, Suk-Ki

서울대 사회학과를 졸업하고, 동 대학에서 사회학 석사학위를, 미국 하버드대에서 사회학 박사학위를 받았다. 현재 서울대 아시아연구소 연구교수이다. 전공은 정치사회학, 사회운동 론, 지구시민사회이며, 주요 저서로는 《글로벌 NGOs》, 《인권으로 읽는 동아시아》 등이 있 다. skong@snu.ac.kr

서울대학교 아시아연구소
세계 속의 아시아연구 시리즈 005

뒤틀린 세계화
한국의 대안 찾기

2014년 2월 28일 발행
2014년 2월 28일 1쇄

지은이_ 임현진 · 공석기
발행자_ 趙相浩
발행처_ (주) 나남
주소_ 413-120 경기도 파주시 회동길 193
전화_ (031) 955-4601 (代)
FAX_ (031) 955-4555
등록_ 제 1-71호(1979.5.12)
홈페이지_ http://www.nanam.net
전자우편_ post@nanam.net

ISBN 978-89-300-8739-1
ISBN 978-89-300-8655-4 (세트)
책값은 뒤표지에 있습니다.

이 연구는 2013년도 서울대학교 아시아연구소의
아시아기초연구사업의 지원을 받아 수행되었다 (SNUAC-2013-210).

세계 속의 아시아연구 시리즈 005

뒤틀린 세계화
한국의 대안 찾기

임현진 · 공석기 지음

나남
nanam

A Distorted Mirror of Globalization
Scoping out Korean Alternatives

by

Lim, Hyun-Chin
Kong, Suk-Ki

nanam

머리말

"꿈은 혼자 꾸면 꿈으로 끝나지만, 같이 꾸면 실현할 수 있다."
– 미국 인디언들로부터 전해 내려오는 속담

오늘의 지구는 혼미하다. 보다 아름답고 건전한 인류의 미래를 향한 비전과 전망이 흐려지고 있다. 메가트렌드로서 세계화^{globalization}가 처음의 기대와 달리 우리에게 유토피아보다 디스토피아를 가져다주는 듯한 우려와 불안을 주기 때문이다. 지구 곳곳에서 경제파탄, 환경재앙, 문화충돌, 인종분쟁, 민족갈등 등이 나타난다. 런던 정경대학 총장을 지낸 세계적 석학 기든스^{A. Giddens}가 비유했듯이, 크리슈나의 수레처럼 "우리의 통제를 벗어나 고삐 풀린 채 질주하는" 세계화는 안정된 경로를 따라 움직이는 것 같지만 인류를 위협하며 예측할 수 없는 방향으로 나아가면서 끝내 탈선할 수도 있다.

주지하다시피 세계화는 온 지구를 하나의 시장으로 통합하여 적자생존의 논리 아래 경쟁과 효율을 강조한다. 강한 자는 살아남지만 약한 자는 뒤처지기 마련이다. 빛과 그림자가 갈린다. 세계화로 인해 국가들 사이뿐만 아니라 나라 안에서도 지역, 계층, 집단, 부문, 세대, 개인 사이에 부익부 빈익빈의 사회경제적 양극화 현상이 나타난다. 이른바 지구적 불균형^{global imbalance}이다. 지구촌^{global village}이라는 허울 아래 '뒤처지는 80 대 잘나가는 20'의 약탈적 세계^{global pillage}가 나타나는 배경이기도 하다.

실제로 인류재앙을 상징하는 총체적 난국이 밀려오고 있다고 해도 지나치지 않다. 오늘의 세계는 '복합위험'^{complex risk}과 마주한다. 한 나라의 경계를 넘어선 경제위기, 환경위기, 자원위기가 그것이다. 이 위기는 점점 더 강하고, 빠르고, 크게 우리를 위협한다. 미국의 금융위기와 유럽의 재정위기, 기후변화로 인한 폭염과 한발, 한파와 폭설, 그리고 물과 식량과 에너지 부족, 토양과 해양 오염 등 경제-환경-자원의 삼각위기가 인류의 생명과 안전을 위협한다.

사실 1   한반도에 꿀벌이 사라지고 있다. 토양 및 대기오염, 유전자 변형, 전자파 범람, 살충제 과다사용, 이산화탄소 증가 등에 따른 생태파괴의 결과로 나타난 군집붕괴현상 colony collapse disorder으로 벌들이 벌집을 나가서 심하면 90%까지 돌아오지 않기 때문이다. 과실을 맺게 해줄 전령사인 꿀벌이 사라져 착과着果가 어려워지고 있다. 미국과 유럽도 사정은 비슷하다.

사실 2   중국은 세계 제2위의 쌀 수입국이다. 발암물질인 카드뮴에 오염된 쌀이 유통되면서 중국에서는 자국 쌀을 기피하고 외국 쌀을 선호하는 경향이 생겼기 때문이다. 거기다 중국 싼샤 지역에 댐이 여러 개 건설되면서 물길이 끊겨 메콩강 일대의 수량이 부족해졌다. 이로 인해 주요 쌀 생산국인 베트남과 태국의 쌀 생산이 줄어들어 국제 쌀 가격이 요동치고 있다.

사실 3   아시아는 여전히 빈곤에 허덕이고 있다. 아시아 인구 중 하루 수입이 2달러 이하인 빈곤층이 15억 명이나 된다. 그동안의 고도성장에도 불구하고 양극화 현상으로 인해 절대적 빈곤도 여전하고 상대적 빈곤은 더욱 커지고 있다. 교육과 보건에 대한 관심을 늘리고 사회 안전망과 인프라에 대한 투자를 확대해야 한다. 유럽에서 아시아로 부의 이동이 이루어지고 있다는 말은 과장된 것이다.

이것이 우리의 현실이다. 과연 우리는 이러한 경제-환경-자원의 삼각위기를 극복할 준비가 되어 있는가? 불행하지만, 그렇지 못하다. 지금까지의 인류가 거둔 발전성과에 기대어 삼각 복합위기의 심각성을 제대로 고민하지 못하고 있다. 지나친 낙관도 문제지만 비관 끝에 무책임한 자포자기도 문제이다. 우리는 언제 닥칠지 모르는 장기비상시대long emergency에 대비하여 실현가능한 대안을 마련해 두어야 한다.

공동저자인 임현진과 공석기는 이 책에서 희망의 메시지를 담으려 했다. 세계 여러 나라들의 다양한 형태의 도전과 그에 따른 성공과 실패의 경험을 바탕으로 다른 곳도 아닌 바로 한국에서 삐뚤어진 세계화에 대한 현실 적합한 대안을 찾아보려 노력했다. 지난 반세기 동안 산업화와 민주화라는 성공신화에 빠져 우리는 복지, 인권, 환경, 안전, 참여, 상생을 아우르는 지구정의global justice라는 과제에 관심을 갖고 이해하려는 노력이 부족했다. 이제라도 워싱턴 컨센서스로 대표되는 신자유주의적 세계화의 흐름 아래 나타나는 경제-환경-자원 등 총체적 위기를 극복할 수 있는 구체적 방안과 실행 전략을 마련할 필요가 있다.

지난 15년에 걸쳐 유엔이 추진한 새천년개발계획MDGs이 소기의 성과에도 불구하고 기대에 못 미쳤다는 비판과 함께, 우리는 2015년부터 시작되는 차기 MDGs인 지속가능개발계획SDGs에서 그러한 복합위기 극복을 위한 길잡이가 되었으면 하는 바람을 갖는다.

이 책은 모두 열두 마당으로 이루어져 있다. 첫째 마당에서 세계화에 대한 친세계화와 반세계화라는 서로 다른 관점을 소개하고, 이를 넘어서기 위한 대안세계화alt-globalization의 전망을 알아본다. 다음으로 둘째 마당에서 여덟째 마당에 걸쳐 신자유주의 세계화와 함께 떠오른 핵심 이슈인 위험, 금융, 빈곤, 자원, 식량, 전쟁, 이주 등에 대해 자세히 살펴보고, 주요 사례를 중심으로 이를 극복하기 위한 방안을 검토한다. 그다음 아홉 번째 마당에서 열한 번째 마당까지는 대안세계화를 추구하기 위한 시민사회의 프로젝트로서 세계시민, 사회적 경제, 마을 공동체라는 3가지 실천모델을 제시한다. 마지막 열두 번째 마당은 앞서 논의한 것을 기반으로 대안세계화의 방향과 과제를 총합하여 정리한 것이다.

끝으로 감사의 인사를 드리고자 한다. 이 책에 실린 글들은 원래 〈월간조선〉에 "세계화, 대안은 있는가"라는 주제 아래 2012년 1월부터 12월까지 1년 동안 매달 연재되었던 것이다. 저자들의 다소 무모하지만 진지한 고민을 받아준 〈조선일보〉의 변용식 이사와 〈월간조선〉의 최병묵 편집장 두 분께 이 자리를 빌려 고마움을 전하고 싶다. 이 책을 통해 한국이 세계화를 이끄는 가장 모범적인 후발 '선진국'善進國이 되었으면 하는 바람을 우리 독자들과 나눌 수 있기를 기대한다.

2014년 2월
연대와 공생의 사회를 기원하며
임현진 · 공석기 씀

나남신서 1739

뒤틀린 세계화
한국의 대안 찾기

차 례

01

친세계화와
반세계화를 넘어

들어가며

오늘날 우리는 세계화라는 메가트렌드 아래 살고 있다. 지구 위의 개인이나 집단 그 누구도 세계화의 영향으로부터 자유로울 수 없다. 세계화는 우리에게 기회이자 위협을 동시에 던져준다. 세계화에 의해 명암이 생기고 득실이 갈리게 된다. 결국 세계화가 우리에게 실효를 가져올 수 있도록 대응하고 관리하는 것이 매우 중요하다. 세계화는 앞선 자와 뒤선 자의 격차를 더욱 벌린다. 앞선 자는 살찌지만 뒤선 자는 쫓아가기 어려울 정도로 힘들다. 무한경쟁, 약육강식, 적자생존, 우승열패라는 냉혹한 논리가 세계화 흐름의 중심을 이루는 것이다. 이른바 지구적 불균형imbalance, 불평등inequality, 부정의injustice 현상이 산업, 금융, 무역뿐만 아니라 계층, 문화, 환경 등 거의 모든 영역에 걸쳐 나타나고 있다.

세계화는 자본주의가 전지구적으로 재구조화되면서 강화reglobalization되고, 동시에 해체deglobalization되는 양면적 성향을 갖는다. 세계화라는 흐름에 거역하는 반세계화를 표방하는 저항운동이 최근 거세게 일어나고 있다. 뉴욕 맨해튼 월가에서 2011년 9월 17일 시작된 '월가를 점령하라'Occupy Wall Street 시위는 미국은 물론 전 세계로 확산되고 있다. 신자유주의 세계화, 그중에도 금융세계화로 더욱 악화되는 지구적 불평등과 사회적 양극화에 대한 초국적 사회운동이 촉발된 것이다. 그동안 반세계화 운동이 가장 잠잠하던 미국, 그것도 신자유주의 세계화를 주도한 뉴욕 월가에서 반세계화 시위가 시작되었다는 사실은 신자유주의 세계화를 주도한 IMF, WTO, 세계은행World Bank과 같은 국제 금융조직에 대한 근본적 개혁이 필요함을 시사한다. 그동안 각개전투식으로 진행된 반세계화 운동이 '지구정의'global justice라는 마스터프레임으로 수렴되면서 '더 민주적이고, 정의로운 대안세계화'를 지향하는 지구정의 운동이 확산될 것을 예고하고 있다.

우리는 친親세계화와 반反세계화라는 단순한 이분법으로부터 벗어나려고 노력해야 한다. 한국사회에서 친세계화는 보수세력의 상징이고 반세계화는 진보세력의 깃발이라는 인식이 강하다. 그러나 세계화를 무조건 긍정이나 부정으로 접근하는

우리는 세계화의 흐름 속에서 살아간다.
(출처 : sonyaenglish2.blogspot.kr)

것은 바람직하지 않다. 세계화는 지식과 권력 사이의 헤게모니가 만들어 놓은 현실
이자 이념이다. 그러므로 이제는 친세계화와 반세계화를 이중운동double movements
으로 보고, 그것을 뛰어넘는 대안세계화alt-globalization를 위하여 진보와 보수가 함께
머리를 맞대고 전체 혹은 부문별 대안을 준비해야 할 시점이다. 특정 이데올로기에
매여 대안세계화 과제를 그저 멀찍이 바라만 보는 지성적, 실천적 자세는 더 이상
용납될 수 없다. 우리는 이미 복합위기 시대의 징후라 할 금융위기, 기후변화, 식량
부족, 에너지 고갈 등을 직간접적으로 경험하고 있기 때문이다.

그러므로 이번 마당에서는 먼저 세계화의 의미, 작동원리, 역사, 결과에 대해서
살펴보고자 한다. 그리고 세계화에 대한 대안세계화 운동의 주목할 만한 3가지 —
개혁자본주의, 지역·생태주의, 금융개혁주의 — 입장을 간략히 소개하고자 한다.

세계화에 대한 오해와 이해

21세기의 화두는 세계화다. 그러나 10여 년이 지난 지금 세계화의 매력과 권위는
땅에 떨어졌다. 세계화의 시대가 지나가고 이제 대안세계화를 모색하는 시대가 온
느낌이다. 2008년 미국발 금융위기로 시작된 글로벌 경제위기가 최근 유로존이 위
태로울 정도로 유럽의 재정위기로 확산되고 있다. 다행히 유럽연합은 재정통합 협

약을 통해 2012년 7월까지 1조 1,400억 유로를 조성하여 위기에 빠진 그리스, 이탈리아, 스페인, 포르투갈, 아일랜드 등을 도왔다. 이런 전지구적 경제 불안이 급속히 확산되면서 고삐 풀린 시장의 질주를 막고 금융과 재정 위기를 극복하기 위해 정부가 적극적으로 규제정책을 펼쳐야 한다는 국가역할론이 다시금 부상했다.

이러한 상황을 고려하면 과연 세계화가 앞으로도 존속할 수 있을지 의구심을 품게 된다. 오늘의 세계는 인류의 화합과 공존보다는 갈등과 분열의 모습을 보여주기 때문이다. 특히 2001년 9·11 테러를 기점으로 국제주의internationalism에 대한 기대가 쇠퇴하고 제국주의imperialism가 다시금 영향력을 행사하는 것을 목격한 우리는 세계화에 대한 기대를 저버릴 수밖에 없었다. 지구촌global village이라는 환상이 '약탈로 가득한 지구'global pillage로 둔갑한 현실은 선진국이 아프리카, 동남아시아, 중앙아시아, 라틴아메리카 등의 저개발국가에서 무차별적으로 진행한 자원 개발과 상품판매 경쟁과정에서 쉽게 확인할 수 있다. 이 과정에서 세계 곳곳에서는 문화충돌, 민족갈등, 자원갈등, 인종분쟁의 형태 아래 전쟁, 폭력, 테러가 끊이지 않고 있으며, 그 결과 빈곤, 기아, 압제라는 불행이 나타난다.

세계질서를 보더라도 미국 중심의 단극체제가 무너지고 있다. 이제는 무극無極 혹은 비극非極의 관점에서 G0의 형태로서 세계무질서의 미래가 논의되기도 한다. 그러나 중국이 부상하고 유럽이 쇠퇴하면서 헤게모니의 변화를 읽을 수 있다. G2의 대열에 중국이 유럽을 대신하여 미국과 어깨를 나란히 하게 된 것이다. 이미 중국은 풍부한 자연자원을 보유한 ASEAN 국가와의 경제협력이 중요하다는 것을 인지하고, 이들과 자유무역협정FTA을 체결하여 대규모의 개발사업을 진행하고 있다. ASEAN 지역에서 중국이 돌진적으로 세력을 확장하는 것을 견제하고자 미국은 이른바 '동남아로의 회귀'Return to Southeast Asia를 선언하고 일본, 호주, 필리핀, 베트남 등과 긴밀한 협력하여 중국을 압박하고 있다.

그럼에도 오늘의 세계는 나라들 사이의 상호 의존과 작용의 정도가 그 어느 때보다 깊어지고 좁아지는 것을 부인하기는 어렵다. 프리드먼T. L. Friedman의 묘사처럼 "세계는 평평하다"는 것을 최근 정보통신 기술의 획기적 발전과 소셜네트워크서비스SNS의 확대로 더욱 실감하게 되었다. 예컨대, 스마트폰의 앱 설치카카오톡, iMessage 등로 지구 반대편의 친구와 실시간으로 대화하고 의견을 나눌 수 있게 되어 시간과 공간의 장벽을 뛰어넘는 교류가 가능해졌다. 이러한 혜택을 누리는 동시에 세계화와 함께 EUEuropean Union, NAFTANorth American Free Trade Agreement, ASEANAssociation of South-East Asian Nations, APECAsia-Pacific Economic Cooperation, MERCOSURMercado Comun del Cono Sur, PUPacific Union 등과 같은 지역주의 형태의 초超국가주의가 대두되었다. 또한 구소련, 구유고, 캐나다, 스페인, 멕시코 등에서 인종, 종교, 언어에 기초한 분리주의 혹은 소小민족주의가 등장하면서 통합과 분화현상이 동시에 일어나고 있다. 이렇듯 세계는 한편으로는 지역 중심으로 나라들 간에 서로 더욱 의존하면서도 다른 한편으로는 생존경쟁이 심해지는 모순적인 모습을 보인다. 즉, 세계는 통합적일 뿐만 아니라 분열적인 이중적 작동원리 속에서 협력, 갈등, 타협과 반목현상을 반복적으로 보여주고 있는 것이다.

20세기 후반 냉전체제의 해체와 더불어 사회주의권이 붕괴되면서 자본주의 체제는 5대양 6대주 구석구석으로 퍼지게 되었다. 세계는 자본주의 세계 경제체제라는 단일 경제체제를 구축하게 된 것이다. 기존의 국민국가를 중심으로 이루어진 국가 간 경제활동, 주권행위, 사회교섭 및 문화교류 등의 국제화internationalization 단계가 국경선을 수평적, 수직적으로 가로지르는 '다국화'multinationalization 혹은 '초국화'transnationalization 단계를 거쳐 이제는 기능적으로 완전히 하나의 결정체로 통합된 의미를 띠는 '세계화'globalization의 단계로 전환되었다.

그런데 현실에서는 세계화에 관한 이해보다 오해가 많다. 흔히 예전에는 세계화라고 하면 좋은 것으로 생각하는 경향이 우세하였으나 요즘은 나쁜 면도 있다는 인식이 확산되고 있다. 세계화는 인류에게 이득이 될 수도 있지만 손실을 끼칠 수 있는 가능성도 높기 때문이다. 실상 세계화의 의미, 기제, 역사, 결과에 대한 논란이 그치지 않고 있다. 세계화를 어떻게 개념화할 것인가? 무엇이 세계화를 추동하는가? 세계화는 어떻게 작동하는가? 언제부터 세계화는 시작되었고, 어떻게 전개되었는가? 세계화의 결과는 무엇인가? 등에 대한 논쟁이 대표적인 예이다. 이러한

전 세계 모든 국가에 진출해 있는 초국적 기업. (출처 : mcmcapital.com)

질문에 대해서 분명히 대답할 수 있는 입장과 근거를 가져야만 오해와 편견 없이 세계화를 올바로 이해할 수 있을 것이다.

많은 사람들이 세계화를 흔히 경제적인 것으로 이해한다. 자본, 노동, 상품, 서비스 등이 국경을 넘어 교류되는 과정으로 인식하는 것이다. 실제로, 세계화는 자본주의를 모태로 기능하면서 산업적 축적에서 금융적 축적의 방향으로 나아가고 있다. 그 결과 국민경제가 사라지고 있으며, 국가의 수호자인 기업도 국적이 없어진다는 주장처럼 세계화로 인해 국민국가의 정책적 자유도가 약화된다는 주장은 부정할 수 없는 사실이다. 이러한 세계화를 추동하는 요인은 이윤실현을 확대하려는 자본의 논리와 전지구적 연결망을 가능케 하는 과학기술, 정보통신, 교통운송의 혁신이라고 말할 수 있다.

세계는 더욱 좁아지면서 지방적인 것과 세계적인 것 사이의 체계적 상호연결과 소통이 강화되면서 이른바 '세계지방화'glocalization와 '지방세계화'locabalization 현상이 일상적으로 이루어진다. 이제 인류는 내가 어디에 있는가 하는 절대적 위치 및 시간 속에 갇혀 있기보다는 정보통신기기를 통해 '시공간적 압축'으로 표현되는 실시간 정보공유 네트워크를 유지하며 자유롭게 소통할 수 있게 되었다. 즉, 세계화가 진전되면서 전지구적 사안에 관심을 가진 주요 행위자들은 서로 관계를 맺고 이어져 네트워크로서의 세계화를 경험한다. 그 속에서 지구시민으로서 국제정책 결정과정에 직접 참여하는 '제도를 통한 정치전술'을 구사하기도 하고, 때로는 연대활동을 통해 간접적으로 압력을 행사하는 '영향의 정치전술'을 행사하기도 한다.

한편, 세계화가 모든 사회의 성장과 발전에 긍정적으로 기여한다는 옹호자가 있는가 하면, 이에 맞서 세계화는 빈곤과 불평등을 가져온다는 반대론자도 있다. 최근에는 이러한 세계화의 명암과 시각차를 극복하기 위해 대안세계화론이 제기되었다. 친세계화론자들은 세계화로 자유로운 교역과 거래를 활성화하여 지구 전체의 부를 늘림으로써 개도국들이 후진의 멍에에서 벗어날 수 있다고 본다. 그러나 현실은 국가들 사이뿐만 아니라 국가 안에서도 개인, 집단, 부문, 계층 사이의 불평등이 늘어나고 있다. 이런 견지에서 반세계화론자들은 초국적 자본에 의해 주도되는 세계화가 '20 대 80' 더 나아가 '1 대 99'라는 빈부격차를 가져온다고 파악한다. 그들은 이 문제를 극복하기 위해서는 근원적 접근, 즉 제국주의의 전 세계적 확장을 막고 지역 수준에서는 주민의 경제, 사회, 문화적 권리를 강화하며 집합적 재산권 확보를 통해 세계화의 흐름을 저지해야 한다고 본다. 그러나 대안세계화론자들은 세계화 자체를 완전히 부정하는 것이 아니라 세계화가 지닌 경제적 측면의 모순을 직시하고 이를 극복하고자 한다. 그들은 '인간적 세계화'humane globalization를 내세우며 풀뿌리 시민이 힘을 키울 것과 정부가 적절히 개입과 규제 정책을 수립할 것을 강조한다.

그동안 세계화의 입장은 한 나라가 발전하려면 정부의 역할을 강조하기보다는 자유시장 기제에 모든 것을 맡겨야 한다는 것이었다. 즉, 시장중심 이데올로기에 방점을 둔 것이다. '국가를 개방하고 시장에 의존하라. 그러면 천년왕국이 도래할 것이다'라고 주장했다. 그러면서 자유무역, 시장개방, 조세감면, 기업지원, 외자유치, 규제완화, 복지축소, 민영화 등을 강조하였다. 그러나 문제는 자본주의 세계시장 메커니즘에 모든 것을 맡길 경우 ― 물론 선진국의 경우 자국 농업 및 유치산업

빈곤, 불평등을 초래하는 세계화의 어두운 이면이 드러나며
반대의 목소리가 커지고 있다. (출처 : wikipedia.com)

보호정책을 실시하고 있지만 — 일종의 초국적 제도와 정책이 위로부터 강제되기 때문에 각국의 민주주의가 위축될 수 있다는 것이다. 또한 국가가 왜곡된 자원배분을 시정하는 데 주저하고 과도한 경쟁원리에 의해 분배가 진행된다면 공정성과 형평성의 악화로 이어진다. 신자유주의 세계화가 강화될수록 민주주의 작동은 약화되고, 그 결과 참여와 평등보다 경쟁과 축적이 강조되어 사회경제적 양극화는 더욱 강화되는 악순환이 지속되는 것이다.

한국사회도 메가트렌드인 세계화를 따르고 있다. 앞서 강조한 것처럼 세계화는 민족주의의 팽창과 국제주의의 형성이라는 역설 현상을 낳고 있다. 최첨단을 상징하는 렉서스와 전통을 중시하는 올리브 나무 사이의 갈등 아래 맥도날드와 지하드 사이의 첨예한 대립을 보여준다. 이런 세계화의 모순된 상황 속에서 한국의 선택은 무엇인가? 필자들은 세계화를 국가발전을 위한 하나의 수단일 뿐 그 자체가 목적이 아니라는 점을 강조하고 싶다. 국제무대에 참여하지 않고서는 번영은커녕 생존조차 할 수 없는 것이 세계사의 조류이다. 예컨대, 개방과 개혁을 적극적으로 추진한 중국의 성장과 그렇지 못한 북한의 빈곤은 과거 외부로부터의 도전에 대한 내부의 응전이 갖는 차이를 극명하게 보여준다. 우리도 1890년대 개항, 1910년의 식민지화, 1945년 해방, 그리고 1997년 외환위기 당시의 역사적 과오를 되풀이하지 않기 위해서는 현재 진행되는 세계화라는 거대한 지구인류적 변환에 대해 선취적이고 전향적인 자세로 대처해야 할 것이다.

세계화에 대한 대응 : 지구정의 운동

인류가 자본주의 이후에 포스트모던이라고 상징화되는 정보사회, 지식사회, 녹색사회, 양자사회에 들어섰다고 해도 그 실체는 결국 자본주의 체제라는 사실은 부정할 수 없다. 즉, 세계화란 자본주의가 전지구적으로 재구조화되면서 강화되고 동시에 해체되는 양면적 성향을 갖는다고 보아야 한다. 전자는 초세계화론자의 입장이며, 후자는 세계화 회의론자의 입장이다. 초세계화론자는 세계화를 인류역사의 새로운 기원으로 보고 세계시장의 논리에 의해 국민국가의 권위와 역할이 약화되고 있다고 주장한다.

세계화의 결과에 대해 신자유주의자들은 모든 국가들이 세계경제 안에서 한 가지 이상의 비교우위를 지니기 때문에 일부 국가는 손해를 보더라도 전체적으로 부의 증진이 이루어질 수 있다고 본다. 이에 비해 신마르크스주의자들은 자본주의 세계경제가 국가 간 그리고 국가 내 불평등을 악화시킨다고 파악한다. 또한 초국가적 거버넌스가 중요해지면서 국가의 사회복지와 같은 정책적 능력은 줄어들 것이라고 반박한다.

이에 대해 세계화 회의론자들은 세계화는 전혀 새로운 현상이 아니며, 이미 수세기 전부터 이루어져온 것으로 본다. 세계화는 이미 19세기 말 황금기를 지났으며, 오히려 현재는 지역주의에서 볼 수 있듯이 세계화보다는 블록화가 진행되고 있다고 이해한다. 그들은 세계화는 하나의 신화에 불과하며 소수 선진국과 이에 모태를 둔 초국적 기업이 자본주의 세계경제를 통제하고 있어 개도국들은 더욱 어려워질 뿐이고 글로벌 거버넌스는 신자유주의적 세계화의 숨겨진 전략에 불과하다고 비판한다.

친세계화와 반세계화의 와중에서 우리는 이 둘을 극복하려는 대안세계화 운동에 주목할 필요가 있다. 그 대표적인 예가 바로 지구정의 운동global justice movements이다. 지구정의 운동은 신자유주의 세계화를 주도하는 국가나 국제기구의 정책을 비판하고 이에 저항하는 활동가와 운동단체 간의 초국적 연대활동을 의미한다. 지구정의의 마스터프레임으로 수렴되기 위해서는 다양한 운동영역의 참여자가 스스로 전지구적 차원의 운동대상, 즉 '그들'otherness에 대한 인식과 '우리'weness라는 정체성을 강화시킬 수 있는 담론개발과 초국적 저항운동에 꾸준히 참여하는 것이 필요하다. 신자유주의 세계화에 대항하기 위해 환경, 인권, 노동, 여성, 농민 운동이 '아래로부터의 세계화', 즉 지구민주주의를 지향하며 더욱 능동적으로 대응하기 시작했다. 그 대표적인 것이 바로 세계사회포럼World Social Forum의 출현이다.

세계사회포럼은 초국적 수준에서 다양한 생각들을 자유롭게 나눌 수 있는 개방적인 공간이며 민주적 토론을 핵심 운영원리로 삼고 있다. 모두 14개 조항으로 이루어진 '세계사회포럼 헌장'은 사회포럼이 다양한 운동 전략과 전술을 새롭게 제안하고 참여자의 다양한 운동 경험을 나누며 배우는 학습공간이며, 자본주의 세계경제체제에 반대하는 다양한 운동조직을 수평적, 수직적으로 상호 연계할 수 있는 네트워크 공간이라는 내용을 담고 있다.

그러나 거대하고 다양한 캠페인, 집담회 및 문화행사가 분산적으로 진행되는 세계사회포럼에서 시민사회 스스로 신자유주의에 대항하는 효과적인 대안을 만드는 것은 불가능하다는 내부 비판도 있다. 비판의 요지는 사회포럼을 하나의 '과정'process인 행사로 방치하지 말고 좀더 투명하고 민주적인 조직운영 원리를 토대로 한 중앙집중적 조직구조를 구축해서 운동 효과와 파급력을 높여야 한다는 것이다. 이러한 한계에도 불구하고 세계사회포럼은 지구정의 운동의 영양분을 제공하는 토양이었고, 대안세계화를 둘러싼 다양한 담론을 논의할 수 있는 초국적 공론장이라는 점에서 큰 의의가 있다.

지난 10여 년에 걸친 세계사회포럼 개최를 통해 다양한 운동부문은 꾸준히 수렴과 연대를 강화했다. 예컨대, 환경부문은 환경정의environmental justice와 기후정의climate justice를 주창하며 농민, 노동, 인권 부문과의 연대활동을 전개했다. 인권부문은 시민의 정치적 권리에서 경제·사회·문화적 권리를 포함하는 사회정의social justice를 주장하며 다양한 부문과의 연대활동을 전개하였다. 금융세계화 반대운동역시 외채탕감과 국제금융기구 개혁을 통한 경제정의economic justice를 주창하며 농민, 환경 부문과의 연대활동을 전개하였다. 특히 신자유주의 세계화로 말미암아이중 삼중의 고통을 감수하고 있는 여성운동은 경제적 불평등 및 다양한 차별 철폐를 통한 젠더정의gender justice를 요구하였다. 농민운동은 거대 곡물기업의 지역농업 잠식현상으로 인한 식량주권 위기에 맞서 식량정의food justice를 주장하며, 환경운동과의 연대활동을 강화했다. 이처럼 다양한 사회운동 부문들이 '정의'라는 마스터프레임으로 수렴하면서 환경과 농민, 인권과 여성, 환경과 노동 운동 부문의 만남과 연대가 강화되고 있다.

대안세계화 운동의 주요 입장

대안세계화 운동은 노동, 환경, 여성, 농민, 금융 등 다양한 영역에서, 모든 지역에 두루 걸쳐 펼쳐지고 있다.

첫째, 개혁자본주의 입장은 고삐 풀린 행태와 무제한적인 이윤추구 활동을 억제하는 자본주의를 지향한다. 그 대표적인 사례로 기업의 사회적 책임성CSR 강조와 사회적 기업social enterprise의 육성을 들 수 있다. 전자는 이윤추구를 목표로 하는 기업이 환경보호, 노동조건 개선, 혹은 지역사회의 지원에 적극적으로 참여함으로써 궁극적으로 사회적 가치를 제고하는 데 기여하는 것을 의미한다. 후자는 사회적 목적을 추구하는 동시에 수익을 창출하는 기업조직으로 취약계층에게 일자리나 사회적 서비스를 제공하는 것 같은 사회적 목적을 추구한다.

스티글리츠J. Stliglitz가 주창한 '인간적 얼굴을 한 자본주의 세계화' 역시 초국적 기업의 사회적 책임, 기업지배구조 개선, 글로벌 법률 도입, 부패척결 등과 같은 방법을 동원하여 달성할 수 있다. 사회적 기업의 대표적 옹호자인 박원순 서울시장은 공익을 기업적 방식으로 실현할 수 있다고 보면서, 사회적 기업의 성공요인으로 창의적인 기업가 정신을 강조했다. 한편, 김종철 〈녹색평론〉 편집인은 개혁자본주의 노력은 근본적으로 한계가 있다고 지적했다. 그는 기업의 윤리적 경영 혹은 사회적 책임 주장이 기업의 생리를 모르는 순진한 사고에서 나온 것이며, 이 모든 활동은 기업 마케팅 전략의 하나로 기업 이미지를 제고하기 위한 전술에 불과하다고 비판했다. 그러나 사회적 기업의 경우 아직 실험적 단계에 있기 때문에 그것을 단순히 기업 마케팅으로 치부하는 것은 문제가 있다. 이념적 비판보다는 사회적 기업을 지원하는 후견기업, 지방자치단체, 지역시민사회, 중앙정부가 적극 개입하여 한국 상황에 적합한 사회적 기업의 새로운 모델을 찾으려는 노력부터 해야 할 것이다.

둘째, 지역·생태주의 입장은 많은 시민들의 관심을 받고 있으며 구체적 사업을 통해 많은 참여를 이끌어내고 있다. 지역·생태주의의 대안은 우선 '협동조합'이다. 국가 혹은 의회주의나 자본시장보다는 시민민중 스스로 연대해 협력적인 살림살이를

뛰어난 자연경관을 자랑하는 세계문화유산 하롱베이.
그러나 이곳에서도 무분별한 지역개발이 행해지고 있다. (출처 : asa100.com)

모색하는 생활협동조합^{생협}에서 대안을 찾으려는 것이다. 2008년 조사에 따르면 한국에서 안전한 먹을거리를 구매할 수 있는 생협을 목표로 운영중인 조합은 158개 회원조합과 30만 명의 조합원을 거느리고 3,570억 원의 매출을 올렸다. 그러나 생협은 친환경 농산물 사업을 중심으로 하여 일반 농산물 가게에 비해 가격이 비싸고, 시장규모의 확대 가능성이 제한되어 있다. 그렇기 때문에 대형 유통업계가 친환경 농산물 시장에 적극 개입하는 상황에서 생협의 입지는 점차 좁아질 것으로 우려된다.

　　지역·생태주의의 또 다른 대안은 바로 '공정무역'이다. 다양한 사례가 있지만 커피의 경우, 전 세계 커피원두 판매의 1.5%만이 공정무역으로 거래될 정도로 공정무역의 규모는 매우 미미하다. 한국에서는 아름다운 가게, 두레생협, 한국 YMCA, (주)페어트레이드코리아, 한국공정무역연합, iCoop 등의 중심이 되어 네팔, 팔레스타인, 동티모르 등지에서 커피나 초콜릿을 공정무역으로 거래한다. 그 규모는

2006년의 4억 1천만 원에서 2008년 28억 5천만 원으로 크게 늘었지만 그 효과성에 대해서는 여전히 회의적이다. 월든 벨로W. Bello가 옥스팜의 공정무역의 한계를 비판하며 말했듯이, 공정무역을 통한 지역과 생태계 보호운동은 단순히 '온정주의'적 접근에 불과하며 제 3세계의 빈곤문제를 근본적으로 해결할 수 없다는 것이다.

지역・생태주의 주장처럼 현재 전지구적으로 뿌리내리고 작동하는 자본주의 세계 경제체제를 부정하고 대안을 모색한다는 것은 매우 현실성이 부족하다는 한계를 지닌다. 환경파괴를 주도하는 현 자본주의 세계 경제체제를 저지하고 환경친화적 대안사회를 형성할 주체가 누구인가에 대해서는 괄호 안에 넣고 있는 것이다.

셋째, 금융개혁주의 입장을 살펴보고자 한다. 이 입장은 현재 세계화의 본질을 금융세계화로 등치시키고 세계화로 인해 금융의 불안정성이 지속되며 그 결과 전지구적 차원의 불평등이 심화된다고 주장한다. 그리고 이러한 문제를 극복하기 위해서는 금융세계화를 주도하는 국제 금융조직 3인방 — IMF, WTO, 세계은행 — 을 민주적으로 개혁하는 것이 무엇보다 중요하다고 본다. 예컨대, 프랑스의 금융세계화 반대 조직인 아탁ATTAC은 투기자본에 대한 과세를 통해 금융 통제와 금융 공공성을 높이는 토빈세Tobin Tax 도입을 주장한다.

그러나 금융세계화 문제는 단순히 금융의 문제에만 국한된 것이 아니라 자원을 둘러싼 전쟁과 긴밀히 연결되어 있기 때문에 이를 동시에 고려하여 대안을 모색하는 것이 중요하다. 그런데 금융개혁주의 입장은 세계경제 위기를 단순히 금융의 문제로만 한정시킨 채, 실물부문의 위기에는 관심을 두지 않는 한계를 보인다. 또한 토빈세 도입 이후 어떤 방식으로 세금을 부과하고, 누가 그것을 관리할 것인지, 그 세금을 어디에 어떻게 활용할지에 대한 구체적 계획을 내놓지 못했다. 그리고 세계화의 폐해라 할 수 있는 기아와 빈곤, 자연파괴, 자원고갈 등에 어떻게 대응할 것인지에 대한 합의를 이끌어내지 못하고 있다.

이상의 대안세계화의 주장에 대한 한국의 정부중앙과 지방, 기업, 그리고 시민사회의 입장은 무엇일까? 필자들은 앞으로 논의를 계속하며 이슈별로 구체적인 대안의 현주소를 알아보고 바람직한 한국의 선택을 미래지향적으로 도출하고자 한다.

02

위험 : 성찰의 세계화

위험사회 시나리오 : 기후변화

"우리는 얼마나 시간이 남아 있는지 모른다"

레스터 브라운 박사의 최근 저작 *Plan B 4.0 : Mobilizing to Save Civilization* 을 읽다가 문득 다음과 같은 섬뜩한 시나리오가 머릿속에 떠올랐다.

2100년 5월 4일, 한국은 봄인데도 벌써 열대야가 시작되어 밤에도 25℃ 밑으로 떨어지지 않고 있다. 21세기 초의 평균기온보다 무려 6℃나 높아진 온도이다. 오늘 아침에는 중국, 인도, 방글라데시, 베트남에서 동시다발적으로 일대 폭동이 일어났다는 속보가 전해졌다. 해수면 상승에 가장 취약한 이들 국가에서는 벌써 수천만 명의 기후난민들이 발생하였고, 이제는 국경을 넘어 새로운 정착지를 찾고 있어 머지않아 국가 간 충돌로까지도 이어질 전망이다.

21세기 초부터 매년 18㎝씩 올라오기 시작한 해수면이 어느새 18m나 높아지면서 그 비옥했던 농지가 다 수장되고 말았다. 해수면 상승의 문제는 과학기술의 발달로 해결할 수 있다고 주장했던 과학자들은 뒤늦게야 기후변화의 정도가 티핑포인트를 넘어선 지 오래라고 경고한다. 세기 초까지만 해도 그 흔하던 빙하는 북극해, 그린란드, 남극해의 일부에서만 찾아볼 수 있다. 히말라야의 그 거대한 눈과 빙하가 사라진 지 오래되었다. 겨우내 꽁꽁 얼었던 얼음과 산악의 눈이 봄이 되면서 녹아 그것이 대지와 농지에 필요한 물을 공급해야 하는데 그 얼음이 사라져서 대지는 메마르고 건기는 더욱 길어졌다.

한편 가뭄을 벗어나고자 농민들은 농사에 필요한 지하수를 찾아 퍼 올린 나머지 더 이상 취수할 수 없을 정도로 대수층이 고갈되고 말았다. 농촌뿐만 아니라 도시 역시 더욱더 많은 물을 사용하기 때문에 결국에는 도시 거주민이 농촌지역의 물을 독점하게 된다. 궁극적으로 물 부족상황은 우리의 주식인 쌀, 밀, 옥수수 생산의 감소로까지 이어지고 만다. 물을 찾아 헤매는 인구 혹은 물을 피해 이주하는 인구가 기하급수적으로 늘고 있지만, 국가는 자국의 물 방출을 막고, 농토를 보호하기 위해 국경의 벽을 높이고 있다.

오늘날과 같은
물 관리방식, 생활습관은
심각한 물 부족을 초래한다.
(출처 : rainharvest.co.za)

이런 전지구적 과제를 해결하기 위해 만든 국제기구는 유명무실한 존재가 된 지 오래다. 기후변화로 촉발된 해수면 상승, 가뭄, 그리고 식량부족을 겪는 힘없는 국가는 일촉즉발의 물의 전쟁, 식량전쟁, 기후난민 충돌을 마주할 위험에 처해 있다. 남북통일 이후, 한국도 저돌적 개발방식과 도시화 정책으로 농지가 사라지고, 기후변화로 물 부족과 식량위기를 맞게 되었다. 외국에서의 농지구입이 불가능하게 된 것도 벌써 반세기가 넘어간다.

참으로 암울하다. 이 기후변화의 끝은 어디인가? 21세기 초 레스터 브라운 박사가 예견한 것처럼, "우리는 우리에게 남아 있는 시간이 얼마인지 모른다." 이 무서운 경고의 메시지를 성찰적 자세로 받아들였다면 이러한 복합위험 현상이 우리 앞에 이렇게 빨리 다가오지는 않았을 것이다. 좀더 철저한 준비가 필요했는데 왜 우리는 앞만 보고 달렸을까? 후회하기에 너무 늦은 것인가!

전지구적 차원의 위험은 더 이상 공상과학 소설이나 영화 속의 주제가 아니다. 우리 앞에 닥칠 수 있는 현실이다. 21세기 말에 우리의 모습이 위에서 묘사한 것처럼 비극으로 치닫지 않기 위해서는 국가, 기업, 시민사회 모두가 위험사회에 대해 예방적이고precautionary, 성찰적인reflexive 자세를 동시에 갖춰야 할 것이다.

위험사회의 도래 :
에너지 대안으로서 원자력의 한계

"석유시대의 종말, 원자력이 답이 아니다"

현대문명을 위협하는 또 하나의 위험은 우리 몸의 혈액과 같은 에너지의 고갈이다. 오늘날 우리에게 풍요와 문명을 가져다준 에너지 자원 — 석유, 가스, 석탄, 우라늄 — 이 빠른 속도로 고갈되고 있다. 석유생산은 정점peak oil을 넘어 이제 하강곡선을 그리게 되었다. 21세기 안에 석유가 생산되지 않는 시대가 올 것이라는 믿고 싶지 않은 진단이 계속 나오고 있다.

석유가 없는 세상을 상상해 보자. 우리는 석유 속에서 눈을 뜨고, 석유를 쓰고, 바르고, 먹고, 마시고, 입고, 석유 속에서 잠든다. 침대, 이불, 베개, 칫솔, 비누, 샴푸, 치약, 화장품, 화학섬유 의류, 자동차, 운동화, 안경, 핸드폰, 컴퓨터, 연고, 볼펜, 골프공, 전기밥솥, 카펫, 소파 등 이 모든 것이 석유에서 나온 재료로 만들어졌다. 이처럼 석유가 들어가지 않은 물건을 찾아내는 것이 어려울 정도로 우리 삶은 석유로 가득 차 있다. 그런 석유가 고갈되고 있으며, 대부분의 석유 산유국들이 정점을 지나고 있다.

전 세계 2만 개 이상의 유전을 모두 분석한 결과 매장량은 총 약 3조 배럴이며, 안타깝게도 더 이상의 유전은 발견되지 않고 있다. 석유를 퍼 올릴 수 있는 기술과 에너지 비용을 고려할 때 사용 가능한 매장량은 2조 배럴에 불과하며, 인류는 지금까지 약 1조 배럴가량을 소비하였다고 전문가들은 분석한다. 문제는 그 사용 증가 속도가 급격히 늘어나면서 석유정점이 2020년 안쪽으로 점차 당겨지고 있다는 사실이다. 정도와 시기의 차이는 있을지라도, 전문가들은 다른 에너지 자원 — 천연가스, 석탄, 우라늄 — 의 고갈도 그 시기가 점차 앞당겨지고 전망한다.

이러한 에너지 고갈이란 위험상황에서도 사람들은 석유정점에 대해 안일하게 생각하곤 한다. 인류가 그동안 이루었던 것처럼 나노기술과 같은 첨단 과학기술을 활용한다면 대체에너지는 쉽게 발견될 것으로 막연히 기대하는 것이다. 그 기대 속에

석유 사용량의 급격한 증가로
석유 에너지의 고갈도 앞당겨지고
있다. (출처 : politic365.com)

서 석유 소비에 의존한 '석유 자본주의' 삶의 양식을 결코 바꾸려 하지 않는다. 가령 일회용품 천국의 나라에 사는 미국인들은 일회용품을 즐겨 쓰는 습관을 고수하고 있다. 중국, 동남아, 이제는 중남미 개발도상국가의 저임금 노동에 기초한 값싼 일회용품이 지속적으로 공급되기 때문에 반환경적 생활패턴이 변하지 않는 것이다.

'석유시대의 종말'을 경고하는 시사 다큐멘터리를 보면서도 이기주의와 낙관주의에 빠져 내가 사는 동안은 결코 이런 일이 일어나지 않으리라고 생각하는 사람들이 우리 주변에 많다. 물론 석유생산 정점이 도래하거나 이미 지났고 석유가격 상승, 경기침체, 인구감소, 석유 자본주의와 산업문명의 붕괴가 이어질 것이라는 암울한 진단을 믿는 사람도 늘어나고 있다. 그러나 문제는 후자의 경우 에너지위기의 탈출구를 원자력에서 찾고 있다는 점이다.

지난 20여 년간 침체기에 있었던 원전산업이 최근 자원위기와 기후변화라는 새로운 사회경제적 변화를 맞아 새롭게 주목받고 있다. 원자력만이 미래의 에너지 수요를 충당하고 화석연료 고갈과 지구온난화를 막을 수 있는 가장 현실적인 대안이라는 것이다. 이러한 주장은 심지어 기업계, 정치계, 일부 시민사회 진영에서도 설득력을 얻고 있다. 그러나 원자력은 절대로 기후변화나 자원고갈 등의 환경위기를 극복할 수 있는 현실적 대안이 아니다. 우리는 그 이유를 약 1년 전 일본 후쿠시마 원전사고에서 쉽게 확인할 수 있었다. 2011년 3월 11일 일본 후쿠시마 원전사고는 다시 한 번 인류가 만들어낸 원자력 발전이 얼마나 돌이킬 수 없는 피해를 일으킬 수 있는지, 그 위험성을 적나라하게 보여주었다. 일부에서는 원자력이 경제적이고, 깨끗하며, 안전하다는 억지주장을 반복한다. 그러나 이 주장의 한계점은 몇 가지로 나누어 살펴볼 수 있다.

첫째, 원자력 발전이 가장 경제적이란 주장이 있지만 원자력은 결코 싼 에너지가 아니다. 원전 해체비용과 핵폐기물 처리비용을 고려하지 않더라도, 그 건설비용은 다른 화석연료는 물론 재생에너지 건설비용과도 비교하기 어려울 정도로 비싸다.

둘째, 원자력발전은 기후변화 위기를 극복하는 대안이 되기 힘들다. 지구온난화를 막으려면 2020년까지 약 60%가량의 이산화탄소를 줄여야 하는데 원자력 발전은 신규 발전소 건설기간이 너무 길기 때문에 기후변화를 막는 신속한 실천을 하기 어렵다. 2009년 현재 전 세계 435개의 원전이 가동중이며 이들의 평균 가동연수가 25년이다. 지금까지 폐쇄된 123기의 원전 평균수명이 22년인 것을 감안할 때 가동중인 435개 중 대부분의 원전이 향후 20년 이내에 가동을 중지해야만 한다.

원전을 통해 기후변화에 대응하기 위해서는 현재 가동중인 원전보다 훨씬 많은 원전을 2020년까지 건설해야 한다. 우리가 사용하는 에너지 부문이 전체 이산화탄소의 가장 큰 배출원인데 오늘날 원자력은 전 세계 최종 에너지의 2% 정도만을 차지하고 있을 뿐이다. 따라서 원전은 전력생산의 일부분에서 발생하는 이산화탄소만을 줄일 수 있고 전체 에너지 부문의 이산화탄소 감축에는 큰 역할을 하기 힘들다.

셋째, 원자력 발전은 인류에게 무한에너지를 공급할 수 있는 '프로메테우스의 불'로 여겨졌지만, 그 혜택을 누리는 데 치르는 비용, 즉 방사능 누출 위험과 핵무기 확산 공포라는 엄청난 환경적, 사회적 대가를 감수해야 한다. 후쿠시마 원전사고는 바로 인간의 통제를 벗어난 핵분열 기술이 얼마나 큰 재앙을 초래할 수 있는지 여실히 보여주었다. 더 나아가 이러한 거대기술의 오작동에 의한 피해가 공평하게 분담되지 않는 이른바 '환경불의'environmental injustice가 발생한다. 예컨대 후쿠시마 원전사고의 경우, 원전 근처의 주민들이 입은 피해가 원자력 발전의 최대 수혜자인 도쿄 시민의 피해보다 훨씬 클 수밖에 없다. 이는 거대 기술이 야기할 수 있는 '사회불의'social injustice를 보여주는 것이기도 하다.

석유시대를 마감하는 청정에너지 자원으로서 원자력을 주목하는 것은 인간의 능력을 지나치게 과신하는 참으로 위험한 사고이다. 원자력 발전소 수를 늘릴수록 우리는 더 많은 시한폭탄을 가진 위험국가 속에서 살게 되는 것이다. 생명과 안전을 최우선적으로 고려할 사항이라면 원자력은 결코 답이 될 수 없다.

그렇다면 석유정점의 대안은 무엇인가? 해답은 재생에너지일 것이다. 최근 오염배출 국가, 환경파괴 국가의 오명을 씻고자 중국이 새로운 변화를 시도하고 있다. 중국은 국제 기후변화협상 테이블에서는 선진국을 계속 비난하면서 기후변화에 대한 국제적 공동대응 전략을 마련하는 데 미지근한 입장을 보였다. 이러한 중국이 아이러니하게도 재생에너지 개발을 위한 투자에서 세계 1위라는 사실은 잘 알려져 있지 않다.

기후변화, 에너지 고갈의 위험 속에서 원자력은 대안이기보다는 핵 방사능과 핵무기의 공포라는 위험을 하나 더 추가하는 것이다. 안타깝게도 기후변화 방지를 위한 국제공조는 계속해서 낙제점수를 보이고 있다. 전지구적 위험에 대한 공평하고도 책임 있는 자세가 절실한 상황이지만 아직도 구체적인 행동과 대안이 각국 정부의 정책으로 이어지지 않고 그저 상대방 눈치만 보고 있다. 앞서 제시한 위험사회 시나리오가 현실화되기 전에 전지구적 차원의 대안이 마련되어야 할 것이다.

위험사회의 영향 :
전쟁 그리고 일상화된 국제테러

"파탄국가가 늘고 있다"

선진국들이 인구를 유지하고, 기후를 안정시키고, 대수층을 통제하고, 토양을 보존하고, 경작지를 보호하고, 그리고 곡물을 이용한 자동차 연료 생산을 제한하지 않는다면 식량은 부족해지고 증가하는 인구를 먹여 살릴 수가 없게 된다. 특히 이러한 기후변화, 에너지 고갈의 피해를 가장 먼저 받는 국가를 주목할 필요가 있다.

여기서는 '파탄국가'failing state 개념을 통해 전지구적 위험에 가장 취약한 국가와 그 여파를 전쟁과 국제테러의 확장이라는 측면에서 살펴보고자 한다. 한 나라의 정부가 영토의 일부나 전부를 통제하지 못하거나 국민의 개인적 안전과 생명을 보장하지 못할 때 국가는 파탄에 빠지게 된다. 파탄국가는 곧 법치가 와해되고, 기본 서비스 — 교육, 보건의료, 식량안보 등 — 를 제공하지 못하기 때문에 국민으로부터 통치에 대한 정당성을 상실한 나라로, 사회가 인종, 지역, 계층, 집단 등에 따라 분열되어 부족한 재원을 놓고 치열한 내전에 빠질 수 있다. 이 갈등은 쉽게 인접국가로 확산되어 내전의 도미노 현상이 발생한다. 1994년 르완다의 종족 간 대량학살약 80만 명이 이웃 콩고 민주공화국으로 확산되어 1998년 이후부터 지금까지 500만 명이 내전으로 목숨을 잃었다. 전쟁으로 내몰린 난민들은 배고픔과 불결한 환경으로 인해 설사병과 호흡기질환이 생기고 이것이 질병으로 발전해 끝내 사망하는 경우가 많았다. 이처럼 파탄국가는 자국뿐만 아니라 이웃나라들에까지 연쇄적으로 위협을 가하는 글로벌 위험사회의 또 하나의 보기이다.

파탄국가가 늘어날수록 전지구적 차원의 위험, 즉 자연생태계의 파괴와 국제테러 위험수위가 더욱 높아진다. 대표적인 파탄국가로 분류되는 아프가니스탄, 이라크, 파키스탄은 국제 테러집단들에게 훈련소를 제공하여 이른바 테러양성 국가가 되었고, 소말리아는 해적의 근거지가 되었으며, 미얀마와 아프가니스탄은 2008년에 세계 아편의 92%를 공급하는 헤로인 천국이 되었다.

국제사회는 파탄국가의 위험에 주목하고, 파탄국가와 파탄가능 국가에 대한 체계적 분석을 시도했다. 2005년부터 미국의 외교전문지 〈포린 폴리시〉Foreign Policy 와 미국의 싱크탱크인 국제평화기금Fund for Peace이 공동으로 발표하는 '파탄국가지수'Failed States Index가 대표적인 예이다. 이 지수총 120점는 12개의 정치적, 경제적, 사회적 지표지표당 10점 만점를 합산하여 산출하며, 유엔가입 국가만을 대상으로 조사하여 산출한다. 2011년 분석결과에 따르면 완전 파탄국가 순위1~5위에 소말리아, 차드, 수단, 콩고, 그리고 아이티가 불명예스럽게 올라 있다.

흥미롭게도 파탄국가 상위 20개국은 대부분 앞서 제시한 다양한 위험요인에 완전 노출되어 있다. 이들은 기후변화 위협, 에너지·자연자원 고갈, 물 부족으로 인

글로벌 위험사회의 한 단면을
보여주는 전쟁난민의 모습.
(출처 : wallpaperstock.net)

한 식량위기, 그리고 사회안전망 부재로 인한 내전을 겪었다. 그 결과 기후난민과 전쟁난민이 급증하여 통제불능의 완전한 실패국가로 전락했다. 파탄국가^{총 120점에}서 100점 이상 국가는 처음 조사를 시작한 2005년부터 2008년 사이에 7개국에서 14개국으로 그 수가 두 배나 늘었으며, 증가추세는 더욱 확대되고 있다.

안타깝게도 파탄국가들은 외부의 도움 없이 자력으로 인구증가, 식량위기, 기후 및 전쟁난민의 악순환 고리를 끊을 수 없는 절박한 현실에 놓여 있다. 이들에게는 산발적인 원조 프로젝트가 큰 효과를 얻을 수 없기 때문에 보다 체계적인 재건 지원이 필요하다. 만약 이러한 장기적인 재건 프로젝트가 준비되지 않는다면, 파탄국가에 대한 어떤 도움도 성과를 낼 수 없을 것이고, 정치상황은 계속 악화될 수밖에 없을 것이다.

나아가 파탄국가들이 많아지면 글로벌 경제에도 큰 부담이 된다. 악성부채가 더 많아지고, 정부는 필요한 재원을 마련하기 위해 불법활동을 눈감아 주게 된다. 그 결과 국제적인 테러 양성소가 자리 잡거나, 불법 무기거래와 마약밀수가 판을 치게 된다. 생명과 안전을 위한 최소한의 서비스를 제공하지 못하는 국가에게 생태계 보전과 기후변화 방지를 위한 활동에 참여하라는 것은 사치스러운 요구일 것이다.

파탄국가의 증가를 막기 위해서는 국제적인 협력이 절실하다. 이제 국가, 기업, 시민사회 모두 국경을 넘어선 성찰적 연대활동에 적극 나서야 한다.

한국 근대화와 위험 :
'이중적 복합위험사회'의 경험

"한국적 위험사회 속에서 글로벌 위험사회를 발견하다"

앞서 전지구적 차원의 위험을 기후변화, 에너지 고갈과 핵 대체의 위험, 파탄국가로 인한 전쟁과 국제테러의 위험 등으로 구분하여 살펴보았다. 이러한 위험요소들이 한국사회와 어떻게 연결되어 있는가를 근대화의 경험 속에서 살펴보고자 한다. 여기서의 근대화 개념은 단순한 산업화를 넘어 정치사회 전반의 민주화 과정, 그리고 과학기술의 발전으로 시공간의 압축과 네트워크가 더욱 강화되는 세계화를 포함하는 포괄적 개념으로 상정한다. 이러한 근대화의 경험 속에서 이른바 '한국적' 위험사회의 특징이 글로벌 위험사회와 어떻게 연결되어 있는지 주목할 필요가 있다.

　서구에서 근대성이 만들어낸 위험이 그 사회의 특성을 반영하듯이, 압축적이고도 돌진적인 근대화를 경험한 한국사회의 위험은 한국적 근대화 특성을 잘 보여준다. 한국사회가 경험한 위험은 종류도 다양할 뿐 아니라, 매우 압축적으로 나타났다. 오존층 파괴나 중국의 사막화에 따른 황사현상, 기상이변 등 지구적 차원의 생태적 위험이 있는가 하면, 유조선의 침몰과 낙동강 페놀사건 등과 같은 지역적인 환경파괴 위험도 있으며, 성수대교 붕괴, 삼풍백화점 붕괴, 대구지하철 화재 등과 같은 대규모 인명피해 사고도 있었다. 아울러 매년 태풍, 폭설, 산불 등으로 많은 피해를 경험하고 있다. 또한 한국전쟁 이후, 냉전체제 아래에서 군사정권의 정치적 억압을 받기도 하였으며, 고도성장 과정에서는 산업재해와 교통사고 등으로 고통을 겪었다. 특히 1997년 말 IMF 구제금융을 기점으로 몰아닥친 신자유주의 세계화는 극심한 경제난, 가정의 해체, 그리고 자살증가를 불러왔다. 이로 인해 한국사회는 육체적, 정신적 고통과 위기를 심각하게 겪었고 그 고통은 아직도 진행형이다. 최근에 급증하는 학교폭력과 왕따현상은 인터넷과 소셜 미디어의 확산에 따른 개인정보 유출문제와 더불어 정보화가 야기한 심각한 위험요소로 부상하고 있다.

서구학자들이 제기한 전지구적 차원의 위험사회론을 한국사회에 무비판적으로 적용하는 것은 경계해야 한다. 대신에 한국사회의 독특한 위험의 구조적 특성을 구체적으로 발견하고 이것을 한국사회의 발전경로가 가진 특성과 연결시킬 필요가 있다. 왜냐하면 서구식 위험사회론은 오랜 기간의 산업화와 도시화의 단계를 지나 나타난 문제이며 근대성 자체를 극복하고자 하는 탈(脫)근대적 노력의 일환으로 형성된 과거 청산적 접근이다. 반면에 한국의 위험사회 경험은 압축적·돌진적 근대화의 과정에서 사회적 조정의 실패, 무모한 정책집행 경향, 그리고 전사회적으로 배태된 부패행태 등이 결합되어 나타난 위험현상이다. 이러한 여건 아래서 전지구적으로 진행되는 지식정보화와 생태적 환경오염이 이중 삼중으로 결합되어 복합적인 위험사회 양상으로 전개되고 있다. 요컨대, 한국 위험사회의 특징은 이른바 '이중적 복합위험사회'이며 이것은 아직도 현재진행형이다. 그 특징을 몇 가지로 정리해 보자.

　　첫째, 이중복합위험은 공간적 경계의 소멸로 강화, 확산되고 있다. 기후변화, 대기오염, 오존층 파괴 등에서 보듯이 일국의 경계를 넘어선 위험이 곳곳에서 발생한다. 개별국가의 정책이나 노력만으로는 해결하기 어려운 문제들이 나타나고 있다. 한국의 위험이 더 이상 한국만의 문제가 아닌 동아시아, 아시아, 그리고 세계의 위험으로 연결되는 것이다.

　　둘째, 이중복합위험은 시간적 경계를 무너뜨린다. 이제 위험은 항상 즉각적 결과를 불러오는 것이 아니다. 오랜 기간의 잠복기를 걸쳐 일정 수준에 도달하게 되면 장기적 효과나 영향을 줄 수 있는 더 큰 위험으로 발전한다. 특히 세대를 넘어 영향을 미치는 위험들을 주목해야 한다. 방사능 폐기물이나 유전자 변형식품 등의 효과는 전통적 산업폐기물 처리과정의 시간 범위를 훨씬 넘어선다. 지속가능발전 개념도 이러한 세대 간 위험 전가의 문제를 반영한 것이다. 이러한 견지에서 진정 우리는 미래세대의 자원을 훔쳐 쓰는 것은 아닌지 성찰적 자세로 위험문제에 접근해야 한다.

　　셋째, 이중복합위험은 사회적 경계도 무너뜨리고 있다. 환경오염이나 경제위기처럼 잠재적 위험 원인을 야기한 주체가 누구이며, 그것에 대해서 누가 책임을 져야 하는지에 대해서는 매우 어려운 복잡한 인과관계가 존재한다. 따라서 경우에 따라서는 우리 모두의 책임이라고 싸잡아 비판하면서 개인이 책임지지 않는 문제도 나올 수 있다. 그러므로 공공재의 비극tragedy of the commons으로 치닫기 전에 국가, 기업, 시민사회 모두 책임감을 갖고 위험요인 제거를 위해 힘을 합쳐야 한다. 이 문제를 해결하지 못할 경우 국가는 정당성의 위기를 맞을 수 있고, 기업은 사회적 책임을 회피하는 국적 없는 기업으로 낙인찍히며, 시민사회는 공공선을 무시함으로써 사적 이익을 둘러싼 집단갈등에서 헤어나지 못할 수 있다.

그동안 한국사회는 '돌진적 근대화'rush-to modernization를 추구한 나머지 짧은 기간 동안에 정해진 목표를 달성하고자 수단과 방법을 가리지 않았다. 압축적 근대화를 통해 달성한 성장의 빛만큼 고통의 그림자도 존재한다. 고속성장은 생활수준의 향상과 질병으로부터의 해방, 그리고 여유로운 소비사회를 가져왔지만, 동시에 빈번한 산업재해와 환경파괴, 연이은 대형 참사를 낳고 말았다. 성장 지상주의는 졸속과 외형팽창, 그리고 그에 따른 사회체계의 부실화를 낳았다.

이러한 고통과 시련을 겪었음에도 불구하고 이명박 정부는 또다시 '4대강 살리기'라는 토건 국책사업을 전개하였다. 그리고 속도전을 방불케 한 이 사업은 부실, 부패, 그리고 사회전반에 위험요인을 가중시키는 결과를 하나둘 드러냈다. 이제 이러한 왜곡된 가치와 정책 지향에 대한 성찰적 접근, 즉 한국적 근대화에 대한 자기반성이 절실히 요청된다. 성찰적 자세가 전제되지 않을 경우, 전지구적 차원에서 마주하고 있는 장기비상시대에 대한 한국사회의 준비는 계속 뒤처질 수밖에 없다. 그러나 한편으로 이러한 도전은 그동안 한국사회에 붙여진 불명예스러운 딱지들 — 사고사회, 토건국가, 투기사회, 학벌사회, 무한경쟁 사회, 초고속 사회 — 을 떼면서 동시에 새로운 정책 대안을 준비할 수 있는 절호의 기회가 될 수 있다.

글로벌 위험사회에 대한 성찰적 대안

극소수의 과학 만능주의자들을 제외하고는 대부분의 사람들이 기후변화로 닥칠 위험과 에너지자원 고갈로 인한 장기비상시대에 준비해야 한다고 생각한다. 이를 위해, 레스터 브라운 박사는 *Plan B 4.0* 에서 야심찬 4가지 목표를 제시하였다. 첫째, 2020년까지 이산화탄소 배출량을 80% 줄여야 한다. 둘째, 세계 인구를 80억 명 이하로 안정화시켜야 한다. 셋째, 빈곤을 퇴치해야 한다. 넷째, 토양, 대수층, 숲, 녹초지, 어장을 포함한 지구의 자연생태계를 회복시켜야 한다.

그러나 이 목표는 일부 국가들의 정치적 의지만으로는 결코 달성할 수 없는 실로 엄청난 것이다. 전지구적 규모로 국가, 기업, 시민사회 모두가 과학적 진실을 위해서 상호협력하는 진실한 태도가 무엇보다도 중요다. 그 이유는 4가지 목표 모두가 상호 긴밀히 연결되어 있기에 삼자가 공통으로 참여하는 통합적 프로그램이 아니고서는 그 해결의 실마리를 찾을 수 없기 때문이다. 예를 들어, 만약 우리가 파탄국가의 빈곤문제를 해결하지 못한다면 대책 없는 인구성장도 막을 수가 없다. 또한 인구성장과 기후변화를 안정화시키지 못한다면 지구의 자연생태계를 회복시킬 수 없다. 더 나아가 자연생태계를 회복시키지 못한다면 빈곤을 해결할 수 있는 안정적 식량생산을 이뤄낼 수 없게 된다.

이러한 맥락에서 정부, 기업, 시민사회가 공동으로 모색해야 할 과제를 제시하고자 한다. 첫째, 재생에너지 개발과 그것의 상용화에 모든 역량을 집중해야 한다. 여기서 중요한 것은 성장과 공급 중심인 에너지 정책의 구조적 변화가 반드시 선행되어야 한다는 점이다. 재생가능 에너지 개발 역시 또 다른 무한 에너지에 대한 환상으로 이어질 가능성이 있기 때문이다. 재생가능 에너지 개발이라 할지라도 환경적 피해, 사회적 갈등, 지역의 소외 등의 문제를 야기할 수 있다. 이제는 성장과 이윤을 목표로 한 에너지의 생산과 소비방식에서 벗어나 에너지의 절약과 필요를 충족시키는 방향으로 그 유인체계를 바꾸어야 한다. 이를 위해 에너지 문제를 국가와 시장에만 맡기기보다는 지역과 시민이 에너지 문제를 함께 고민할 수 있는

글로벌 위험사회의 위기 앞에서 성찰적 문제 해결의 자세가 요구된다. (ⓒ Hadi Mizban / AP)

새로운 에너지 거버넌스를 구축할 필요가 있다.

둘째, 국가적 차원에서 위험을 통합적으로 관리할 수 있는 시스템을 마련해야 한다. 선진국의 경우, 2000년대 들어서 국가위기 관리체제를 통합관리시스템으로 정비하였는데, 그 배경에는 지구온난화에 따라 이상재해 현상이 빈번해지고 전지구적 차원의 테러가 증가하였다는 사실이 깔려 있다. 미국정부는 해안경비대, 이민귀화국, 연방비상관리기구FEMA 등 22개의 연방기관을 흡수 및 통합하여 직원 17만 명의 거대 조직, '국토안전부'DHS를 가동하였다. 이와 비슷한 맥락에서 러시아는 민방위, 재난, 방사능오염, 테러, 비상사태 등을 총괄하는 '비상사태부'EMERCOM를 설립하였으며, 영국도 '비상대비청'CCS을, 그리고 캐나다는 '기반시설보호비상대비청'OCIPEP을 설립하였다.

한국의 경우, 위험 통합관리체계는 1970년대 민방위기본법이 사회적 재난 관련 법령으로 처음 등장한 이후 1990년까지 자연재난과 인위재난이라는 개별법으로 분리되어 존재했다. 그 후 자연재해대책법, 재난관리법이 통합되고 2000년대 들어 '재난 및 안전관리기본법'으로 체계화되기 시작하였다. 그러나 현실에서 천안함 폭침사건, 연평도 포격사건, 그리고 전국 정전blackout 등의 위기가 터졌을 때 기민하게 위험에 대응하지 못했다. 실제 이러한 위기관리 시스템은 여전히 자연재난과 전쟁 등의 위협만을 고려하는 한계를 보인다. 더 큰 차원의 위험과 위기, 즉 기후변화로 인한 위험, 식량위기, 에너지위기, 그리고 전쟁위기 등에 통합적으로 대응할 수 있는 위험관리 매뉴얼과 대응책이 필요하다. 이러한 통합위기 관리는 국가만의 영역이 아니며 기업, 시민사회 모두가 참여하는 위기관리 거버넌스 위에서 대안이 마련되어야 한다.

셋째, 위험의 문제는 지역에서 세계로 모든 것이 연결되어 있는 위험의 연결고리로 접근해야 한다. 해수면 상승으로 농지가 사라지면 기후난민이 발생하고, 심각한 경우 국경을 넘어 이웃국가에 정치적, 경제적, 사회적 부담을 주는 경제적 난민이 될 수 있다. 또한 현지주민과 이주민 사이의 갈등이 증폭될 경우 폭동까지 일어날 수 있다. 이처럼 기후변화 문제는 식량위기 및 빈곤의 문제로 이어지고 급기야 파탄국가의 도미노 현상으로 이어질 수 있는 것이다. 이처럼 위험의 연결고리가 형성될 때 위험은 지역에서 세계로, 혹은 수직적으로나 수평적으로 확대된다.

마지막으로, 위험을 미시적 차원에서부터 예방할 수 있도록 우리 삶의 방식을 철저히 바꿔야 한다. 이것은 시민사회 운동의 미래 핵심과제가 아닐 수 없다. 그동안 글로벌 위험사회의 도래에 대한 시민사회 단체의 대응과정은 원자력 발전 반대, 재생가능 에너지 개발, 그리고 에너지 소비 감축에 집중돼 있었다. 그러나 이제는 시민사회 운동은 좀더 미시적인 과정에 초점을 맞춰야 한다. 거대한 위험들의 쓰나미를 예방하기 위해서는 개인들의 단순한 학습 — 인지적 과정이나 지식습득 — 만으로는 불가능하다. 개인 스스로 글로벌 위험사회와 장기비상시대를 유발한 사회 시스템을 성찰하는 태도를 키우고, 동시에 다양한 실천 프로그램에도 참여해야 한다. 자신의 물질적 욕구와 자국의 경제적 성장만을 추구하는 사고체계에서 벗어나 공동체와 삶의 질을 먼저 생각하는 지구시민으로 굳건히 서야 한다. 이것을 추동하고 이끌어가야 할 주체는 바로 시민사회 단체이고, 기업과 국가는 이를 지원해야 한다.

03

금융 : 자본주의 4.0

1% 대 99% 사회에 대한
세계 시민의 분노가 시작되었다

2012년 12월 16일 〈타임〉Time은 '올해의 인물'로 정치, 경제, 사회 민주화를 외치는 '시위자'protester를 꼽았다. 2011년 초 북아프리카 아랍국가에서 불기 시작한 민주화 운동, 즉 재스민 혁명이 튀니지, 이집트, 그리고 리비아를 넘어 남유럽 국가의 경제정의 운동으로 확대되었다.

국가부도 사태를 가져온 그리스 정부에 대한 아테네 시민의 분노는 비슷한 경제위기를 마주하고 있는 남유럽 '돼지' 국가들PIGS: Portugal, Italy, Greece, Spain로 확산되었고, 유로존으로 통합되어 있는 유럽연합의 경제위기 관리 능력을 시험대에 올려놓았다. 2011년 하반기에는 이러한 기류가 대서양을 넘어 신자유주의 세계화를 주도한 뉴욕 월가의 탐욕을 비판하는 '월가를 점령하라'Occupy Wall Street 시위로 이어졌다. 그리고 이것은 미국 전역은 물론 유럽과 아시아까지 급속히 확산되었다. 1%에 해당하는 부자들의 부도덕과 탐욕에 분노한 99% 일반 시민들은 단순한 저항을 넘어 선거와 제도를 통한 경제시스템의 근본적 변혁을 요구했다.

이러한 움직임은 러시아에서도 이어져 수십만 명의 러시아 시민들이 영하 20℃의 강추위에도 불구하고 모스크바 붉은 광장에 모여 정치, 경제 개혁을 요구하는 시위를 벌였다. 신자유주의 세계화 주창자들이 기대한 것과 달리 많은 사람들이 부의 분배는 더 이상 시장과 기업에 맡길 수 없으며, 특히 초국적 차원의 국제금융기구에 지나치게 권한을 부여해서는 안 된다는 것을 깨닫게 된 것이다. 마침내 세계 곳곳의 시민들은 경제정의, 즉 경제민주화를 이끌기 위해 분투하게 되었다. 2012년은 전 세계적으로 선거가 치러진 해로, 정치 리더십을 바꿀 수 있는 중요한 분기점이었다. 전 세계 시민이 양극화의 문제를 해결하고자 그 분노를 정치의 장으로 결집시켰다. 그 분노가 어떻게 전개되었는지 미국의 사례를 중심으로 살펴보자.

뉴욕 맨해튼 월가에서 2011년 9월 17일 시작된 반反월가 시위가 미국은 물론 전 세계로 확산된 바 있다. 신자유주의 세계화 혹은 금융세계화로 인해 더욱 악화되고

자본은 사회적 불평등, 양극화를
부추기는 수단이 되었다.
(출처 : reuters.com)

있는 전지구적 불평등 및 사회적 양극화에 저항하는 초국적 사회운동이 일어난 것이다. 이 운동이 신자유주의 세계화 네트워크의 중심인 미국의 뉴욕 월가에서 시작되었다는 사실은 신자유주의 세계화를 주도한 국제금융기구에 대한 근본적 개혁이 불가피함을 의미하는 것이다.

이것은 그동안 각개전투식 저항운동들이 '지구정의'라는 글로벌 프레임으로 수렴되어 하나의 목소리, 즉 '보다 민주적이고 정의로운 대안세계화'를 지향하는 지구정의 운동으로 헤쳐 모인 새로운 수렴현상인 것이다. 이제 뉴욕 맨해튼의 주코티Zuccotti 공원은 월가의 새로운 상징이 되었다. 어떻게 미국, 그것도 미국 경제의 심장부 뉴욕 월가에서 이러한 점령 시위가 일어날 수 있었던 것일까?

그 답은 시위자들의 구호, "We are 99%!"에서 쉽게 확인할 수 있다. 신자유주의 경제세계화 정책을 강력히 추진한 지난 20년 동안, 미국의 행정부 재무장관들의 면면을 살펴보면 1%의 대부호의 탈세와 탐욕을 부추긴 것은 바로 그들로부터 정치자금을 받아온 정치가들이라는 것을 쉽게 알 수 있다. 즉, 월가 사람이 바로 워싱턴 정가를 점령한 것이 문제의 출발이었다. 월가 출신의 CEO들이 줄줄이 미국 재무장관으로 기용되었던 사실이 그것을 반증하는 것이다.

로버트 라이시Robert Reich 미국 버클리대 교수는 "미국 재무장관을 가리켜 일부에서는 '월가 대사大使'라고 한다"며 이 커넥션을 일갈했다. 월가 출신 장관이 회전문 인사로 워싱턴에 지속적으로 등장하면서 대규모의 규제완화가 시작됐고, 그 결과 서브프라임 모기지 재원을 활용한 파생금융 상품, 즉 CDO^{Collateralized Debt Obligation}가 출현하였다. 이것은 주식, 석유, 식량 등 닥치는 대로 투기에 활용되었다. 혹자는 이를 두고 "유독성 폐기물을 전 세계에 판매하는 것 같다"고 비유하기도 한다. 이 파생상품 덕분에 1%의 월가의 CEO들은 역대 최대실적을 올리면서 상상할 수 없는 보너스와 주식 배당금을 챙기게 되었다.

그러나 2008년 9월 15일 서브프라임 시장은 무너지고 말았다. 내집 장만과 중산층으로서의 삶을 꿈꿨던 99%의 시민들의 희망도 파생상품의 마법이 풀리면서 사라졌다. 대출을 받았던 수많은 시민들이 한순간에 집을 잃게 되었고, 기업들의 연쇄 파산으로 수백만 개의 일자리가 사라졌다. 그러나 리먼 브라더스로 대표되는 투자기업은 파산하였지만 아이러니하게도 CEO들은 책임을 지기보다는 자기 몫을 단단히 챙긴 경우가 많다. 시티그룹을 망친 찰스 프린스 전 회장은 1억 달러의 퇴직금을 받았고, 골드만삭스의 헨리 폴슨은 2억 달러의 세금감면 혜택을 받았다. 결국, 고통은 고스란히 일반 시민의 몫으로 전해졌다. 2009년 미국에서만 500만 개의 일자리가 사라지고, 200만 명이 집을 잃었으며, 생산은 2조 달러가 줄었다. 월가의 정치자금에 휘둘렸던 워싱턴 정가는 미국 상위 1%의 소득이 미국 전체 소득의 23%에 이르기까지 방조하였다는 비난을 면키 어렵다.

경기불황일 때뿐만 아니라 경기회복 과정에서도 1%와 99%에게는 엄청난 불평등이 작동한다는 역설을 목격한 미국 시민들의 분노가 결국 월가점령 시위로 이어진 것이다. 그런데 이러한 '깨달음'^{awareness}은 결코 미국에만 국한되지 않고 전지구적으로 확산되었으며, 그 중심에는 '지구정의' 프레임이 작동한다. 이 지구정의 운동이 하나의 형태로 수렴되기까지 운동참여자들 스스로 초국적 차원의 운동대상이 되는 '그들'에 대해 분명히 인식하고 동시에 '우리는 하나'라는 정체성과 담론을 개발하게 된 것이다. 이러한 정체성을 갖고서 초국적 저항운동에 참여하게 될 때 지구정의 운동은 더욱 꾸준히 유지되고 강화될 수 있을 것이다.

아직 속단하기는 이르지만, 현재 상황은 99%의 시민에게 유리하게 전개되고 있다. 예컨대, 환경부문은 환경정의와 기후정의를, 인권부문은 단순한 시민·정치

'월가를 점령하라' 시위에 참가한 시위대의 모습. (출처 : wktvusa.com)

적 권리에서 사회경제적 권리구현까지를 포함하는 사회정의를, 그리고 반신자유
주의 부문은 전지구적 불평등과 불균등 발전을 극복하기 위해 외채탕감, 금융세계
화와 국제금융기구의 개혁을 주창하고 있다. 여성은 신자유주의 세계화로 인해 이
중 삼중의 착취와 차별을 경험한다. 농민은 거대 곡물기업의 지역농업 잠식으로
인해 식량주권을 위협받고 있다. 이러한 경험을 통해 다양한 사회운동 부문이 '정
의'라는 프레임으로 수렴하면서 주요 운동대상으로 국제금융기구, 초국적 기업,
그리고 G8과 같은 주요 서구선진국 등을 포함하기 시작했다.

　과연 지구정의라는 마스터프레임의 등장에 시장과 국가는 어떻게 반응할 것인
가? 이제 더 이상 글로벌스탠더드가 만병통치약이 아니란 사실을 명심해야 할 것
이다. 이에 전지구적 차원의 대응과 지역 및 국가별 대응전략은 달라질 수밖에 없
다. 한국은 국가, 기업, 시민사회가 이러한 지구정의 회복 요구에 얼마나 민감하
게 대응하고 있는지 심각하게 자문해 보아야 한다. 그 답을 찾기 위해 서로 머리를

맞대고 함께 노력하는 것이 대안세계화를 향한 첫걸음일 것이다. 이제 풀뿌리 시민에서부터 전지구적 차원의 세계시민에 이르기까지 모두가 부의 정의를 요구하고 있다. 경제민주화는 2012년 선거 이후 아직까지 우리 사회 최대의 화두이다. 공정하고 인간적 사회를 지향한다면서 무늬만 바꾸려는 것은 아닌지, 유권자를 현혹시키기 위해 공허한 대안만 남발한 것은 아닌지 실현가능성과 지속가능성의 측면에서 바라보며 깊이 성찰하는 자세가 필요하다.

자본주의 4.0 :
금융주도의 시장근본주의를 개혁하라

신자유주의를 대체할 새로운 경제 패러다임, '자본주의 4.0'을 제안한 경제전문 언론인 아나톨 칼레츠키Anatole Kaletsky는 "리먼 브라더스 사가 파산한 2008년 9월 15일은 단순히 하나의 투자은행이나 금융시스템의 실패로 기억되어서는 안 된다. 그날 무너진 것은 정치철학과 경제시스템 전체이며 이 세상을 바라보는 방식과 가치관이다"라고 주장한다. 물론 현재의 경제위기를 금융시스템의 기능부전으로만 진단하는 것은 바람직하지 않다. 앞서 지적한 것처럼 그 일차적 책임은 금융자본의 탐욕과 속임수, 정부의 직무유기와 정책오류에서 찾을 수 있다. 하지만 더 근본적인 문제는 세계가 직면한 복합적인 삼자위기 — 자원, 에너지, 환경위기에서 찾아야 하며, 특히 제한된 석유에너지에 의존한 경제성장 정책을 지향하는 것은 큰 문제이다.

이제 철학과 가치의 근본적 변화를 추동하기 위해 금융주도의 시장근본주의에 대한 개혁을 시작해야 할 때다. 현재 경제위기를 겪고 있는 유럽의 돼지국가PIGS에서 공통적으로 발견할 수 있는 특징은 바로 신자유주의 세계화에 따른 원칙과 가치의 붕괴다. 개인의 욕심을 채우려는 자그만 이기심이 거짓말과 속임수 그리고 무모한 투자 관행으로 이어져 종국에는 지역 공동체를 해체하고 오직 자기만 살겠다는 극단적 이기주의를 낳고 말았다. '야성', '이기심', '무책임성' 등이 전 사회에 팽

인간의 본능을 말살해 버린 자본,
금융에 대한 개혁이 필요하다.
(출처 : reuters.com)

배해지고 반칙과 편법이 전염병처럼 퍼지면서 공동체안 구성원들 사이의 신뢰는 무너지고, 시장은 물론 정부에 대한 시민들의 분노가 극에 달하였다. 이러한 상황에서 시장이 모든 문제를 해결해 줄 것이라는 금융주도의 시장근본주의를 개혁해야 한다는 칼레츠키의 '자본주의 4.0 기획'은 주목할 만하다.

이 기획의 핵심은 글로벌 자본주의를 전면 부정하는 것이 아니라 글로벌 자본주의를 전제하면서 그 연장선 위에서 새로운 변화를 추구하는 것이다. 즉, 인간의 근본적 욕구 — 야망, 기업정신, 개인주의나 경쟁심 — 를 약화시키거나 없애 버리지 않고 그 대신에 인간의 타고난 본능들을 바탕으로 이전보다 더 성공적이고 생산적인 새로운 형태의 자본주의를 창조할 수 있다고 가정하는 것이다.

또한 시장만이 유일한 답이라는 과신과 오만을 버리고 정부의 개입을 적극적으로 옹호해야 한다고 강조한다. 시장을 이상화하고 정부를 불신하는 경향이 극단으로 치달았던 신자유주의 세계화 논리에서 벗어나서 더 이상 정부를 악마처럼 여기고 규제를 조롱하며 정부 행정을 비아냥대서는 안 된다는 것이다. 정부와 시장 모두 잘못할 수 있고, 때로는 치명적 오류를 낼 수 있다는 사실을 인정해야 한다.

이처럼 '자본주의 4.0'은 정부와 시장을 분리하는 대신에 더욱 가까운 관계로 설정한다. 그 이유는 정치, 경제 상황을 합리적으로 예측할 수 있는 세계에서 애매모호하고fuzzy, 예측 불가능한 세계로 바뀌고 있기 때문이다. 정부와 중앙은행은 금융안정을 유지하고 인플레이션을 통제하는 데서 더 나아가 경제성장과 고용을 관리하는 더 큰 책임을 맡아야 한다. 물론 이것은 단순히 정부기구의 확대를 의미하기보다는 정부의 역할과 영향력, 즉 규제강화를 의미한다.

이런 맥락에서 최근에 중국의 국가자본주의가 새롭게 주목받고 있다는 사실은 매우 흥미롭다. 중국은 지속적인 경제성장을 위해 서구의 민주주의와 인권원칙을 거부하고 권위주의적인 정부 주도의 경제개발 모델을 강화했다. 과연 서구의 민주주의 가치가 아니라 중국의 권위주의에 기초한 국가자본주의가 세계를 지배할 수 있을까?

미국이 새로운 정치방향을 잡으려고 헤매고 있고, 유로존, 즉 유럽은 위태로운 상태이다. 영국은 그 어느 때보다 불확실한 시기에 접어들었으며, 일본은 3 · 11 후쿠시마 원전사태 여파로 경제회복의 기미가 보이지 않는다. 이런 상황에서 유일하게 중국만이 경제위기를 이겨내고 있기 때문에 모든 사람들이 중국의 부상에 주목할 수밖에 없다. 더구나 미국과 중국의 경쟁이 점점 더 첨예지는 상황에서 서구와 중국 중 어떤 나라를 새로운 자본주의 모델로 삼느냐는 논쟁은 뜨거워질 수밖에 없다. 무게중심이 자유경제를 강조하는 워싱턴 컨센서스에서 번영과 국력을 우선시하는 베이징 컨센서스로 이동할지는 의구심이 든다. 어쨌든 중국식 혹은 아시아식 모델과 서구 자본주의 모델은 서로 충돌하거나 혹은 결합하지 않으면 안 되는 상황이다.

그러나 '자본주의 4.0'의 기본 관점은 중국과 같은 국가자본주의를 지향하는 것이 결코 아니다. 중국은 세계경제의 롤모델이 되기에는 여전히 부족하다. 중국은 아직까지 가난하고, 기술적으로 뒤처져 있고, 너무 국내 지향적이기 때문이다. 예컨대, 중국정부는 이제야 수출 의존도가 지나치게 높은 현 산업구조의 위험성을 인지하고 내수시장을 강화하는 데 역점을 두기 시작하였다. 권위주의적인 중국정부가 소비를 강조하는 사회에 잘 적응할 수 있을까? 중국은 지적 재산권 보장, 정부대표의 민주적 구성, 사법부의 독립, 개인의 부와 공동체를 동시에 고려하는 기업문화 창출 등 앞으로 해결해야 할 과제가 많다. 이 점에서 자본주의 4.0의 관점으로 중국을 바라볼 때 권위주의적으로 작동하는 제도 때문에 개발도상국에는 매력적으로 보일지 모르지만 서구 선진국에는 결코 새로운 경제모델이 될 수 없는 것이다.

'자본주의 4.0'은 시장과 정부 모두 불완전하며 오류를 낳을 수 있다는 전제에서 지속적으로 제도적 적응력을 키우며 이데올로기적 유연성을 견지하는 것, 즉 혼합경제를 지향한다. 이 혼합경제에서는 정부와 기업이 대립관계가 아니라 동반자 관계를 설정한다. 예컨대, 석유에너지 고갈peak oil을 두려운 마음으로 전망하면서도 시장은 오염 비용을 가격에 포함하지 않고 있다. 혼합경제에서는 피크오일이라는 새로운 환경에 맞도록 시장가격을 바꿀 수 있는 것이다. 이제 석유에너지 사용에 탄소세금을 부과하여, 이것을 토대로 대체에너지 개발보조금을 제공하는 것이다.

그러나 지금까지의 현실은 어떠했는가? 금융기관들은 석유가격이 계속 올라갈 것이라 예상하고 무제한의 석유파생 상품을 매점매석했다. 정부는 이것을 방조했고, 그 결과 석유가격은 고공행진 중이다. 이제 정부는 더 이상 시장에 모든 것을 맡겨서는 안 된다. 정부와 규제 책임자들도 자신들이 활용할 수 있는 정보를 모두 동원하여 합리적 결정을 내린 후 이를 토대로 시장을 조정하여, 경제성장과 고용을 관리해야 한다. 물론 시장근본주의자는 정부나 정치의 개입과 지도를 강력히 거부하며, 경기부양책의 효과를 믿지 않는다. 그러나 현실은 다양한 산업구조를 요구한다. 어떤 한 가지 산업이 아무리 유망해 보이더라도 여기에 모든 것을 올인하는 글로벌 무역시스템은 엄청난 위험이 도사리고 있다. 그 위험을 피하기 위해서는 다양한 산업구조를 보유하는 것이 필요하다. 이를 위해서 정부는 다양한 산업, 특히 농업과 같은 1차 산업을 적극 장려해야 한다.

결론적으로 칼레츠키는 '자본주의 4.0 기획'을 통해 세계경제는 새로운 환경에 적합하도록 바뀌고, 정부는 명백한 성과가 나올 때까지 경기부양책을 계속하며, 세계는 다시 견고한 경제성장을 이어가고, 그리고 실업률은 떨어지며 금융환경도 정상화될 것이라는 낙관적 전망을 내놓았다. 물론 그 과정에는 정부가 직면할 수 있는 수많은 도전과제가 존재한다. 금융 불안정, 무역 불균형, 재정정책 및 통화정책 결정의 어려움, 탄소배출, 핵확산, 테러리즘, 중국과 서구 경제모델 사이의 긴장 등이 그 대표적인 도전들이다.

월가 시위에 참여한 젊은 청년들의 외침.
(출처 : Wikimedia Commons)

자본주의 4.0 기획은 이처럼 여러 가지 면에서 의의를 갖지만 글로벌 차원의 대응 전략 및 협력 메커니즘을 내놓지 못한다는 점에서 가장 큰 한계를 지닌다. 글로벌 차원의 시장과 정부 간 긴밀한 협력 차원을 강조하면서도 G20의 출현을 하나의 대안으로 바라보는 것은 국제정치의 역학관계를 너무 단순화시키고 있다는 비판을 면하기 어렵다. 비록 자본주의 4.0이 계속 진화하여 새로운 환경에 부합하는 새로운 버전이 계속 나올 것이라는 전망이 있지만, 그것은 우리에게 다가올 전지구적 차원의 복합위험을 지나치게 일면적으로만 바라보는 것이다. 지역, 국가, 세대, 인종, 종족, 문화, 종교 사이의 충돌과 같은 돌발변수를 괄호에 넣어 둔 채 전지구적 대안을 논하는 것은 소경이 코끼리를 더듬는 것만큼 불안전해 보인다.

경제민주화 전략 :
부자 때리기에서 끌어안기로

2011년 11월 3~4일 양일 동안 프랑스 칸에서 열린 G 20 회의에 참석한 세계 정상들은 세계경제 위기상황에서 국제 통화시스템 개혁과 금융시장 조절에 대해 논의했다. 서구 선진국들은 유로화의 위기를 겪고 있는 터라 세계 기아문제나 기후변화 공동대응과 같은 전지구적 현안을 의제로 포함시키지 못했다. 약 두 달 후 세계 주요 정상과 대기업 총수들은 스위스 다보스에서 열린 2012 세계경제포럼에서 새로운 환경, 즉 세계경제 위기상황을 극복할 수 있는 새로운 모델을 논의하였다. 그러나 이 포럼의 분위기는 여느 때와 달랐다. 신자유주의에 기초한 글로벌 시스템이 실패하고 있지 않느냐는 자조 섞인 비판을 나누면서 세계 자본주의 경제체제에 드리운 어두운 그림자를 우려하는 진단을 내놓기도 했다. 자연스럽게 경제위기를 겪는 국가들의 금융개혁의 필요성에 집중하였고, 동시에 탐욕스런 부자와 기업에 대한 가차 없는 비판이 이어졌다.

최근 국제사회에서 논의되는 금융개혁에 관한 내용은 크게 보면 7가지 정도로,

금융기관의 건전성 개선과 규제강화, 유사금융제도에 대한 규제확대, 시스템적으로 중요한 기관에 대한 규제적용, 금융기관 임원의 보수 및 보너스 문제, 금융거래세 또는 은행세의 도입, 거시건전성 강화, 그리고 국제협력에 관한 사항으로 요약된다. 그중에서도 금융기관의 건전성 개선과 규제강화, 금융기관 임원의 보수 및 보너스 제도 문제, 거시건전성 강화, 그리고 국제협력 등에 대해서는 전체적인 합의가 이루어지고 있다. 그러나 아직까지도 유사금융제도에 대한 규제강화, 대형금융기관에 대한 규제, 금융거래세 또는 은행세 등에 대해서는 각 나라마다 의견이 갈리고 있다. 이처럼 주요 선진국들은 오늘날의 세계경제 위기를 촉발시킨 주요 원인이 금융세계화임을 동의한다. 그러나 그 위기의 주요 원인으로 지목되었던 파생상품이나 국제금융기구의 문제에 대해서는 여전히 합의를 보지 못하는 상황이다.

그러나 지구정의로 수렴되는 세계시민의 저항운동이 전 세계적으로 급속히 확산되면서 탐욕스런 부자들의 불의와 탐욕에 대해서는 각 나라마다 모습을 달리하면서 구체적으로 반응하고 있다.

우선 미국의 경우를 살펴보자. 오바마 대통령은 2012년 1월 24일 신년연설State of the Union을 통해 부자증세 이른바 '버핏 원칙'Buffett Rule을 제안하였다. 극소수의 금융 엘리트와 투자자들은 미국 금융자본주의의 상징인 사모펀드PEF: Private Equity Fund를 통해 천문학적 수입을 얻었지만, 대다수 노동자들은 일자리 부족과 임금하락, 상시적 해고위협으로 인해 고통받는 것이 미국의 현실이기 때문이다. 이처럼 1% 부자만 혜택을 누리는 부의 편중 상황에서 그동안 14%였던 금융소득세율을 높여 금융자산가에게도 소득세율 30%를 동일하게 부과해야 한다는 것이 버핏 원칙의 핵심이다. 이 원칙은 부자 전체를 하나의 범주로 비판하는 것이 아니라 그동안 제조업체를 지배한 금융자본가들을 대상으로 한 공격이다.

오바마 대통령은 더 나아가 개인을 넘어 초국적 기업에 대한 증세도 강조하였다. 그 핵심은 해외로 공장을 이전한 초국적 기업에는 세금을 부과하지만, 국내로 돌아온 기업에 대해서는 오히려 세금을 감면해 주겠다는 것이다. 이는 일자리 창출이 내수시장 활성화로 이어져 경기를 부양할 수 있다는 기대를 반영한다. 이러한 금융

자본가와 초국적 기업에 대한 세금공격으로 부자들을 설득할 수 있을지, 오히려 역효과를 내서 그들이 미국을 등지고 아예 국적 없는 초국적 자본가 계급transnational capital class으로 살게 되지는 않을지 두고 볼 일이다. 분명한 것은 더 이상 투기성 금융자본이 자신의 이윤창출만을 목표로 무책임하게 운용되는 것은 결코 방치하지 않으리라는 것이다. 그러나 아직도 탈규제와 자유시장 경쟁을 최고의 가치로 삼는 미국 자본주의 시스템에서 이러한 정부의 규제와 개입이 어느 정도 제도화될지는 여전히 미지수다. 경제민주화 달성을 위한 시민들의 옹호와 지지가 절대적으로 필요한 상황인 것이다.

유럽, 그중에서도 사회주의 전통이 강한 프랑스에서도 부자들에 대한 공격이 시작되었다. 2012년 1월 10일 프랑스 정부는 처음으로 토빈세를 도입하겠다고 발표하였다. 토빈세는 투기성 단기 금융거래에 대해 벌금성 세금을 부과하여 금융시장의 불안을 막겠다는 취지에서 기획되었다. 본래 토빈이 제안한 세제비율은 금융거래액의 1%이지만, 이후 그 비율이 0.1%, 0.25%로 계속 변동되고 있다. 신자유주의 세계화로 악화된 부의 불균등과 양극화 문제를 해결하고자, 프랑스 아탁은 그동안 토빈세를 통해 걷은 수익금을 전 세계의 빈곤감소와 공공서비스 보호, 그리고 빈곤국 개발프로젝트를 위해 지원할 것을 주장했다.

이런 맥락에서 보면 프랑스 사르코지 대통령이 입법 예고한 토빈세는 급진적 금융개혁이라고 할 수 있다. 그런데 문제는 그 정책 뒤에 숨어 있는 정치적 의도이다. 그동안 프랑스 진보진영은 금융거래 과정에서 막대한 소득을 올리는 금융기관과 고소득자에게 토빈세를 도입할 것을 꾸준히 주장했다. 그런데 2012년 4월로 예정된 프랑스 대선을 앞두고 사르코지 대통령은 유럽연합과 합의도 없이 일방적으로 토빈세 도입을 발표하였다. 아마도 경제위기를 자초한 금융자본가와 초국적 기업에 대항하는 지도자로서의 면모를 일반 시민에게 보여주고자 한 기획이 아니었을까. 이러한 의구심이 드는 이유는 토빈세는 일국에 국한된 금융거래만을 대상으로 하지 않으므로 최소한 유로존으로 묶인 유럽연합과의 합의를 통해 투기성 금융거래를 제한할 때 금융시장의 안전을 꾀할 수 있기 때문이다. 역설적이게도 사르코지는 최근 일반 시민에게 경제적 부담을 줄 수 있는 부가가치세를 1.6% 인상하겠다고 발표하였다. 이런 견지에서 그의 부자 때리기 정책은 형식적 제스처에 불과하며 더 나아가 경제민주화 정책 과정을 올바로 끌어안지 못하는 한계를 보인다.

그럼 한국의 경우는 어떠한가? 한국은 2012년 4·11 총선을 앞두고 여야를 막론하고 무차별적으로 대기업 때리기에 열중하였다. 이와 관련해, 출자총액제 부활, 재벌과세 강화 등 구체적 정책대안이 쏟아지기도 했다. 얼마 전까지 이명박 정부의 기업친화적 정책을 적극 후원하던 여당도 '경제민주화'를 정강 정책에 넣고 부자 때리기 전선에 합류했다. 이는 재벌빵집 논란을 넘어 부의 편법 대물림, 일감 몰아주기, 중소기업과의 불공정 거래와 같은 대기업들의 무한경쟁과 무차별적 이윤추구 행태가 누적되면서 일반 시민이 이제 더 이상 참을 수 없는 한계에 이르렀음을 대변한다. 다시 말해 '지구정의'라는 글로벌 프레임이 양대 선거를 앞둔 한국 정치 상황에서 가장 신속하게 적용된 것이다.

그러나 대기업을 단순히 '공공의 적'으로 대치시켜서는 경제민주화의 구체적인 답이 나오지 못한다. 골목상권을 초토화시킨 대기업의 투자전략은 마땅히 비판받고 재고되어야 한다. 중소기업과의 상생보다는 그 지배력을 확장하여 중소기업은 물론 자영업자의 영역까지 침범하는 문제 역시 하루속히 법적 규제를 통해 제한해야 할 것이다. 그러나 문제는 허망한 구호를 넘어 실현 가능한 진정성 있는 대기업과 중소기업의 상생전략을 만드는 것이 더욱 절실하다. 이것을 마련하지 않은 채 단순히 유권자의 표를 의식해 대기업 때리기 구호만을 외친다면 그것은 우리 모두를 경제위기의 수렁으로 더욱 깊이 빠뜨리고 말 것이다. 경제민주화를 위해 대기업이 책임 있는 자세로 참여할 수 있는 정책대안이 절실한 때이다. 예컨대, 처벌성 세금penalty tax 부과보다는 사회적 책임성 부담금social responsible sharing tax 등을 통해 자연스럽게 대기업이 경제민주화의 흐름에 참여할 수 있도록 유도하는 것이 올바른 접근일 것이다.

경제민주화의 대안 키워드 :
토빈세, 국제금융기구 민주화, 녹색뉴딜

현대 자본주의 경제체제의 핵심적 위험으로 부상한 금융세계화에 관하여 대안 키워드가 논의되고 있지만 그 실현가능성은 여전히 안개 속을 헤매고 있다. 사실 세계경제 위기가 주요 이슈로 부각되기 전부터 각국의 시민사회 단체들은 고삐 풀린 금융을 규제해야 한다고 꾸준히 주장했다.

그중 대표적인 초국적 시민운동 단체가 바로 프랑스에서 시작된 아탁이며 그 핵심주장은 투기성 금융거래에 대해 세금, 즉 토빈세를 부과하자는 것이다. 그렇지만 더 근본적인 문제는 금융세계화를 좀더 민주적으로 진행하는 것이다. 그동안 시민사회는 현재의 무분별한 금융활동이 발생하게 된 책임을 IMF, 세계은행, WTO에게 물었다. 다른 국제기구와 달리 국제금융기구의 지배구조는 서구 선진국에 매우 유리하게 되어 있어서, 세계은행이나 IMF의 경우 선진국의 투표권은 60% 정도를 차지할 정도이다. '1국 1표' 체제가 아닌 '1달러 1표'의 원칙이 작동되는 이유는 기구 운영에 분담금을 많이 지원하는 국가일수록 발언권이 강화되는 구조이기 때문이다. 그 결과 지금까지 세계은행 총재는 미국에서, IMF 총재는 유럽에서 맡는 것이 불문율처럼 지켜졌다.

서방 선진국 8개국 정상회의(G8)를 맞아 세계화 반대를 외치는 시위자. (ⓒMark McCormick / Belfast Telegraph)

이와 달리 오늘날의 경제위기를 좀더 거시적인 맥락에서 접근하여 해결하려는 흐름도 존재하는데 바로 '글로벌 녹색뉴딜'Global Green Deal이 대안으로 모색되고 있다. 녹색뉴딜의 문제의식은 오늘날 세계가 마주한 위기를 금융-기후-에너지의 복합위기로 진단하고, 이를 극복하기 위한 정책 대안으로 탄소세 부과, 재생가능 에너지 개발, 녹색산업 투자 등을 강조한다. 이를 선도하는 기구가 바로 유엔환경계획UNEP과 세계경제포럼이다. 각각의 키워드에 대해서 좀더 자세히 살펴보자.

토빈세

2008년 미국의 서브프라임 사태로 세계경제의 불안정성이 고조되는 가운데 프랑스에서는 희대의 금융사기 사건이 발생했다. 프랑스에서 두 번째로 큰 은행인 소시에테 제네랄에서 한 직원이 자신에게 허용된 한도 이상의 자금을 투자했다가 49억 유로약 6조 8천억 원라는 천문학적 손실을 야기한 것이다. 당시 프랑스 정부는 이 사건을 개인의 비리로 국한시키려고 애썼다. 하지만 이 사건은 오늘날 금융투기의 실상과 문제점을 여지없이 보여준다.

돌이켜 보면, 금융거래에 세금을 매김으로써 금융을 규제하겠다는 발상은 새로운 것은 아니다. 세계경제 위기가 부각되기 전부터 시민사회 단체들은 고삐 풀린 금융을 규제해야 한다고 지속적으로 주장했다. 금융거래에 세금을 부과하자는 아디이어는 노벨상 수상자인 제임스 토빈이 1978년 금융규제를 위해 단기적 금융거래에 세금을 부과해야 한다는 주장에서 기원하며, 그의 이름을 따 '토빈세'가 되었다.

아탁을 비롯한 시민사회 단체의 토빈세 도입 주장은 그동안 잘 받아들여지지 않았으나, 최근 경제위기 때문에 정부는 물론이고 기업도 토빈세를 다시 검토하기 시작하였다. 현재 금융위기 해결에서 주된 주체로 부상된 G20에서도 금융관련 과세에 대해 논의하는 중이다. 또한 IMF가 제안하는 금융안정 분담금이나 금융활동세는 토빈세에 비해 강제력은 약하지만 금융거래의 책임성을 더 높여 금융시스템의 안정을 기할 수 있다는 점에서 공통의 문제의식을 지닌다.

그러나 문제는 토빈세를 구현하기 위한 합리적인 국제기준을 마련하기 어렵다는 점이다. 과연 어떤 외환거래에 세금을 부과할 것이며, 세금부과 비율은 어느 정도로 할 것이며, 부화한 세금을 어떤 방식으로 거둘 것이며, 거둔 세금은 어디에 어떤 방식으로 사용할 것인가, 그리고 누가 이 세금을 관리할 것인가 등과 같은 수많은 문제가 쌓여 있다. 이런 이유에서 토빈세 구현을 위해 국가, 기업, 시민사회 모두가 머리를 맞대어 실현가능한 것부터 단계적으로 시도해야 할 것이다. 그리고 이것은 몇몇 나라만 참여해서는 결코 이루어질 수 없는, 전지구적 참여가 필요한 일이기도 하다.

국제금융기구의 민주화

오늘날 세계경제를 지배하는 대표적 국제기구로 IMF, 세계은행, WTO 3인방을 들곤 한다. 제 2차 세계대전 종전 무렵, 주요 선진국 대표자들은 미국의 브레턴우즈라는 마을에 모여 전쟁 동안 중단되었던 국제무역 질서를 바로잡기 위해 회의를 가진 결과 미국 달러를 중심으로 하는 국제무역 질서를 구축하였다. 이 브레턴우즈 체제는 IMF, 세계은행, 그리고 WTO의 전신인 GATT관세 및 무역에 관한 일반협정의 세 축으로 형성되었다.

그러나 1980년대에 들어서며 원활한 국제무역 질서 조성을 목적으로 출발했던 IMF와 세계은행은 신자유주의 체제를 주도하는 핵심적 금융기구로 변모하게 된다. 이 기구들은 제 3세계의 부채문제를 해결하기 위한 지원의 선결조건으로 해당국의 금융 자유화나 민영화 정책을 강력히 요구했다. 역설적이게도 IMF와 세계은행이 주도한 제 3세계 구조조정 프로그램들이 전반적으로 실패하게 되면서, 이 기구의 비민주적 운영 메커니즘은 비판의 도마 위에 오르게 되었다. 비판의 핵심은 구제 대상국의 이익이 아닌 주요 선진국의 이익을 위해 국제금융기구가 활용되었다는 것이다.

2000년대 들어서는 시민사회가 지속적으로 요구해온 국제금융기구의 민주적 개혁이 본격적으로 논의되었다. 특히 제3세계의 목소리를 정책결정 과정에 반영하는 것이 중요한 문제로 부각되었다. 앞서 지적한 것처럼 국제금융기구의 지배구조는 선진국에 매우 유리하기 때문에 1국 1표 체제로의 전환이 시급한 상황이다. 글로벌 금융위기 이후 실제로 국제금융기구 지배구조 개선에 대한 논의가 계속 이루어지고 있다. 2010년 10월 서울에서 열린 G20 정상회의에서는 IMF 지배구조에 관한 개혁안이 승인되었다. 그 핵심은 신흥시장국과 개발도상국에 기존보다 더 많은 IMF의 투표권을 부여하여, 상임이사회의 이사 전원을 투표로 선출함으로써 신흥개도국의 인사가 이사로 진출할 수 있도록 보장해 주는 것이다. 그러나 안타깝게도 이 개혁안을 따른다 하더라도 IMF를 주도하는 핵심 국가의 수는 5개국에서 10개국으로 늘어나는 수준에 머물기 때문에 제3세계의 목소리를 의사결정 과정에 반영하는 것이 결코 쉽지 않은 상황이다. 따라서 국제금융기구의 의사결정 과정에서 남반구와 개발도상국의 의견이 더 잘 반영될 수 있는 제도적 장치를 마련하는 것은 국제금융기구의 민주화를 달성하기 위한 핵심 과제로 남아 있다.

녹색뉴딜

녹색뉴딜 개념은 2008년 6월 영국의 〈가디언〉지 경제담당 편집자인 래리 엘리엇, '그린피스' 전 활동가 콜린 하인즈, 그리고 '지구의 벗' 전 활동가 토니 주니퍼가 중심이 되어 구성한 '그린뉴딜 그룹'이 작성한 보고서 〈그린 뉴딜〉에서 그 기원을 찾을 수 있다. 이들은 오늘날의 세계경제가 기후변화, 에너지 고갈, 금융위기가 합쳐진 삼중 위기에 직면했다고 지적하면서, 이 복합위기를 극복하기 위해서는 녹색에너지 체제로 시급히 전환해야 한다고 주장한다.

녹색뉴딜에서 제안하는 주요 정책들로는 탄소세 부과, 재생가능 에너지 개발, 녹색산업 투자 등이 있다. 이것은 자연 생태계를 보존하여 보다 자연친화적인 지구환경 아래 살 것을 요구한 서구의 녹색당과 환경 시민단체들의 핵심주장이자 이들의 오랜 노력의 결실이다. 현재 녹색뉴딜은 시민사회 운동만의 주장이 아니라 각국 정부가 새로운 대안으로 진지하게 고민하는 정책과제이다. 2007년 10월 프랑스의 사르코지가 발표한 '생태뉴딜', 2008년 6월 일본정부가 발표한 '저탄소 사회 일본을 향하여', 2009년 1월 영국 블레어 정부가 발표한 '그린뉴딜', 미국 오바마 행정부가 제시한 '그린뉴딜 정책', 그리고 2009년 8월 이명박 정부가 발표한 '저탄소 녹색성장 비전'에 이르기까지 야심찬 비전과 정책들이 녹아들어 있다. 그러나 문제는 이것을 구현하는 과정에서 기업의 강한 압력에 못 이겨 정부가 녹색보다는 성장과 일자리 창출에 방점을 찍고 정책을 집행했다는 점이다. 따라서 정부가 주도하는 녹색정책이 실제로 친환경적인지에 대해서는 시민사회의 감시와 견제가 꾸준히 이루어져야 한다.

사실 경제민주화의 한 축으로 녹색뉴딜을 추진하기 위해서는 기업을 견인하고 추동하는 유능한 정부가 필요하다. 이것은 앞서 강조했듯이 정부규모의 확대를 의미하기보다는 역할과 개입의 증대를 의미한다. 한국의 경우도 여야 구분 없이 정당 정강정책에 과거 '큰 시장, 작은 정부'에서 '강한 정부'로의 전환을 명시하였다. 1% 대 99%의 부의 편중을 막고 실질적인 경제민주화를 이루기 위해서 시민들은 '강하지만 선한 정부'를 올바로 선택해야 할 책임을 안고 있다. 총선과 대선을 치르는 '중대 선거'의 해 2012년에 시민들의 현명한 선택이 절실히 요청되었던 이유다.

04

빈곤 : 사회적 기업

중산층이 사라지고 있다

도시 거주자의 평균소득은 줄어드는데 집값과 전세금은 계속해서 오르고 있다. 농가의 소득도 수입 농산물과의 가격경쟁에 밀려 수입보다 부채가 더 많아지고 있다. 가족계획의 결과로 한자녀 가구가 늘면서 자녀교육에 올인하는 부모들의 사교육비 지출은 가계의 적자규모를 증가시키고 있다. 여성의 사회 진출은 늘고 있지만 가계수입에 기여할 수 있을 정도로 여유 있는 전문직 여성을 제외하고는, 취업여성의 다수가 불안정한 고용과 저임금으로 고통받고 있으며, 수입의 대부분을 자녀들의 보육 및 교육비용으로 사용한다. 안타깝게도 이러한 현상은 수도권 지역에만 국한되지 않고 정도의 차이는 있을지언정 전국적 현상으로 확산되고 있다. 아무리 열심히 일해도 과거와 같은 삶의 질, 즉 여유와 풍족함을 결코 맛볼 수 없을 정도로 빈곤은 우리의 일상을 옥죄고 있다. 겉으로 보기에 우리 사회는 발전하고 풍족한 것 같지만 실제로 부를 누리는 사람은 극히 소수이다. 다시 말해 사회적 양극화가 급속도로 진행되는 중이다.

실제 통계에서도 1990년 이후 20년간 한국의 중산층의 비중은 줄어들었고, 삶의 질도 낮아지고 있음을 확인할 수 있다. 20년 동안 1인당 GDP는 3배 이상 늘어났으나 중위소득자$^{50\sim150\%}$에 해당하는 중산층의 비중은 7.9%나 줄었으며, 가계 수지도 계속 악화되었다. 삶의 질이 나빠진 것이다. 20년 전 한국의 대표적 중산층은 30대 후반의 고졸 제조업 종사자 남성이 혼자 수입을 담당하는 가구였다. 그런데 최근의 평균 중산층은 40대 후반의 대졸 서비스업 종사자 남녀가 맞벌이를 하는 가구로 바뀌었다. 여성 맞벌이 증가는 여성의 사회진출 확대라는 긍정적인 면도 있지만, 남편 수입만으로는 중산층으로서의 가계수지를 맞추기가 더욱 어려워졌다는 부정적인 면도 보여준다. 중산층이 대폭 줄고 있다는 또 다른 근거는 적자가구의 증가이다. 적자가구는 1990년 15.8%에서 2010년에는 23.3%로 늘어났고 부채 비중도 3배나 증가했다. 이 적자의 주요 원인은 국민연금, 건강보험, 주택비용을 비롯해 사교육비와 통신비 등이 급격히 증가한 데서 찾을 수 있다. 급기야 우리나

세계경제 위기로 인해
많은 사람들이 일자리를 잃었다.
(출처 : the-undercurrent.com)

라 가계부채가 2012년 초 기준으로 900조 원을 돌파하여 새로운 경제위기의 잠재
적 요인이 되고 있는 실정이다.

그러나 빈곤 확대현상은 한 나라만의 문제가 아니다. 빈곤문제는 세계경제 위기
와 밀접히 연결되어 있으며, 그 위기의 강도가 한국경제에 크게 영향을 미친다. 지
난 20년간 OECD 가입 국가들 대부분에서 불평등이 증가한 것에 비추어 보면 빈곤
의 확산은 전지구적 현상이라고 할 수 있다. 실례로 미국은 2008년 세계경제 위기
이후 빈곤율이 지속적으로 상승하였는데, 2010년 보고서에 따르면 절대빈곤율이
15. 1%에 이르러 1993년 이후 가장 높은 수치를 보였다. 전 세계 빈곤을 언급할 때
자주 활용하는 것이 하루 1. 25달러로 생계를 유지하는 인구비율이다. 비록 그 비중
이 20년 전과 비교해 41. 7%에서 25. 2%로 감소했다고는 하지만, 아직도 13억 7천
만 명이 하루에 1. 25달러에도 못 미치는 소득으로 빈곤과 처절히 싸우고 있다.

한국의 경우 최저생계비 이하의 수입에 의존하는 인구비중, 즉 절대빈곤율과 중
위소득 50% 미만에 해당하는 상대적 빈곤율이 2002년 이후 급격히 늘어났다. 그
결과 2009년 2인 이상 전 가구 기준에 절대빈곤율은 11. 5%, 상대적 빈곤율은 15. 1%에
이르렀다. 그러나 전문가들은 한 나라의 빈곤상태를 파악하기 위해서는 실업률보
다 고용률에 주목할 것을 강조한다. 한국정부의 공식통계에서는 2000년 이후 실업
률이 약 3~4%로 이는 경제학적 설명에 의하면 완전고용 상태를 의미하는데, 이

것을 믿을 사람은 거의 없기 때문이다. 정부가 말하는 공식실업자 88만 명 이외에도 취업준비자59만 명, 그냥 쉬는 사람147만 명, 구직포기자16만 명 18시간 미만 취업자 96만 명 등이 실업자 수에 반영되지 않았다. 이 기준에 따른다면 2009년 당시 약 400만 명의 실업자가 존재한다. 한편 고용률을 선진국과 비교해 보면 우리 상황을 더욱 실감할 수 있다. 2011년 9월 한국의 고용률생산가능 인구 중에서 차지하는 취업자의 비율은 59.1%로 OECD 기준 63.6%보다 낮았다. 다른 나라와 비교해 보면 2010년 9월 기준으로 한국의 고용률 63.4%는 미국66.8%, 일본70.6%, 호주73% 보다 낮은 것으로 나타났다. 이처럼 빈곤문제에 접근할 때 몇몇 통계 숫자에만 의존하여 빠질 수 있는 진단의 오류를 경계해야 한다.

사실 빈곤은 단순히 고용과 실업의 문제로 국한할 수 없는 매우 복잡한 사회적 현상이다. 빈곤은 단순한 소득수준을 넘어선 사회문제로 접근해야 한다. 그 핵심 연결고리가 바로 '사회적 배제'social exclusion 개념이다. 1990년대 IMF 구제금융 시기를 거치면서 한국에서 사회적 배제는 빈곤의 구조화와 재생산을 설명하기 위한 개념으로 다시 주목받았다. 그리고 이를 극복하기 위한 대안적 개념으로 사회적 포용, 통합, 혹은 참여 등이 동원되었다. 신자유주의 세계화 광풍으로 시작된 경제적 고통과 빈곤은 단순한 고용의 문제를 넘어 사회적 위기로까지 확산되었다.

예컨대, 사회안전망의 사각지대가 점차 확대되고 있다. 실례로 근로빈곤층은 사회보험을 중심으로 한 1차 사회안전망과 최후의 사회안전망인 국민기초생활 보장제도 사이의 광범위한 사각지대에 놓여 있다. 더욱 심각한 것은 중산층에서 떨어져 나간 새로운 빈곤층이 이 사각지대에 지속적으로 들어오고 있다는 사실이다. 더 이상 단기적 일자리와 직업훈련으로는 효과적인 고용지원과 소득보장을 하지 못한다. 실직위험으로 인해 빈곤으로 내몰리지 않으며 실업상태에 있을 때 취업과 더 나은 일자리로의 상향이동이 가능하도록 사회안전망과 사회관계망을 확대할 수 있는 기회를 지속적으로 제공해야 한다. 빈곤을 극복하기 위한 대안은 고용정책은 물론 사회통합을 위한 정책개발과 제도화에 달려 있다.

우리는 그 복잡한 실타래의 첫 마디를 '사회적 기업'에서 찾고자 한다. 사회적 기

비정규직 일자리 철폐 시위 모습. (출처 : 민주노총)

업은 단순한 시혜적 차원의 지원금 지급을 지양하고 노동 가능한 집단에게 유급노동의 기회를 제공하여 그들이 사회구성원으로서의 역할을 재발견하도록 한다는 점에서 큰 의의가 있다. 소득과 소비의 경제활동 활성화는 자연스럽게 지역 내 각종 사회관계망을 형성할 수 있는 새로운 동력이 된다. 이처럼 빈곤층이 새로운 경제활동 기회를 얻고 사회관계망에 편입하면서 궁극적으로 사회적 배제의 규모와 속도는 완화될 수 있다. 다시 말해 사회적 기업은 사회적 안전망 및 관계망의 확충에 기여하여 신자유주의 세계화로 가속화된 빈곤층의 확대 속도를 조금이나마 완화시키는 제어장치가 될 수 있을 것이다.

빈곤은 다차원적으로
강화되고 있다

빈곤의 문제를 올바로 진단하고 알맞은 처방을 내리기 위해서는 우선 우리가 마주하는 빈곤의 다양한 차원과 유형을 살펴볼 필요가 있다. 사실 빈곤을 주로 소득빈곤의 문제로만 바라보게 된다면 삶의 실제 수준과 일치하지 않는 경우가 종종 발생한다. 빈곤은 삶의 다양한 차원 — 소득, 재산, 건강, 주거, 교육, 환경, 노동 등 — 에서 드러나는 결핍과 직결되기 때문이다. 서구 선진국과 국제기구에서는 빈곤을 바라볼 때 소득수준, 재산, 건강, 노동, 교육 등 삶의 다양한 차원을 종합하는 다차원적 접근을 선택한다. 그러나 한국의 경우는 이러한 종합적 다차원적 접근보다는 소득만을 가지고 빈곤문제를 진단하는 한계를 보이고 있다. 여기서는 빈곤의 다차원성을 고려하기 위한 문제제기 차원에서 한국의 비정규직, 농민, 영세상인, 취업여성, 무주택자 등이 마주한 빈곤문제를 간략하게 살펴보고자 한다.

첫째, 소득에 따른 근로빈곤층은 가구원 중 1명 이상의 취업자가 있으나 가구소득이 빈곤선 이하인 가구를 의미한다. 앞서 지적한 것처럼 한국의 근로빈곤율은 1997년 8.7%이었으며, 2008년에는 11.9%로 늘었다. 우리 사회에서 빈곤을 부추기는 가장 심각한 문제는 비정규직의 급격한 증가이다. 2001년 비정규직 조사를 시작한 이래, 전체 노동자 중에서 비정규직이 차지하는 비율은 2004년 37%로 최고로 올라갔다가 이후 완만하게 하강하는 추세를 보이고 있다. 정부통계에 따르면 2010년 현재 비정규직 수는 560만 명으로 전체 노동자 중 33% 정도를 차지한다. 그러나 정부의 비정규직 관련 통계는 많은 문제점이 지적되고 있어 비정부 기구의 통계와 비교할 필요하다. 한국비정규노동센터의 자체 집계에 따르면 2010년 현재 비정규직은 전체 노동자의 50.2%인 855만 명에 이르며 그 규모는 꾸준히 늘어나는 추세다. 정규직과 비정규직의 임금 차이를 시간당 임금 총액으로 비교하면 현재 약 50%를 약간 선회하는 것으로 나타난다. 특히 비정규직은 임금 이외에도 4대 보험과 각종 사회보장제도의 혜택을 받지 못하는 경우가 많으며, 노동조합 설립을 통한 노동권 보호도 제대로 받지 못한다.

이처럼 비정규직은 불안정한 일자리라는 기본적 문제 이외에도 사회적 차별이라는 이중 고통을 안고 있다. 실례로 2008년 한 조선소의 황당한 통근버스 좌석구분에 관한 통고문은 우리가 지금 어느 시대에 살고 있는지를 헷갈리게 할 정도이다. 문제의 회사는 '통근버스 지정좌석제'를 만들어 정규직원은 앞자리[1~23번], 협력업체 직원[24~45번]은 뒷자리로 배정하여 전근대적 수준의 정규직과 비정규직 구별짓기를 시도하였다. 이 밖에도 비정규직에 대한 보이지 않는 차별은 부지기수다. 사회적 통합과 포용 그리고 참여를 통해 사회안전망은 물론 사회관계망을 확보하려면 비정규직에 대해 임금 이외의 각종 사회적 차별 관행과 제도를 바꾸는 것부터 시작해야 할 것이다.

둘째, 농민과 영세상인의 빈곤수준은 임계점을 넘어 위험수준에 다다르고 있다. 지난 20년간 농가소득은 조금씩 늘었지만, 동시에 농가부채도 거의 같은 비율로 늘어났다. 2010년 평균 농가소득은 32,121,000원, 평균 농가부채는 27,210,000원이었다. 또한 영세상인도 일부 대기업들이 소규모 시장을 점점 잠식해오자 심각한 빈곤위협을 겪고 있다. 여기서 영세상인은 보통 대형마트 등장에 따라 피해를 보는 중소상인을 의미하며, 이들은 통계상으로 소상공인과 유사한 어려움을 겪고 있다. 통계조사에서는 이들을 소기업 중 상시 근로자 수 5인 미만의 도소매업, 음식업, 숙박업 및 서비스업 분야의 사업자나 10인 미만의 제조업, 건설업 및 운수업 사업자로 정의한다. 한국의 영세상인 사업장 규모는 2010년 기준으로 2,273,964개이며, 사업장 평균 1.01명의 종업원을 둔 것으로 나타났다. 그런데 영세상인의 빈곤문제가 최근 더욱 심각해지고 있는데, 영세상인 중 57%가 월평균 순이익이 100만 원을 넘지 못할 정도이다. 특히 전기, 가스, 수도, 건설 등의 일부 업종을 제외하고는 대부분의 영세상인의 월수입은 150만 원 미만인 것으로 나타났다.

셋째, 가계적자를 해소하기 위해 기혼여성이 취업일선에 뛰어드는 경우가 늘고 있다. 그러나 여성취업으로 인하여 기존에 받았던 세금감면이나 사회보장 혜택이 불리하게 작동된다면 여성들이 취업하는 것이 빈곤해소에 어느 정도 기여할 수 있

미국의 대도시에서
흔히 볼 수 있는 홈리스.
(출처 : lavozweb.com)

을지 의문이 든다. 실례로 여성취업이 빈곤감소에 유의미한 영향을 주는 경우가
언제인지 조사한 결과, 여성이 정규직으로 취업한 경우에 국한된 것으로 나타났
다. 이는 최근에 증가하는 맞벌이 가구에서도 집단 내부의 이질성이 존재함을 보
여주는 것이다. 다시 말해, 기혼여성의 사회적 진출과 빈곤감소의 관계에서는 취
업을 했다는 사실 자체보다는 그 일자리가 과연 어떤 것인가, 즉 일자리의 질quality
이 더 중요한 영향을 끼침을 의미한다.

　넷째, 무주택자의 빈곤문제를 살펴보자. 한국의 주택보급률은 2010년 101. 9％
로 일본 115. 2％[2008년], 미국 111. 4％[2008년], 영국 106. 1％[2007년]에 비해 낮은 것으로
나타났다. 그러나 2005년 한국 국민 중 무주택 비율은 41％인 반면에 집 부자 100명
이 보유한 주택은 평균 57채에 이르러 주택소유의 심각한 불균형 현상을 보였다. 비
록 정부가 2005년 이후 주택통계를 발표하지는 않지만 치솟는 전세금, 집값을 고
려할 때 주택소유 여부에 따른 사회적 양극화 현상은 분명히 강화되었을 것이다. 실
례로 2010 인구주택총조사 표본집계 조사에 따르면 전국 전세가구의 평균 보증금은
8,024만 원으로 2005년 5,109만 원보다 2,915만 원[57％]이나 올랐다. 아파트 평균 전
셋값도 1억 1,215만 원으로 2005년 7,409만 원에 비해 3,806만 원[51. 4％]이나 뛰었다.

또한 한국의 주택가격지수 시계열자료[1986~2008년]에 따르면 지난 22년간 주택 매매가는 125%가 올랐고, 전세금은 263% 상승하였다.

이처럼 빈곤은 단순히 소득수준과의 연관성을 따지는 것을 넘어 포괄적 접근과 대안이 요청되는 문제다. 특히 사회적 배제의 극복, 즉 사회적 참여와 통합의 기초 위에서 빈곤문제를 바라보아야 한다. 이미 앞서 강조한 것처럼 우리는 그 대안의 하나로 사회적 기업을 주목하고자 한다. 사회적 기업은 아직 많은 걸림돌에 부딪치며 한계를 나타내고 있지만, 사회적 양극화를 극복하기 위한 하나의 실험으로 이해할 수 있다. 이 어려운 과정에서 사회적 기업의 한국적 모델을 발굴해 내기 위한 노력이 필요하다.

사회적 기업에 대한
기대와 우려가 공존한다

사회적 기업에 대한 기대

최근 빈곤층의 확대에 대한 복지정책이 사회적 쟁점으로 부상하면서 사회적 기업이 이른바 '생산적 복지모델'로 새롭게 주목받기 시작했다. 그렇다면 우리는 왜 사회적 기업에 주목해야 하는지 살펴볼 필요가 있다. 사회적 기업은 시민사회가 주체가 되어 공익적 활동을 하는 공공적 성격의 기업을 의미한다. 오늘날 신자유주의 경제모델의 실패 국면에서 사회적 기업은 사회적 목적과 기업적 방식이 혼합된 일종의 대안경제 모델로서 주목받게 되었다. 한마디로 사회적 기업은 빈곤문제를 사회적 방식으로 해결하는 것을 지향한다. 따라서 사회적 기업을 설명할 때는 비영리 부문, 사회적 경제, 사회서비스, 사회적 일자리 등과 같은 개념이 동원되며, 사회적 공공성의 구현이라는 측면에서 많은 기대감을 준다.

사회적 기업의 긍정적 기능을 좀더 구체적으로 살펴보면 다음과 같다. 첫째, 사회적 기업은 복지시스템의 하나로 기능할 수 있다. 사회적 기업에 취업한 이들에게

영국의 사회적 기업은 점점
성장 가도에 들어서고 있고 다양한
사회적 공헌 활동을 진행중이다.
(출처 : 이로운닷넷)

본래 지출해야 할 정부의 사회복지급여 예산을 다른 곳에 활용할 수 있다. 기업이
나 시민들에게 사회적 기업과 연계한 자원봉사 기회를 확대함으로써 시민사회와
기업의 연계 폭을 확장할 수 있다. 취약계층 지원이나 사회서비스 공급 그리고 낙
후지역 재생을 위해 설립한 사회적 기업들이 여기에 해당한다.

둘째, 사회적 기업은 고용창출의 효과를 제공한다. 그러나 이것이 단순히 취약
계층을 고용하는 데만 목적을 둔다면 그 기업의 지속가능성은 확보되기 어렵다.
사회적 기업도 기업이므로 자체 수익을 내려면 자체 고용 노동자를 확보해야 한
다. 치열한 시장경쟁에서 살아남기 위한 노력을 경주하는 과정에서 이들이 생산하
는 재화나 서비스가 판매될 수 있도록 보호된 시장을 창출하거나 임금을 보조해주
는 정부나 지방자치단체의 지원이 필요한 것을 부정할 수 없다. 또한 취약계층을
고용하는 것에 그치지 않고 그들이 더 나은 일자리로 나아갈 수 있는 단계적 일자
리로서 사회적 기업의 순기능을 발견할 수 있다.

셋째, 사회적 기업을 통해 사회적 자본을 축적할 수 있다. 사회적 기업은 자원,
자본, 전문인력의 측면에서 볼 때 일반 기업에 비해 턱없이 취약한 것이 사실이
다. 이를 해결하기 위해 사회적 기업은 지역 공동체와 긴밀한 연계를 맺어야 한
다. 사회적 기업이 지역 내에서 탄탄한 신뢰를 형성하지 않는다면 지역 내 자원봉
사자나 기업 및 지방자치단체와 협력적 관계를 구축하기 어렵게 된다. 이처럼 사
회적 기업을 통해 구축된 사회적 자본은 사회적 기업은 물론 지역에도 이익이 되

는 윈윈 전략인 셈이다.

넷째, 사회적 기업은 사회적으로 소외당하고 차별받던 빈곤층을 다시금 포용 및 통합하여 의사결정 과정에 참여하게 하는 순기능을 갖고 있다. 그동안 빈곤계층의 삶을 보면 그들은 낮은 소득에 의해 고통받았을 뿐만 아니라, 교육 및 각종 서비스, 주거환경, 가족 및 사회적 관계, 노동시장, 각종 정보 등에 접근이 제한되거나 차단되는divided 불이익을 감수해야 했다. 그러나 이제 사회적 기업을 통해 노동에 참여하며 보이지 않는 여러 가지 사회적 차별과 배제를 극복하고 자신의 사회적 연결망을 조금씩 확장함으로써 지역 사회구성원으로 온전히 설 수 있는 초석을 마련할 수 있다. 이것은 사회적 기업을 통한 지역 공동체 구축이라는 장기적 비전과 맥을 같이 한다. 물론 이러한 연결고리 과정이 자연스럽게 이루어지는 것은 아니다. 한국의 사회적 기업은 선진국의 사례와 달리 여러 가지 한계를 드러내고 있는 것이 현실이다.

한국 사회적 기업의 한계

한국의 사회적 기업은 1990년대 후반 IMF 구제금융 때 실업 및 빈곤 극복 활동에서 그 연원을 찾을 수 있다. 초기에는 정부의 고용창출 정책, 즉 '사회적 일자리'라는 이름으로 등장했고 이것이 사회서비스 공급으로 점차 확대되었다. 이러한 연유에서 한국의 사회적 기업은 사회서비스 부문의 일자리로 이해할 수 있다. 정부는 2006년 말 '사회적 기업 육성법'을 제정하여 2007년 7월 1일 시행하였다. 정부는 사회적 기업을 다음과 같이 규정한다. "사업목적에 있어서는 '사회적 유용성' 또는 '공익성'을 가지며, 추진 주체는 공공기관이나 영리기업이 아닌 비영리 민간단체이며, 수익창출을 배제하지는 않지만 수익의 승자독식이 아닌 수익의 공평배분을 실천하는 것이 주요 목적이다."

그러나 정부 주도의 사회적 기업 육성사업이 안정적 제도로 정착되기 위해서는 앞으로 넘어야 할 산이 많다. 솔직히 사회적 기업이 존재한다는 것 자체가 고용창출을 보장해 주는 것은 아님을 인정해야 한다. 그동안 고용노동부로부터 인증을 받은 사회적 기업은 600곳으로 늘었고 예비 사회적 기업으로 지정된 곳은 이미 1,100곳에 이른다. 그러나 이 가운데 흑자를 보이는 기업은 20%에 불과할 정도로 수익창출에 어려움을 겪고 있다. 또한 이들이 창출하는 고용의 상당부분은 정부의 재원^{1인당 월 90만 원 인건비와 사업개발비 3천만 원}에 의존하고 있는 실정이다. 이러한 이유로 정부인증 사회적 기업이 자체 수익을 내지 못하다가 정부로부터 인건비 지원이 끊기게 되면 파산하는 경우가 비일비재하다. 올해 정부 지원금이 중단되는 곳이 전체의 40%에 이르기 때문에 그중에 어느 정도나 자체 생존할 수 있을지에 대한 우려가 크다.

사회적 기업에 취업한 사람들의 대부분이 취약계층이고, 그 기업이 사회적으로 유용한 활동을 한다고 하더라도 '기업'이라는 조직틀을 갖고 있기에 기업으로서 지속가능성을 유지하기 위해서는 끊임없이 노력해야 한다. 만약 그렇지 않고 외부에만 절대적으로 의존한다면 비영리 조직과 사회적 기업 간에는 별반 차이가 없게 된다. 물론 이것은 사회적 기업이 일반 기업과 분명 동일한 출발선 상에서 경쟁해야 함을 의미하지는 않는다. 사회적 기업의 '사회적'이란 개념은 사회서비스를 제공하고 사회적 자본을 확대할 수 있는 관계망을 형성하는 데 기여한다는 공공적 기능을 함의한다는 것을 간과해서는 안 될 것이다. 따라서 사회적 기업은 때로는 정부에 사회적 기업만을 위한 '보호된 시장'을 요구하기도 한다. 문제는 사회적 기업이 이러한 보호된 시장이라는 온실 속에서만 안주하다 보면 사회적 기업의 더 큰 가치^{사회적 자본의 확장}를 구현하는 데 큰 어려움을 마주할 있다는 것이다. 사회적 가치의 구현과 경제성과의 관계에서는 아무래도 긴장이 생길 수밖에 없음을 감안할 때 사회적 기업의 자리 잡기 과정은 결코 쉽지 않을 것이다.

그렇다면 이러한 가치충돌 사이에서 우리의 사회적 기업은 어떤 모습으로 변화하고 있을까? 앞서 지적한 것처럼 한국의 사회적 기업은 아직도 걸음마 수준을 벗어나지 못하고 있다. 사회적 기업이 성장하기 위해서는 사회적 기업을 요구하는 사회적 분위기와 토대가 존재해야 한다. 그러나 사회적 기업에 대한 개념이 우리

사회적 기업의 완전한 고용창출
보장에는 다각적 노력이 필요하다.
(출처 : 성북구 사회적 경제)

사회에 제대로 정립되지 않은 상황에서 대부분의 사람들은 사회적 기업이 지니는 복합적 의미를 제대로 파악하지 않은 채 자기 입장에서 편의적으로 사회적 기업을 바라보거나 일부의 경험과 견해만을 수용하고 편집해서 사회적 기업을 이해하곤 한다. 그동안의 짧은 경험 속에서 나타난 사회적 기업의 한계는 기업의 사회적 책임과 공공성에 대한 공감대가 부족한 상황에서, 정부의 종합적 설계나 장기적 계획 없이 위로부터의 획일적인 관주도 집행방식을 선택함으로써 정책운영 과정에서 가장 중요한 지역과 사람이 배제된다는 것이었다.

이러한 문제를 극복하기 위해서는 정부의 접근방식부터 바뀌어야 한다. 앞서 강조한 것처럼 사회적 기업은 고용과 복지가 결합하고, 시민참여나 지역 안의 다양한 집단 사이의 연계를 이끌어내어 궁극적으로는 지역 공동체의 활성화에 기여할 수 있는 특징을 지닌다. 그런데 현재는 지나치게 고용 중심으로 사회적 기업에 접근하고 있다. 이제는 최소한 고용노동부와 보건복지부가 함께 업무를 담당해야 할 것이고, 가능하면 정부 내 관련부처들이 TF 팀을 구성해 종합적이고 장기적인 정책과 집행을 논의할 수 있는 기구가 필요하다. 또한 사회적 기업에 대한 정부지원의 핵심 내용은 직접적인 인건비 지원이었는데 이것에 대한 재고도 필요하다. 인건비 지원은 개별 사회적 기업에 당장은 도움이 될지 몰라도 장기적으로는 독毒이 될 수 있기 때문이다. 오히려 사회적 기업의 필요에 따라 활용할 수 있는 기금을 조성하는 쪽으로 방향을 전환할 필요가 있다. 사회적 기업이 지역사회의 필요를 채워 줄 수 있는 적합한 프로그램을 구상하여 공모과정에 참여하고, 그 과제에 대해 전문가들에게 투명한 평가를 받아서 지원이 이뤄지는 것이 더 바람직하다.

현재 진행되는 사회적 기업의 인증 시스템의 경우 예비 사회적 기업을 지정해 사회적 기업과 관련한 활동을 하다가 일정한 요건을 갖추면 사회적 기업으로 전환할 기회를 제공하는 것은 긍정적으로 보인다. 그런데 그 인증과정에 지역사회의 평가를 반영함으로써 사회적 기업의 사회적 가치, 지역 내 사회적 자본의 확대라는 측면이 높이 반영될 수 있도록 할 필요가 있다. 영국의 빈곤지역의 사회적 기업을 지원하기 위해 조성한 피닉스 펀드Phoenix Development Fund는 참고할 만한 사례다.

사회적 기업의 대안모델은 지역 거버넌스에서 찾아야 한다

한국적인 사회적 기업 모델은 어떤 것일까? 어떠한 사회적 기업이라도 특정한 지역에 기반을 둘 수밖에 없으며, 취약한 인적, 물적 자원을 확보하려면 기본적으로 지역으로부터 신뢰를 얻어야 한다. 그러므로 사회적 기업들은 자신들의 활동을 중심에 놓지 말고, 각 지역의 주체들이 서로 연대할 수 있도록 하는 매개자로서의 역할에 관심을 가져야 한다. 장기적으로 사회적 기업은 지역 발전의 패러다임 변화에 대해 고민을 해야 하며, 그것은 바로 지역 거버넌스를 통해 구현될 수 있다.

우선 사회적 기업을 통해 엄청난 변화와 성과를 이룰 수 있다는 신화에서 벗어나야 한다. 솔직히 우리 상황에서 사회적 기업의 미래를 낙관하기는 어려운 것이 사실이다. 이를 극복하기 위해 사회적 기업가의 혁신적 의지와 노력이 절실히 요청되며 동시에 지역 거버넌스가 온전히 구축되어 있어야 한다. 우리 사회가 마주한 빈곤의 문제를 해결할 수 있는 대안을 사회적 기업에서 찾고자 할 때 그 첫 단추는 지

새로운 대안경제 모델로 떠오르는 사회적 기업. (출처 : cloudsherpas.com)

역의 사회적 자본에서 찾아야 한다. 지역의 내생적 발전을 지향한다고 할 때 사회적 기업이 일종의 제동기^{trigger} 역할을 할 수 있는 것이다. 지역의 다양한 성원이 그 사회적 기업을 살리려고 함께 노력하는 과정에서 지역 공동체 거버넌스가 강화되며, 참여자들 사이의 사회적 자본은 자연스럽게 확대, 강화될 것이기 때문이다.

그러나 문제는 지역 거버넌스에서 사회적 약자 — 농민, 영세상인, 여성 — 나 소수자 — 장애인, 외국인 — 가 배제되지 않도록 하는 장치를 마련하는 것이다. 지역 거버넌스가 올바로 작동하지 않을 때 지역 내 사회통합과 참여는 사라지게 되며, 이를 추동하고자 하는 사회적 기업은 관주도의 서비스 대행조직처럼 한시적 기능밖에 할 수 없을 것이다. 최근 지역 농민들이 주목하는 '먹을거리 기본권'도 지역 농산물을 원재료로 하여 지역의 빈곤계층이나 학교에 급식을 제공하는 사회적 기업을 통해 생명, 환경, 복지 등의 문제를 동시에 해결하고자 모색하는 것이다. 다시 말해 지역 문제를 지역 구성원들의 협력 거버넌스를 통해 공동으로 해결하려는 이 사회적 기업의 접근방식은 하나의 대안적 경제모델이라고 볼 수 있다. 이제 복지, 고용, 환경, 농업, 여성, 지역발전 등의 문제를 동시에 고려함으로써 그동안 소외당했던 사회적 약자 및 소수자를 끌어안는 지역 기반의 사회적 경제모델을 고민할 때이다. 즉, 기계가 대체할 수 없는 인간관계, 친밀감, 동료의식, 형제적 연대, 봉사정신을 토대로 지역경제 발전을 고민하며 그것을 구체적으로 구현하기 위해서는 지역에 기반한 사회적 기업의 활성화가 필요하다.

그런데 이러한 지역 거버넌스와 사회적 기업이 제대로 작동되기 위해 무엇보다 중요한 것은 사람이다. 누가 사회적 기업을 운영할 것이며, 어떤 가치와 원칙을 가지고 운영할 것인지에 대한 성찰적 접근이 필요하다. 앞서 강조한 것처럼 사회적 기업은 분명 지역에서 공공성을 확장하기 위한 조직이기에 각 지역의 집단들이 서로 연대할 수 있게 하는 매개자로서의 역할이 중요하다. 더 나아가 사회적 기업은 지역 발전의 패러다임 변화에 대해 고민해야 한다. 이러한 가치와 원칙을 가지면서도 지역의 필요와 전지구적 환경의 변화를 간파할 수 있는 사회적 기업가가 절실히 요청된다.

그렇다고 사회적 기업가를 지속적으로 양산하기 위하여 근사한 사회적 기업가 프로그램 혹은 매뉴얼이 꼭 필요한 것은 아니다. 사회적 기업가는 기계에서 제품을 생산하듯 정해진 매뉴얼대로 교육, 생산되는 이른바 자격증 소지자가 결코 아니기 때문이다. 사회적 기업가의 자질은 지역에 뿌리를 두고 지역의 문제와 필요를 이해하며, 그것을 지역 공동체 안에서 자발성과 책임성을 갖춘 성원들이 민주적 방식으로 해결할 수 있도록 혁신적 프로그램을 만들 수 있느냐에 달려 있다. 이를 위해 사회적 기업가는 기업가 정신은 물론 지역과 국가 더 나아가 전지구적 문제와 지속적으로 소통하고 학습하며 응용할 수 있는 안목을 갖추어야 한다.

성공한 사회적 기업을 규모가 큰 사회적 기업으로 등치시키는 오류에 빠져서도 안 된다. 또한 사회적 기업의 활성화를 사회적 기업의 양적 팽창과 동일한 것으로 간주해서도 안 된다. 사회적 기업은 본질적으로 시민사회의 실천영역이며, 지역 공동체를 지속가능하게 유지할 수 있도록 기여하는 것, 즉 사회적 공공성을 증대하는 것이 궁극적 목표다. 이러한 사회적 기업이 한국사회에서 꾸준히 성장하려면 사회적 환경, 즉 정부, 기업, 시민사회의 합의와 협력이 절실히 요청된다.

05

자원 : 녹색 에너지

초국적 자본가의
로망을 버려야 산다

미국 동부의 뉴잉글랜드 지역에서 겨울을 지내본 사람이라면 가장 부러운 것 중의 하나가 SUV sports utility vehicle 차량일 것이다. 이곳은 잦은 폭설로 길이 미끄럽기 때문에 어쩌다 옥외나 노상 주차공간에 승용차를 세워 놓았다가 눈 속에 갇히면 며칠 동안 눈이 녹을 때까지 기다려야 하는 불편함을 겪는다. 그런데 4륜구동을 자랑하는 SUV는 쌓인 눈을 가뿐히 넘어서며, 눈이 쌓인 곳이라도 얼마든지 주차할 수 있다. SUV 뒷부분에는 4 × 4 라는 문구가 자랑스럽게 큼직하게 붙어 있고, 차 이름도 Expedition, Ranger, Highlander, Endeavor, Pathfinder, Wrangler처럼 거친 광야를 헤쳐나가는 개척자의 모습을 뽐내는 것들로 넘쳐난다. 교외에 사는 미국 중산층 가정의 대부분은 가족용 밴Van과 더불어 SUV를 하나 더 소유하는 것을 그리 큰 사치로 여기지 않는다.

그러나 불행하게도 SUV에 열광하던 미국인들의 에너지 다소비적 삶의 습관은 에너지위기와 친환경적 사고를 둔감하게 하는 독이 되고 말았다. 특히 브래드셔 Keith Bradsher는 2002년 자신의 책, *High and Mighty : SUVs — The World's Most Dangerous Vehicles and How They Got That Way*에서 SUV는 '기름 잡아먹는 괴물'gas guzzler이라는 별명을 얻을 정도로 연비가 낮은 차량이라고 지적했다. 그럼에도 불구하고 미국정부가 자동차 회사의 로비에 넘어가 SUV를 승용차가 아닌 트럭으로 분류해 줌으로써, 세금 감면은 물론 연비나 안전 기준을 완화해 주는 엄청난 특혜를 제공했다고 고발했다. 그 결과 문자 그대로 SUV는 '이기적이고 쓸모없는 차'selfish useless vehicle라는 불명예스러운 별명을 얻게 되었고, 환경오염과 안전사고를 유발시키는 매우 위험한 괴물이 되었다.

2000년대 들면서 상황은 SUV에게 더욱 불리하게 변하기 시작하였다. 1990년대 말까지 갤런당 1달러에 머물던 미국의 기름값이 10년 만에 4달러에 육박하고, 2008년 글로벌 경제위기와 자원위기가 동시에 급습하자 최근에는 갤런당 5달러까지 치

글로벌 자본주의 시대를
살아가는 우리는 에너지 다소비적
생활방식에서 벗어나지 못하고 있다.
(출처 : lightenitup.worldpress.com)

숫자 SUV의 인기는 땅에 떨어지고 판매는 급감했다. 2008년 8종의 SUV를 내놓았던 도요타와 렉서스는 70년 만에 적자를 경험했고, 판매량도 33.9%나 감소하면서 17억 달러의 적자를 내고 말았다. SUV에 열광했던 미국인들은 이제야 에너지위기로 도래된 반환경적 SUV 실체를 목도하면서 그 열광의 대가를 혹독히 치르고 있다.

과연 석유에 중독된 그들은 에너지 다소비적 생활방식을 양보할 생각이 없는 것일까? 부시 정부의 부통령을 지낸 딕 체니의 유명한 발언, "미국인의 생활방식은 교섭의 여지가 없다"는 지적에서 드러나듯 미국은 아직까지도 에너지위기에 대한 근본적 대책을 마련하기보다는 더 많은 석유자원을 확보하기 위해 중동에 공을 들이는 제국주의적 방법을 택하고 있다. 물론 에너지 및 자원 위기를 놓고 미국을 비롯한 몇몇 선진국만을 비판할 일은 아니다. 우리 자신을 먼저 돌아볼 때이다.

우리는 글로벌 자본주의 시대에 살고 있다. 초국적 일류기업의 임원, 장현석^{가명} 이사의 회의참가 동선을 따라 글로벌 자본주의 시대의 삶의 모습을 상상해 보자. 장 이사는 뉴욕에서 투자자들을 위한 설명회를 마치고 바로 인도 뭄바이로 날아가서 현지 법인 책임자들과 동남아시아의 신흥시장 분석회의에 참석한다. 그다음 날은 유럽지역 파트너들과의 협력전략을 논의하기 위해 런던행 비행기를 탄다. 장 이사는 말 그대로 시공간의 경계를 초월해 세계화 과정을 몸소 실천하며 지구촌 시장을 무대 삼아 최대의 이윤을 창출하기 위해 활동하는 초국적 자본가^{transnational capitalist} ^{class}의 전형을 보여준다.

장 이사의 삶은 요즘 글로벌 코리언을 꿈꾸는 젊은 세대의 로망이다. 그런데 이처럼 초국적 일류기업에 몸담고 있는 사람들은 전지구적으로 엄습해 오는 자원 및 에너지위기를 어떻게 느낄까 궁금해진다. 초국적 자본가, 그들에게 국가, 지역, 마을 공동체는 어떤 의미가 있을까? 초국가적 삶의 위험성은 지구시민으로서의 책임성global citizenship을 갖기 어렵다는 데 있다. 그들의 활동범위는 분명 국경을 넘어선 전지구적 차원이지만, 국가의 경계를 넘어선 활동에 대한 지구적 책임을 간과하는 대신에 세계화의 이익만을 누리려는 '유목 자본가'nomadic capitalist 특성이 더욱 강하기 때문이다.

　　유목민은 한 지역에서 오래 머물지 않는 대신에 지역 자원을 어느 정도 소비한 후에 자원을 찾아 새로운 장소로 이동한다. 이러한 유목 자본가의 수가 늘게 되면 공동의 자원을 보존하고 관리하는 책임성은 소홀히 다루어진다. 물론 자연 스스로 회복할 수 있는 휴지기나 회복기가 충분히 주어지면 유목 자본주의는 어느 정도 지속가능할 것이다. 그러나 문제는 세계화의 규모, 속도, 범위 차원에서 볼 때 자원 소비는 재생산의 속도를 훨씬 넘어섰다. 결과적으로 자원은 고갈되고 유목 자본가는 이 제한된 자원을 가지고 경쟁하고, 심하게는 갈등을 거쳐 결국 물리적 충돌로 이어질 가능성이 높아진다.

　　세계화의 혜택을 남용하다 보면 세계화는 오히려 파국의 부메랑이 되어 우리를 위협한다. 이는 글로벌 자본주의가 양날의 칼로서 초국적 자본가가 늘어날수록 자원고갈의 위험성이 더욱 높아짐을 의미한다. 제한된 자원을 어떻게 보존하고, 관리하고, 공정하게 배분할 수 있을지에 대한 고민 없이 경제성장을 통해 그 성과가 자연스럽게 나눠질 것으로 기대하는 것은 너무나 순진한 생각이다. 초국적 자본가는 현재 자리 잡고 있는 지역 전체의 발전에 대한 고민은 뒤로 한 채, 지역개발 이윤을 선점하는 데만 초점을 맞춘다. 그들은 만약 이윤이 저하되면 현대판 유목민처럼 이윤을 창출할 수 있는 또 다른 지역을 찾아 떠날 것이다. 그러므로 초국적 자본가는 점증하는 자원위기를 그렇게 심각한 문제로 느끼지 않을 것이다.

　　초국적 자본가의 삶의 모습은 비단 서구 선진국에만 나타나는 것이 아니라 한국은 물론 급성장하고 있는 중국의 팽창전략에서도 확인된다. 이들은 자국의 반환경적, 에너지 다소비적 삶의 습관을 바꾸지 않은 채 그것을 유지하기 위해 풍부한 자원을 가진 개발도상국에서 매우 정의롭지 못한 방법으로 돌진적 개발을 진행한다. 초국적 자본가들의 삶의 양태는 전지구적 책임성을 견지해야 하는 지구시민 의식을 약화시킨다. 이제 자원위기는 자원관리의 문제가 아니라 자원결핍과 공급제약의 문제로 전환되고 있다. 과학기술이 발전하면 자원위기 문제를 모두 해결할 수 있다는 낙관적 전망은 위험하다. 이는 과학기술의 무용론을 내세우는 것이 아니라 지나친 낙관주의가 에너지 다소비적 삶의 방식을 근본적으로 바꾸는 데 큰 걸림돌이 될 수 있기 때문이다.

이러한 맥락에서 과학을 절대적으로 신뢰하는 한국정부의 태도에 문제를 제기하지 않을 수 없다. 한국정부는 기술적으로 안전을 완전히 보장할 수 있다는 전제를 깔고, 원자력을 개발하여 에너지위기를 극복할 수 있다고 믿는다. 일본 후쿠시마 원전 사고를 다시 언급할 필요도 없다. 과학기술의 측면에서 한국보다 앞서 있는 독일이 탈핵을 선언한 그 저간의 사정을 살펴보는 것으로도 우리는 많은 시사점을 얻을 수 있다. 그렇다고 한국과 독일이 처한 상황과 맥락에 대한 이해 없이 무조건적으로 탈핵을 선언한 뒤에 문제가 나타나면 하나하나 해결하면 된다는 주장은 핵발전을 주장하는 측을 설득하기에는 한계가 있다.

에너지위기를 극복할 수 있는 해답은 재생가능 에너지라는 데 많은 사람들이 규범적 차원에서 동의한다. 그러나 핵심은 재생가능 에너지를 개발하는 과정에서 마주하게 될 예상치 못한 장애물과 넘어야 할 많은 과제가 있다는 사실도 주목해야 한다는 것이다. 정부의 위로부터의 일방적 에너지 전환정책은 항상 실패하게 된다는 사실을 독일의 경험에서 확인할 수 있다. 에너지위기에 대한 시민의 자각이 우선 이루어져야 하며, 동시에 지구시민으로서 책임 있는 실천행동에 시민들이 적극적으로 참여하는 것이 무엇보다도 중요하다. 우리들이 마음속에 있는, 에너지를 넘치게 써야 만족스러운 삶을 영위할 수 있다는 로망을 버려야만 살 수 있는 것이다. 미국인들이 그토록 열광했던 SUV에 대한 로망, 그리고 지역, 국가 더 나아가 지구적 책임을 회피하는 초국적 자본가의 삶에 대한 로망을 과감히 버리지 않고서는 우리 사회의 재생가능 에너지 논의는 또 하나의 로망을 추가하는 것에 불과하다.

자원위기의 파고는 더욱 높아지고 있다

2000년대 들어 국제 자원 — 원유, 곡물, 광물 — 가격이 가파른 증가세를 보이고 있는데 그 바탕에는 중장기적으로 자원공급이 줄어들 것이라는 불안감이 자리 잡고 있다. 중국과 같은 거대 개발도상국가가 빠르게 성장하면서 수요 대비 공급의 균형이 깨지고 있으며, 더 근본적으로는 자원고갈 가능성까지 높아져 자원 가격의 고공행진이 계속되고 있다. 특히 주요 자원들의 가격이 동반 상승하는 가격 동조화 현상도 강화되어 이제 복합적 자원위기가 전 세계를 위협하고 있다. 한국의 경우, 에너지 해외의존도가 97%에 달하는 상황으로 복합적 자원위기에 상시적으로 노출되어 있기에 자원위기의 민감성과 충격의 정도는 매우 클 수 있다. 여기서는 에너지 자원위기에 초점을 맞춰 그 위기를 올바로 진단하고 합리적 대안을 준비할 것을 강조하고자 한다.

우선, 세계 에너지 주요자원의 공급구조를 시계열적으로 살펴보자. 2011년 국제에너지기구IEA 자료에 따르면, 1970년대 초반 이후부터 현재까지 세계 주요 자원공급 구조에서 석탄, 석유, 천연가스가 차지하는 비중은 80% 이상이다. 이는 여전히 전 세계 경제가 화석연료에 절대적으로 의존하고 있음을 의미한다. 석유공급은 일정수준을 지속적으로 유지하고 있지만 최근 들어 천연가스의 공급이 증가세에 있으며, 바이오 연료와 석탄이 2000년대 후반부터 다시 주목받으면서 그 공급이 늘어나고 있다. 또한 전력 생산의 측면에서 보면 1970년대 초반 이후 화석연료의 비중이 압도적이었으나, 1980년대 중반부터 핵발전과 수력발전이 꾸준히 증가하는 것으로 나타났다. 그렇다면 이러한 자원공급에 비해 소비패턴은 어떠한가?

원자력 발전소 전경. (출처 : fotopedia.com)

물론 석유자원을 소비하는 비중이 50% 이상을 유지하고 있으며, 천연가스와 바이오에너지도 증가추세에 있다. 특히 이러한 자원소비 구조를 지역별로 보았을 때 OECD 국가들의 사용 비중이 50%에 가까우며, 2000년대 들어서면서 중국의 자원소비 비중이 OECD 국가그룹 다음으로 높은 것으로 나타났다.

다음으로 자원위기 혹은 에너지 문제가 전지구적 차원의 최우선 과제로 대두되는 두 가지 이유를 주목할 필요가 있다. 그 하나가 화석연료가 곧 고갈될 것이라는 자원고갈론이며, 다른 하나는 화석연료 사용으로 인한 기후변화를 방지하려면 전지구적으로 이를 통제해야 한다는 기후위기론이다. 안타깝게도 2000년대 초중반을 기점으로 자원의 안정적 공급의 시대는 끝났다고 전문가들은 진단한다. 과거 1970년대 석유파동 당시의 자원위기는 지정학적 불안에 따른 '공급차질', 즉 자원관리차원에서 야기된 것으로 현재 우리가 마주하는 자원위기, 즉 '공급제약'과는 근본적으로 다른 차원의 문제임을 주목해야 한다.

다시 말해 최근의 자원가격의 급상승 추세는 투기적 수요나 지정학적 요인으로 발생한 일시적 교란이기보다는 공급이 수요증가를 따라가지 못하는 공급-수요 불균형에서 비롯된 매우 근본적인 위기이다. 이러한 공급제약이라는 객관적 사실이 전지구적 차원의 자원위기론을 확산시키고 있다. 영국의 민간 싱크탱크인 석유고갈분석센터ODAC는 향후 몇 년 이내에 세계 석유생산은 정점에 다다를 것이라고 보았다. 이른바 '피크오일'은 세계 석유생산의 최대치에 이른 후에 지속적으로 감소하는 기점을 의미한다. ODAC에 따르면 현재와 같은 석유생산 추세가 지속된다면 석유수요는 향후 발견될 유전의 공급 양을 초과할 것이다.

제임스 쿤슬러의 저서 《장기비상시대》The Long Emergency에 따르면, 지구상에 매장된 석유 양은 2조 배럴 정도로 추정되는데, 지난 100년 동안 특히 2000∼2010년 무렵에 그중의 반을 써 버리고 말았다고 한다. 이 책에서는 만약 전 세계의 석유 소비패턴이 현재처럼 지속된다면, 석유생산은 연간 270억 배럴이 필요하며 더 나아가 향후 37년이 지나면 석유가 한 방울도 남지 않게 된다는 끔찍한 사실을 경고하였다. 중국과 인도의 급격한 경제성장과 산업화 추진과정을 고려한다면 그 시점은 더 앞당겨질지도 모른다.

안타까운 사실은 잔존하는 석유 매장량의 60%가 서구 열강들이 석유자원 확보를 위해 각축을 벌이는 이슬람 국가들에 존재한다는 사실이다. 미국은 남은 석유 매장량의 겨우 3%만을 보유하고 있음에도 불구하고 아직까지도 전 세계 석유소비의 25%를 소비하고 있다. 이런 이유에서 석유자원을 놓고 벌이는 갈등이 전쟁으로 비화될지도 모른다고 전문가들은 우려하고 있다. 한편 에너지 자원 부국으로 분류되는 사우디아라비아, 알제리, 베네수엘라, 러시아 등은 자원위기 시대를 맞이하여 새로운 성장동력을 얻을 가능성이 높다. 비슷한 맥락에서 광물자원 부국인 칠레, 호주, 인도네시아와 곡물자원 부국인 뉴질랜드, 아르헨티나, 태국, 말레이시아 등의 국가들은 보유 자원으로 인해 성장 잠재력을 지닌 나라로 평가를 받는다.

그러나 에너지위기 문제는 자원고갈에만 국한된 것이 아니다. 화석연료에 지나치게 의존한 나머지 지구환경은 심각한 위기, 즉 기후변화 위기를 맞닥뜨리게 되었다. 화석연료 사용으로 증가한 CO_2는 지구 온난화의 주범이 되어 상상할 수 없는 규모의 기후변화 부작용을 낳았다. 북극과 남극의 빙하가 감소하여 해수면이 지속적으로 상승하면서 투발루, 몰디브, 파푸아뉴기니, 방글라데시 등에서는 수많은 기후난민 문제를 해결해야 하는 상황이다.

상황이 이렇게 긴급함에도 불구하고 주요 선진국은 기후변화 방지를 위한 전지구적 공동대응 과정에서 지지부진한 태도를 취하고 있다. 그 원인을 서구 선진국은 중국을 비롯한 개발도상국가들이 공동으로 책임지려는 자세가 되어 있지 않기 때문이라며 비판했다. 반면, 중국과 인도를 중심으로 한 개발도상국가들은 서구 선진국이 차별적인 책임성을 가질 것을 꾸준히 요구하고 있다. 교토의정서의 경우 미국과 중국은 상대방을 비난하며 가입도 하지 않았으며, 이미 가입했던 캐나다마저 탈퇴하였다. 이로써 교토의정서 체제는 식물인간과 같이 사멸직전의 위기에 몰린 바 있다. 다행히도 2011년 남아프리카공화국 더반 회의를 통해 교토의정서를 최소 5년 더 연장하는 수준에서 기후변화 방지를 위한 공동의 노력을 계속하기로 의견이 모아졌다. 현재 기후변화 방지 노력은 강제적 국제규약을 만들지 않고서는 어떤 효과도 기대할 수 없는 암울한 상황인 것이다.

이와 같은 국제공조의 실패로 각국 정부가 자원, 특히 에너지위기의 심각성을 인지하면서 에너지 안보를 달성하기 위한 대체에너지 개발이라는 중차대한 과제를 안게 됐다. 설상가상으로 2011년 3월 11일 후쿠시마 원전사고가 터지면서 원자력 발전으로 에너지위기를 극복하고자 했던 국가들은 또 다른 도전에 직면했다. 에너지 보급만을 강조한 나머지 안전이라는 또 하나의 축을 간과했던 독일이 일본 후쿠시마 원전사고를 계기로 원자력 회귀정책을 완전히 포기하고 탈핵을 선언한 것은 한국정부에 시사하는 바가 크다. 독일이 왜 그리고 어떻게 탈핵을 선언할 수 있었으며, 미래 에너지 안보를 위해 어떤 전략을 갖고 있는지를 살펴볼 필요가 있는 것이다.

탈핵을 선언한
독일의 경험에서 배우자

1986년 4월 26일 체르노빌 핵발전소 사건 이후 약 20년 동안 대형 핵사고가 발생하지 않자 많은 국가들이 체르노빌 사건의 참혹성과 핵발전의 위험성을 조금씩 망각하게 되었다. 그러면서 노후한 핵발전소의 수명을 연장하고 기후변화의 위험을 빌미로 핵발전이 대안적인 클린에너지라고 목소리를 높였다. 한국, 일본, 중국, 프랑스에서는 화석에너지의 대안이 없으니 원자력 발전소를 계속 건설해야 한다는 주장이 힘을 얻었다. 그러나 독일의 경우는 달랐다. 체르노빌 사고 이후에 독일시민들은 반핵운동을 지속하였고, 마침내 2022년 이전에 핵발전소를 폐기할 것을 규정하는 '원자력법'을 세우는 데 성공했다.

독일의 메르켈 총리는 물리학을 전공한 자연과학자 출신이고, 그녀가 속한 기독민주당기민당은 전통적으로 원자력 발전을 지지하기 때문에 탈핵 정책결정 과정이 결코 순탄하지만은 않았다. 실례로 2009년 독일 총선은 기존의 기민당과 사민당의 불편한 동거를 끝내는 계기가 되었다. 33.8%의 지지로 선거에서 승리한 기민당은 사민당 대신 14.6%를 득표한 자민당을 파트너로 하는 보수연정을 이루었다. 예상대로 이 보수연정의 기민당 정부는 즉각적으로 핵발전소 정책변화를 예고하면서 핵에너지를 다시금 활용할 것이라고 천명하였다. 그 결과 보수연정의 기민당 정부는 17기의 핵발전소의 수명을 연장하는 '핵폐기 정책의 일부 폐기'를 결정하여, 1980년 이전에 건설된 총 7기의 발전소는 8년 더 수명 연장을 허가했고, 그 이후 건설된 총 10기의 발전소는 14년 더 가동할 수 있도록 법 개정안을 통과시켜 2010년 12월 8일부로 시행되기에 이르렀다.

그러나 보수연정의 핵 수명 연장 결정은 야당과 독일 시민사회의 즉각적 반발을 불러왔다. 야당은 헌법소원을 냈고, 시민들은 대규모 반핵시위를 이어갔다. 이러한 반핵시위가 계속 일어나는 상황에서 후쿠시마 핵발전소 사고가 터진 것이다. 이 사건은 체르노빌 사고 이후 25년 동안 독일인의 머릿속에 깊이 자리 잡았던 핵

풍력 발전, 태양력 발전 시설. (출처 : renewableenergyinstaller.co.uk)

공포에 대한 악몽을 다시금 상기시키는 각성제가 되었다. 일본의 후쿠시마 핵발전소 사고소식이 전해진 2011년 3월 14일, 비록 월요일이었지만 독일 전국의 450여 개 도시에서 약 11만 명이 핵폐기 시위에 참여하였다. 이 시위는 여론조사에서 나타나듯이 독일 국민의 80%가 현 정부의 핵 수명 연장에 반대한다는 것을 분명히 보여주는 사례가 되었다. 결국 3월 15일 메르켈 총리는 1980년 이전에 건설된 7기의 핵발전소를 일시적으로 폐쇄한다고 밝혔지만, 독일국민 대다수는 이를 순수하게 받아들이기보다 곧 예정된 지방선거를 겨냥한 꼼수에 지나지 않는다고 꼬집었다. 이에 독일시민의 저항의 움직임은 점차 확대되어 3월 26일에는 베를린을 포함한 독일 주요 도시에서 반핵운동 역사상 가장 큰 규모인 25만 명의 시민이 참여하였다. 시민들의 구호는 분명한 탈핵을 요구하는 것으로 "후쿠시마를 기억하라, 모든 핵발전소를 폐쇄하라"고 목소리를 높였다.

독일시민의 강한 연대의 목소리는 곧바로 지방선거에도 영향을 미쳤다. 실례로 지난 58년 동안 기민당이 텃밭이던 바덴뷔르템베르크 주 지방선거에서 대이변이 일어났다. 바로 녹색당 출신의 주지사가 최초로 선출된 것이다. 이것은 독일시민들의 최대 관심사가 경제나 사회정의, 교육정책보다 환경, 에너지정책을 더 우선시 여기고 있음을 의미한다. 이러한 충격적 선거결과를 반영하듯 메르켈 총리는 2011년 3월 말에 핵에너지의 사회적 안정성 문제를 올바로 진단하기 위해 '안전한 에너지 공급을 위한 윤리위원회'를 구성하여 탈핵 여부를 최종 결정짓기로 했다. 이 윤리위원회에는 성직자, 대학교수, 원로 정치인뿐만 아니라 산업계 대표자 등 다양한 사회 각계 전문가 17명이 참여하여 8주간의 진지한 논의과정을 거쳤다. 이 위원회는 최종보고서에서 "이미 가동중지한 핵발전소 8기는 더 이상 가동해서는 안 되며, 남은 발전소들도 2021년까지 모두 폐쇄하라"라는 최종 결론을 제안하였다. 이를 토대로 메르켈 총리는 2011년 5월 30일 독일의 모든 17기의 핵발전소를 2022년까지 폐쇄하겠다는 역사적 결정을 내렸다. 그동안 핵발전의 필요성을 주장했던 그녀가 탈핵을 선택한 가장 큰 이유를 "후쿠시마 사고가 지금까지의 내 생각을 바꾸었다. 우리에게 안전보다 더 중요한 가치가 없다"고 밝혔다. 이처럼 핵발전소 문제는 우리 미래세대의 안전을 우선시하는 가치관의 정립이 얼마나 중요한지 새삼 일깨워 주었다.

후쿠시마 사고 이후 어떻게 독일은 전 세계가 놀랄 만한 속도로 에너지 정책전환을 결정할 수 있었는가? 비록 후쿠시마 사고가 정책 결정자들에게 엄청난 충격과 더불어 핵 안전에 대한 각성제 역할을 했다 하더라도, 독일 핵정책 전환의 원동력은 무엇보다도 독일 시민사회의 지속적인 반핵운동과 대안에너지 실천운동에서 찾는 것이 타당하다. 1970년대 중반부터 시작된 반핵운동은 반핵후보, 녹색후보, 무지개후보를 지방의회 선거에 지속적으로 지원함으로써 한두 명씩 의회에 진출시키는 성과를 올릴 수 있었다. 결국 이 힘이 전국 규모의 대안정당인 녹색당의 창당으로 이어졌고, 1983년에는 녹색당 의원이 연방의회에 처음으로 진출하였으며, 1998년에는 사민당과의 연립정부를 구성해 친환경적 정책입안과 에너지 전환정책을 적극적으로 추진할 수 있었다.

이처럼 우리는 독일의 탈핵 사례를 통해 시민사회의 지속적 노력이 에너지 정책을 바꿀 수 있음을 확인할 수 있다. 이제 독일의 탈핵 선언은 유럽전역으로 확산되어, 5기의 핵발전 시설을 보유한 스위스는 독일의 탈핵 선언 이후 2034년까지 자국

독일의 에너지 자립마을 펠트하임(Feldheim) (출처 : msnbc.msn.com)

의 핵발전소를 폐쇄하기로 결정하였다. 물론 어떤 대안에너지를 활용할 것인가에 대해서는 현재도 논의중이다. 이탈리아도 2011년 6월 실시한 국민투표에서 94%의 국민이 핵발전을 반대하는 것으로 나타나 정부는 2014년까지 건설하기로 한 4기의 핵발전소 계획을 전면 취소하였다. 핀란드 역시 현재 건설중인 핵발전소 외에 어떤 핵발전소도 추가로 건설하지 않기로 결정하였다. 독일의 탈핵 선언이 주목받는 것은 시민들의 반핵운동뿐만 아니라 구체적 대안에너지^{재생가능 에너지}로의 전환 노력이 성공적으로 추진되고 있기 때문이다. 그동안 독일은 지역을 중심으로 '분산형 재생가능 에너지 체계'를 구축함으로써 이 시스템이 시장경쟁을 통해서도 핵에너지 체계를 넘어설 수 있음을 입증하였다.

한편 한국의 에너지 정책체계는 중앙정부가 공공재로서의 에너지 자원을 책임 있는 자세로 국민에게 필요한 에너지를 공급해 주는 원칙을 고수해왔다. 따라서 어떻게 해서라도 에너지 가격은 올리지 않으면서 값싼 에너지를 지속적으로 공급해야 한다는 명분아래 핵발전소를 건설하여 왔다. 역설적으로 값싼 에너지 공급으로 인해 한국 시민의 에너지 소비는 계속해서 증가하고 있다. 영국, 일본, 독일, 프랑스의 1인당 에너지 소비보다 한국인의 에너지 소비량은 훨씬 크다는 사실을 우리는 직시해야 한다. 에너지 전환정책을 꾸준히 추진해 온 독일의 경험, 그중에서도 지역 에너지 자립을 위해 정부가 추진한 '100% 재생가능 에너지 마을' 프로젝트는 지역주민의 에너지 최소소비 정신을 토대로 지역의 지열, 풍력, 태양, 바이오 에너지를 기술 혁신을 통해 100% 재생가능 에너지로 전환하여 에너지 자립 공동체를 건설하고자 하는 소중한 경험이 아닐 수 없다. 인구 1,400만 명을 자랑하는 글로벌 도시 서울의 에너지 자립률은 불과 1.5%에도 못 미치는 것은 과히 충격적이다. 과연 탈핵을 선언하는 것만으로 재생가능 에너지로 가는 길이 열릴 것인가? 혹시 재생가능 에너지로 가는 길을 장밋빛으로만 상상하고 있지 않은지 우리 스스로에게 질문을 던질 때이다.

재생가능 에너지로
가는 길도 험난하다

핵발전소를 폐쇄하고 어떻게 전기를 안정적으로 사용할 수 있느냐는 질문에 우리는 서슴없이 재생가능 에너지에서 답을 찾으면 된다고 말한다. 앞서 지적한 것처럼 전기는 석탄, 석유, 그리고 천연가스와 같은 화석에너지를 이용해 얻을 수 있다. 그러나 이 화석에너지는 한정되어 있어 머지않아 고갈될 우려가 있으며, 무엇보다도 지구온난화를 야기하는 이산화탄소를 배출한다는 점에서 원자력을 대체하는 기술로는 적절하지 않음을 강조하였다. 이러한 이유에서 화석에너지와 핵발전의 대안으로 제시되는 것이 재생가능 에너지이며, 대표적인 것이 태양광 발전, 풍력 발전, 바이오가스를 이용한 발전 등을 들 수 있다. 그동안 재생가능 에너지의 기술력은 매우 낮아서 효율성이 떨어지며, 발전시설의 초기 투자비용도 엄청나기 때문에 비용 면에서 대체에너지로서 타당하지 않다는 비판을 받았다.

그러나 최근 보고에 따르면, 지속적인 기술개발 노력으로 태양빛의 전략 전환 효율이 점차 증가되어 태양광 발전기의 대량생산을 통한 비용절감이 이루어지면서

친환경 에너지 · 녹색 에너지
개발을 통해 건강한 삶과
아름다운 지구를 지켜야 한다.
(출처 : greenenergy1.org)

화석연료에 의한 발전이나 핵발전보다 태양광 등의 재생가능 에너지 발전 생산 단가 차이가 점차 줄어들고 있다고 한다. 물론 핵발전의 경우에는 전 과정에 지불되어야 할 다양한 측면의 비용이 충분히 반영되어 있지 않는 문제가 존재한다. 예컨대, 수십 년이 걸리는 원자로 폐쇄과정에 필요한 비용이 충분이 고려되지 않았다는 점과 아마도 수십만 년 이상의 시간이 필요한 방사능 폐기물 처리를 위한 격리 보관비용을 발전 원가에 포함하지 않았다는 점도 문제이다.

그렇다고 기술혁신과 합리적 원가계산 대조표만 보고 재생가능 에너지로 전환하자는 것은 그 과정에서 부딪칠 수 있는 다양한 갈등과 장애물을 간과하는 순진한 주장이다. 이것은 재생가능 에너지로의 전환을 선택한 독일에서도 동일하게 경험한 문제이다. 재생가능 에너지 보급과정에서 불거진 여러 가지 사회적 갈등에 대한 성찰적 자세가 필요한 시점이다. 지금까지는 재생가능 에너지 확대라는 대의명분을 지나치게 강조하다 보니 해당지역 주민에 대한 배려가 부족했던 것이 사실이다. 재생에너지 개발을 위해 갯벌이나 산림지역을 훼손하면서까지 대규모로 태양광 발전설비를 설치하거나 풍력 발전터빈을 설치하는 과오를 범하기도 했다. 주민들의 참여가 배제된 채 진행된 재생가능 에너지 개발 프로젝트가 진해되는 바람에 지역주민들이 거대한 풍력 발전기나 바이오가스 설비를 '혐오시설'로 인식하는 경우도 발생했다.

친환경적 재생에너지로 전환하는 근본적 이유가 무엇인가? 그것은 지역 중심의 분산형 에너지 자립체계를 구축하여 지역주민의 삶의 질이 개선시키고, 지역 문제에 민주적으로 참여하는 과정을 통해 지역 공동체 의식을 더욱 단단히 하는 데 있다.

그러나 재생가능 에너지 개발과정에서 사회적 약자 및 소수자 문제가 동일하게 발생한다면 재생가능 에너지로의 가는 길은 결코 순탄하지 않을 것이다. 태양광 발전소를 건설하기 위해 삼림을 무차별적으로 훼손하거나 심지어 산마저 깎아내는 경우가 있으며, 지역주민의 의사와 상관없이 풍력 발전소 건설을 강행하기도 한다. 이러한 일방적인 재생가능 에너지 개발과정은 소음과 교통정체를 일으키고, 아름다운 자연경관을 훼손하고, 더 나아가 희귀동물까지 멸종시키는 부작용을 낳을 수 있다. 게다가 최근 들어 재생가능 에너지 시설이 대형화되면서 많은 문제가 발생하고 있다. 실례로 바이오 연료 생산을 목적으로 동남아시아와 아프리카 지역에서 대규모로 진행되는 팜오일^{palm oil} 플랜테이션 사업은 현지 지역의 환경은 물론 지역주민의 인권까지 침해하는 심각한 역효과를 낳고 있다. 이 플랜테이션을 만들기 위해 대규모의 벌목이 이루어졌고, 현지 주민을 플랜테이션 노동자로 고용하는 과정에서 심각한 인권침해가 발생했으며, 식료품 등의 물가 폭등으로 많은 사람들이 고통을 받게 되었다. 이는 궁극적으로 지역주민의 빈곤 악화로 귀결되고 있다.

이러한 문제의 원인은 재생가능 에너지 개발에 앞서 현지 사회에 대한 철저한 사전조사가 부족했던 것과, 지역주민을 개발정책 결정과정에 참여시키지 않았던 것을 들 수 있다. 요컨대, 재생가능 에너지로의 전환을 위해서는 반드시 지역 수준의 민주적 거버넌스가 구축돼야 한다. 재생가능 에너지의 중요성에 대한 충분한 교육과 설득 및 동의과정이 전제돼야 하는 것이다. 이러한 상호소통과 신뢰구축 없이 사업이 진행된다면, 친환경 에너지 자립의 터전인 지역을 와해시키는 부작용을 낳을 수 있다.

재생에너지로의 전환은 정부의 노력 혹은 기업의 기술혁신만으로는 달성할 수 없는 험난하고도 지난한 과제이다. 앞으로 기술혁신, 정치적 결단, 지역의 민주적 거버넌스, 그리고 '탄소 다이어트'와 같은 시민 스스로의 에너지 소비절약 노력이 상승적으로 결합될 때 재생에너지로의 전환을 기대할 수 있을 것이다.

06

식량 : 식량주권

식량위기의 현주소 및 원인

2007~2008년 세계 식량위기 이후 식량문제가 국제사회에서 중요한 화두로 떠올랐다. 혹자는 이제는 '衣食住'가 아니라 '食衣住'라고 불러야 한다고 할 정도로 오늘날의 식량문제는 환경, 생명, 문화와 긴밀하게 연결된 중요한 사안이다.

그러나 안타깝게도 세계 많은 나라들에서 농업의 비중이 줄어들면서 그 중요성에 대한 인식은 오히려 약화되어, 먹거리와 식생활의 안전이 위협받고 있다. 유엔 식량농업기구FAO의 추산에 따르면, 2009년에 세계적으로 10억 명 이상이 굶주리거나 영양실조 상태에 있었는데, 이는 2008년에 비해 1억 명이 증가한 수치이다. 전지구적 차원에서 진행되는 식량위기는 몇 가지 통계치만으로도 쉽게 확인할 수 있다. 영양실조에 걸린 인구수는 2007년에 7,500만 명이었는데 2008년에는 여기에 4천만 명이나 더 늘었으며, 그 주원인은 인상된 식량가격이었다. 만성적 기아로 고통받는 사람들 중의 60% 이상이 여성이며, 기아로 인해 6초마다 어린아이 한 명이 죽어가고 있다.

아이러니하게도, 그동안 과학기술의 비약적 발전에 힘입어 농업생산성이 눈부시게 발전했음에도 불구하고 식량위기와 굶주림으로 고통받는 사람들은 늘고 있다.

황폐화된 옥수수 농작물. 오늘날
식량위기의 현주소를 대변하는 듯하다.
(출처 : nevereatsolo.com)

2011년 4월 14일 미국 워싱턴에서 열린 G20 재무장관 및 중앙은행 총재 회의에서 로버트 졸릭 세계은행 총재는 실업문제와 함께 식량문제가 세계경제의 최대 과제라고 강조하였다. 이날 세계은행이 발표한 식량가격 지수에 따르면 전년보다 옥수수가 74%, 밀이 69% 오르는 등 세계 식량가격이 36%나 올랐다.

〈그림 6-1〉이 보여주듯이 식량가격의 흐름은 2007~2008년의 식량지수 급등 이후에 잠시 하락세로 들어섰다가, 2010년 이후부터는 다시 늘어나는 추세이다. 2002~2011년 사이 식량 가격을 종류별로 비교해 보면, 육류는 1.7배, 유제품은 2.2배, 곡물은 2.4배, 유지류는 2.5배, 그리고 설탕은 3.7배로 상승하였다. 이와 같은 식량가격의 급등현상은 식량을 자급하지 못하는 국가들에게 심각한 사회경제적 타격을 주고 있다.

식량자급률은 자국의 농업생산이 국민의 국내 식량소비에 어느 정도 대응하고 있는가를 평가하는 지표로, 국내 생산량을 국내 소비량으로 나눈 것이다. 식량자급률 지표는 품목자급률, 주식자급률, 칼로리자급률, 곡물자급률^{사료곡물 포함}, 식량자급률^{사료곡물 미포함} 등이 있다. 보통 식량자급률로 활용되는 곡물자급률의 경우 한국은

| 그림 6-1 | 식량가격 지수 동향(1990~2012)

자료 : http://www.fao.org/worldfoodsituation/wfs-home/foodpricesindex/en/
주 : 1) 2002-2004＝100
　　2) 실질가격지표는 세계은행의 제조업 단위가치지표(MUV)를 기준으로, 명목가격지표를 조정해 산출했다.

드넓은 평원에서 펼쳐지는 곡물추수 모습. (출처 : wallpaperup.com)

2010년 26. 7%로 OECD 국가 중에서 최하위권에 속했다. 이는 OECD 평균 식량자급률은 110%에 비교도 안 될 정도로 낮은 수치다.

식량자급률을 식량자급지표로 사용할 경우 실제의 식량자급률을 과소평가할 우려가 있다. 이는 곡물자급률에는 가축사료용 수요가 포함되는 반면에 채소, 과수, 축산물, 가공식품 등의 식품 전체가 포함되어 있지 않기 때문이다. 이러한 문제를 보완하기 위해 전문가들은 대안지표로 칼로리자급률을 사용할 것을 제한한다. 칼로리자급률의 경우에도 한국은 2000년을 기준으로 50% 이하로 나타나고 있다. 그러나 선진국들의 곡물자급률을 보면 호주 275%, 캐나다 174%, 프랑스 168%, 미국 133% 등으로 식량자급을 훨씬 넘어서고 있다.

이러한 현실을 고려할 때, 선진국의 식량관련 문제는 농업의 문제가 아니라 농촌과 농민을 지원하는 문제로 바라보는 것이 타당하다. 반면에 한국과 같이 식량자급을 이루지 못한 나라는 농촌, 농민, 농업 전반을 고려해야 한다는 점에서 그 식량위기의 정도와 차원이 크게 다르다는 것을 유념할 필요가 있다.

그렇다면 이러한 식량위기는 왜 발생하는 것일까? 앞서 강조한 것처럼 세계 식량위기가 전지구적 과제로 새롭게 대두된 배경은 2007~2008년의 세계 식량위기 사건이다. 당시 식량위기는 1972~1973년 세계 식량위기 이후 최악의 사태로 평가되며, 아시아, 아프리카, 남미 등지의 30여 개국에서 식량폭동으로 이어지기도 했다.

식량위기의 원인에 관한 논의는 크게 4가지로 요약할 수 있으며, 각각을 살펴보면 다음과 같다. 첫째, 지속적 인구증가를 식량위기의 원인으로 들 수 있다. 2050년까지 전 세계 인구는 91억 명에 이를 것으로 전망되며, 중국, 인도 등 신흥국가들의 소득 증가와 더불어 식량소비도 급증될 것이다. 그러므로 자연스럽게 곡물 수요가 급격히 증가하게 되어 식량가격은 지속적으로 높아질 수밖에 없는 것이다.

둘째, 식량위기의 문제는 에너지 문제와 깊이 연결되는데, 그 핵심은 바이오 연료 사용의 급격한 증가이다. 원유가격이 배럴당 100달러가 넘어가자 옥수수를 발효하여 에탄올을 생산하고 그것을 연료로 사용하는 이른바 바이오에탄올 활용정책이 강력하게 추진되었다. 미국의 경우 2000년대 초부터 시작된 바이오 연료 생산은 꾸준히 발전하여 2008년에는 전체 옥수수 생산량의 3분의 1 이상을 바이오 연료로 활용하게 되었으며 그 결과 세계 곡물가격이 2~3배 치솟게 되었다.

셋째, 예측할 수 없는 기후변화와 자연재해의 증가로 곡물생산이 줄어들고 있다. 세계 곡물가격은 2006년 말부터 상승했는데 그 시작은 자연재해로 인한 작황 부진과 곡물재고의 감소였다. 가장 영향력이 컸던 자연재해는 2005년 오스트레일리아 곡창지대의 장기 가뭄과 미국 캘리포니아 지역의 혹서였다. 기후변화에 대한 국제간 협력기구IPCC의 발표에 의하면 온실가스의 영향으로 지난 10년간 지구 평균온도가 0.5℃ 늘어났으며, 2015년까지 1℃ 증가할 것으로 예측하고 있다. 이러한 추세가 계속된다면 2080년에 세계 곡물생산량은 지금보다 1% 하락할 것이라는 예측이 나오고 있다.

넷째, 초국적 '농식품복합체'agri-food complex의 독점과 곡물 투기도 식량위기의 주원인이다. 현재 곡물과 육류 가공은 소수 메이저 회사가 장악하고 있다. 예컨대

한미 FTA 체결 반대 및 기초농산물 국가수매제 촉구 시위 모습. (출처 : nongmin.tistory.com)

소맥小麥의 경우는 카길Cargill, ADM, 콘아그라ConAgra, 씨리얼푸드프로세서 등 미국의 4대 기업이 가공과 유통의 60% 이상을 점유하며, 대두大豆의 경우도 ADM, 붕게Bunge, 카길, AG 프로세싱 등 4개 기업이 80%를 차지한다. 2008년 식량위기가 도래하였지만 이 초국적 기업들의 이윤은 오히려 급증하였다.

사실 세계 식량 생산량 중 약 87~88%가 자국 내에서 소비되고, 12~13% 정도만이 국제시장에서 거래된다. 이러한 시장구조 때문에 생산과 소비 과정에서 조그만 변화만 발생해도 식량가격은 폭등할 수밖에 없다.

또한 거대 곡물메이저는 국제 곡물거래의 약 80% 이상을 장악하고 있기 때문에 식량수출국의 수출 통제조치나 곡물 메이저기업의 곡물투기가 발생할 수밖에 없다. ADM의 CEO 워츠P. Woertz는 "취약한 곡물시장으로 인해 사상 유래 없는 기회를 맞았다"고 고백할 정도이다. 더 큰 문제는 곡물메이저들이 종자, 비료, 농약, 농산물 유통, 식품 가공 등의 전 분야를 장악하여 공급을 조정할 수 있다는 사실이다.

물론 이들 뒤에 있는 WTO와 FTA가 관세를 제외한 모든 국경 장벽을 철폐하고, 농업보호 정책을 축소하거나 폐지하여 이른바 세계 식량체계global food system를 구축할 수 있는 버팀목 역할을 한다.

이렇듯이 식량위기는 보다 자주, 거대한 규모로, 소수의 독점에 의한 횡포로 다가오고 있다. 만약 한 나라가 자국에 필요한 식량을 자급하지 못하게 될 경우, 식량위기는 농민, 농촌, 더 나아가 농업 전체의 붕괴를 불러올 것이다. 그리고 이것이 국가와 지역을 넘어 전지구적으로 확대될 경우 심하면 식량폭동과 국가 간 전쟁으로 치달을 수 있는 위험도 안고 있다.

한국 농업의 위기,
농민과 농촌이 무너지다

농업 전문가들은 세계 식량위기가 기후변화 및 신자유주의 세계화라는 두 흐름과 긴밀하게 연결되어 있다고 본다. 전지구적 복합위험의 상승작용이 우리의 농업, 농민, 그리고 농촌을 벼랑 끝으로 몰아가고 있는 것이다. 기후변화로 인해 사막화가 더욱 확산되어 농경지가 줄고 농사에 필요한 물은 메마르고 있다. 잦아진 기상이변으로 태풍, 홍수, 가뭄과 같은 자연재해로 농민들은 불안정한 식량생산을 두려워한다. 농산물의 자유무역과 농업 구조조정 정책으로 경지이용률은 더욱 감소하였고, 그 결과 중소규모의 가족농家族農이 경쟁력을 상실하여 거대 기업농企業農으로 흡수된다. 거대 기업농은 생산량을 높이고자 유전자 조작GMO 종자를 개발하고, 대규모 화학농업과 공장식 축산방식을 확대며, 생산자와 소비자 사이에 확장된 거리를 좁히고자 서슴지 않고 농산물에 강력한 화학처리를 한다. 궁극적으로 우리 모두의 먹거리 안전이 크게 위협받게 되었다.

특히 현대인들의 식생활은 육류 중심의 소비습관으로 인해 변화되고 있다. 나아가 인구대국이자 경제신흥국 중국과 인도의 소비수준이 높아지고, 바이오 연료 소비가 늘어나면서 전 세계적으로 식량부족 현상이 일어나고 있다.

그렇다면 이러한 식량위기의 연쇄반응이 한국 농업, 더 나아가 농민과 농촌에는 어떤 영향을 끼치는가?

한국의 식량자급률은 1990년에 43%였으나, 2010년에는 26.7%로 급격히 하락하면서 국민의 식량 소비의 125%를 해외에 의존할 정도로 전지구적 식량위기에 거의 무방비 상태로 노출되어 있다. 1990년에 약 715만 명이던 농가인구도 2012년에는 300만 명이 채 되지 않을 정도로 대폭 줄어들어 주변화되는 추세를 보이고 있다.

그런데 이러한 농가인구의 감소는 잘못된 농업 구조조정의 결과이다. 농가인구의 절대다수를 차지하는 중소 가족농은 늘어나는 농가부채로 인해 하향 분해되면서 근교의 산업지역으로 이주하고, 농촌 청장년은 일자리를 찾아 도시로 떠나 마을에는 노인들만 남게 되어 농촌은 공동화空洞化 현상을 맞게 되었다. 그나마 농촌을 지키며 농업을 힘들게 이어가는 농민들 사이에도 소수의 상층농과 다수의 중소농으로 양극화되는 현상까지 일어나고 있다. 이는 정부의 기업농 혹은 정예농가 지원 정책에서 비롯된 것이다.

이렇게까지 빠른 속도로 농촌이 붕괴된 가장 큰 이유는 무엇인가? 그것은 바로 농촌과 도시 가구 사이의 소득격차 때문이다. 아무리 열심히 일해도 이익보다는 손해가 크고 기계농업으로 전환하다 보니 농협으로부터의 대출금은 눈덩이처럼 불어났다. 설상가상으로 도농 간 소득격차 규모는 신자유주의 세계화의 흐름에 완전 노출되면서 더욱 커졌다. 예컨대, 1990년 농가소득은 도시가구 소득의 97.4% 수준을 유지했지만, 2009년의 농가소득은 도시가구의 66% 수준으로 급격히 떨어졌다. 농민의 명목소득은 2005년 이후 3천만 원 수준에서 계속 정체되고 있지만, 물가상승률을 고려할 때 농민의 실질소득은 오히려 급격히 줄어든 것을 확인할 수 있다.

더욱 안타까운 것은 농가부채 규모가 급증하였다는 사실이다. 1990년에 농가 평균 417만 4천 원이던 부채가 2009년에는 2,626만 8천 원으로 6.3배나 늘었다. 이런 소득감소와 부채증가라는 악순환이 계속되면서 한국의 농민과 농촌은 벼랑 끝에 내몰리고 있다. 여기서 강조해야 할 사실은 도농 간 소득격차 문제를 해결하지 않고서 농민의 이농과 농촌인구의 초™고령화로 비롯된 농촌 공동체의 붕괴는 더 이상 막을 수 없다는 것이다.

한국의 농업은 심각한 위기상황을 맞았다. 지금까지 정부가 수많은 지원정책과 거대한 지원금을 쏟아부었음에도 불구하고 농촌지역의 경제기반은 무너지고, 농촌인구는 감소하였으며, 대부분의 농촌지역은 공동화 현상을 겪고 있다. 농촌의 절대빈곤율은 도시보다 두 배 이상 높게 나타나며, 농가인구는 초고령화되고 동시에 여성화되고 있다.

이러한 한국 농업, 농촌, 농민의 현실을 고려할 때, 이 모두를 살릴 수 있는 근본적인 정책과 지원이 절대적으로 필요하다. 농업이 붕괴되면 우리 모두 누려야 할 식량권의 위기를 마주할 가능성이 높다. 전지구적으로 식량위기가 확대될 때 식량 수출국으로부터 식량수입을 안정적으로 보장받을 수 있다는 것은 너무나도 순진한 생각이다. 식량권을 누리기 위해서는 우리 스스로 식량을 안정적으로 확보할 수 있는 식량주권을 가져야 한다. 농민과 농촌이 무너지면 식량주권의 주춧돌을 잃게 되는 것이다.

식량안보에서 식량주권으로
시민을 설득하다

제 2차 세계대전 이후 유럽은 전후 복구과정에서 식량자급 문제를 최우선 과제로 삼으면서 농업부문을 적극 지원했다. 1970년대 들어서면서 농업부문이 꾸준히 성장하여 식량자급을 달성하면서 미국과 유럽을 중심으로 식량자급에 기초한 식량안보론은 점차 설득력을 잃게 됐다. 이러한 이유로 1990년대부터 WTO의 출범에 따라 전통적 식량안보론을 탈피하여 증대하는 과잉농산물을 해외에 수출하고 농산물 자유무역을 확대하면서 식량을 확보하는 개념으로 바뀌게 되었다.

이 식량확보론은 각국이 식량을 자급하기보다는 일국에 필요한 식량을 무역을 통해 안정적으로 확보하는 것이 더욱 효율적인 식량안보 전략이라는 주장이다. 그

지역 전통시장 천장에 매달린 만국기는 식량체계의 세계화에 대해 이야기한다. (출처 : joogang.joins.com)

러나 문제는 무역에 기초한 식량안보론은 늘 해외조달에 초점을 맞출 수밖에 없다는 것이다. 더욱 심각한 문제는 낮은 가격으로 식량을 확보하는 과정에서 생산자와 소비자 사이의 거리가 점점 멀어지게 되어, 생산자가 소비자에 대한 고려 없이 오직 생산량을 높이는 데만 초점을 맞추기 때문에 농산물의 안전성을 간과하는 부작용을 낳을 수 있다는 것이다.

한편 이러한 문제를 해결하고자 직접 해외 농업개발을 통해 안정적인 식량 확보와 안전한 농산물을 얻기 위한 대형 개발프로젝트를 추진하기도 한다. 그러나 이 전략도 궁극적으로 국내에서 생산하는 것보다 훨씬 더 많은 비용이 드는 비경제적 정책임이 드러나고 있다. 해외농업 개발의 경우 안전한 농산물을 안정적으로 확보하기 위해서는 생산부터 유통에 이르는 전 과정, 즉 생산, 저장, 운송에 필요한 농업용수 및 수리시설, 전력 확보 및 전기 설비, 도로 및 철도, 저장시설, 농기계 및 수리 운영시설 모두를 완비해야 하는데 이것은 엄청난 비용을 요구한다. 심지어 현지에서 급작스런 자연재해나 정치적 위기상황 등이 발생할 경우 정책 당국이 농산물 이동이나 수출을 통제할 가능성이 높다.

이러한 견지에서 무역을 중심으로 식량을 확보는 식량안보 전략은 안정성, 지속성, 경제성 측면에서 심각한 한계를 드러낸다. 다시 말해 농산물은 공산품과 달리 인간의 통제와 관리를 넘어서는 상황이 빈번하게 나타날 수 있음을 고려해야 한다. 그러므로 무역을 통한 식량안보 전략은 수많은 '조건들'ifs을 이미 괄호 안에 넣고 시작하는 매우 제한적인 주장인 것이다. 그러한 방식의 식량확보론은 녹색혁명에도 불구하고 식량위기가 지속되는 현실을 고려할 때 효율성에 기본적 한계를 지닌다고 볼 수 있다.

이미 지적한 것처럼 초국적 농식품복합체가 주도하는 세계 식량체계는 식량 공급이 일국 내의 요소보다는 외부 조건에 좌우되기 때문에 식량부족 국가는 상시적으로 식량주권food sovereignty을 위협받게 된다. 따라서 이제는 지역별로 자급자족이 가능하고, 지속가능한 농업을 바탕으로 한 식량질서, 즉 식량주권을 확보하는 것이 무엇보다 중요하다.

그러나 현실은 그렇게 녹록지 않다. 곡물메이저가 추진한 신자유주의 세계화 네트워크와 농산물 시장개방 정책 속에서 초국적 농식품복합체가 모토로 내세우듯이 '종자에서 슈퍼마켓까지' 종자, 비료, 농약에서 식량생산을 거쳐 식품가공에 이르기까지 촘촘하게 만들어진 그물망을 통해 그들은 세계 식량시장을 장악하고 있다. 이러한 세계 식량체계 안에서 각국의 식량안보는 더욱 어려워졌고 심지어 안전한 먹거리까지 위협받는 실정이다.

이처럼 식량안보도 지키지 못하고 심지어 먹거리의 안전까지 위협받는 상황에서 우리는 먹거리를 기본권의 시각에서 접근할 필요가 있다. 식량권食量權은 사람이 누려야 할 기본적 권리의 하나이며 국가가 책임지고 보장할 의무가 있는 것이다. 식량이 부족하거나 문제가 될 때 사람은 생명을 지속할 수 없고, 또 생활도 제대로 할수 없다. 식량권을 책임져야 할 정부가 그 막중한 의무를 담당하지 못할 때 국민은 심각한 위기를 맞게 되는 것이다.

식량주권의 입장은 식량권을 넘어서 농업, 농촌, 농민을 아우르는 먹거리 체계를 스스로 결정할 수 있는 당연한 권리로서 옹호되어야 한다고 본다. 이 식량주권론은 '농민의 길'이란 뜻의 단체명을 가진 소농중심의 초국적 농민운동단체, 비아캄페시나Via Campesina가 처음 제안하였다. 이후 비아캄페시나는 식량주권론을 7대 원칙으로 정리하였고, 이를 유엔 식량농업기구가 '식량권 가이드라인'이라는 권고안으로 채택하였으며, 2005년 유엔 인권이사회도 이 개념을 강력히 지지하였다. 앞으로 이 원칙은 단순히 권고 차원의 국제규범을 넘어 기후변화 협약과 같은 강제적 구속력을 갖춘 국제협약으로 발전되어야만 그 실효성을 발휘할 수 있을 것이다. 그러나 현실의 벽은 아주 높다. 초국적 곡물메이저의 로비와 저항은 가히 상상을 초월하기 때문이다.

한국은 현재 쌀을 제외하면, 밀, 보리, 콩 등과 같은 곡물의 자급률은 전체적으로 5% 수준에도 미치지 못한다. 과연 언제까지 무역을 통해 식량을 안정적으로 확보할 수 있단 말인가? 점증하는 식량위기에 정부가 정책적으로 대응하기 위해서는 중장기적으로 50% 수준의 식량자급률을 확보해야 한다고 전문가들은 지적한다.

그러나 아직도 정부 정책결정 과정에서 식량주권에 대한 반대 목소리가 강하게 자리 잡고 있는 것이 현실이다. 그들은 몇 가지 대처방안을 제시한다. 첫째, 식량위기를 극복하기 위해서는 규모를 키움으로써 농업경쟁력을 갖추면 된다는 입장이 있다. 그러나 소수정예 농민을 중심으로 한 영농규모화 정책은 농촌지역의 빈부격차를 확대하고 공동화 현상을 가속화시켜 결국에는 농촌문제를 더욱 악화시킬 수 있다. 또한 한국의 농업규모를 고려할 때 영농규모를 키운다 하더라고 수입농산물과 경쟁할 수 있는 품목은 매우 제한되어 있는 것이 현실이다. 그리고 영농의 규모화는 친환경보다는 관행농업을 양성화시켜 농민과 농촌이 지속가능할 수 있는 길과 멀어지게 만들 것이다.

둘째, 아이디어와 첨단기술을 도입하여 영농혁신을 이루자는 주장이 있다. 이 주장은 이른바 벤처농업과 신지식 농업인을 발굴, 지원하여 저가 농산물을 대량으로 공급할 수 있다고 본다. 이 주장의 근본적 한계는 영농을 3차 서비스 산업으로 접근하는 데 있다. 모든 작물을 신지식을 동원하여 재배할 수 있는 것은 결코 아니기 때문에 소수의 성공하는 농민을 육성하겠다는 전략이다. 이 전략은 다수의 농민이 소외될 수밖에 없는 문제를 안고 있다.

셋째, 친환경농업으로 전환하자는 주장이 있다. 비록 이 주장은 지속가능한 농업을 지향한다는 점에서는 긍정적임에도 불구하고 한국 농업현실을 제대로 파악하지 못하고 있다. 현재 한국의 농가는 친환경 농업을 전개할 수 있을 정도로 비용과 노동력이 충분하지 못하다. 또한 생산자와 소비자가 단절되어 있는 상황에서 친환경 농업을 바로 시작할 경우 공급과 수요 사이의 연결이 제대로 이루지지 못해서 농민은 늘 판로 확보의 어려움을 마주할 수밖에 없다.

이러한 한계점을 고려할 때 최근에 강조되고 있는 지역식량 시스템에 주목할 필요가 있다. 지역식량 시스템은 소규모 가족농이 중심이 되어 영농을 지속할 수 있다는 전제에서 출발한다. 그동안 소농 가족농이 겪어온 가장 큰 문제는 제한된 자본, 저가 수입농산물에 대한 가격 경쟁력 문제, 그리고 농민과 소비자 사이의 단절이었다. 이 문제를 우선적으로 극복하기 위해 정부의 적극적 지원정책이 요청된다. 동시에 생산자인 농민들도 소비자와의 직접적 연결망을 개발하고 발전시켜야 한다. 소비자 또한 누가 어디에서 어떻게 생산한지도 모르는 외국 농산물보다는 신뢰할 만한 생산정보가 들어간 우리 농산물을 선호하고 구매하는 것이 식량주권은 물론 안전한 먹거리를 확보하는 데 매우 중요하다는 것을 인식해야 한다.

지역식량 시스템은 더 이상 누군가가 해 주기만을 기다려서는 결코 이루어질 수 없다. 농민 스스로 이를 이루기 위해 소비자를 적극적으로 설득하는 일에 직접 나서야 한다. 일반 시민들에게 농업의 문제는 더 이상 농민과 농촌만의 일이 아닌 우리 모두의 문제로 받아들일 수 있도록 설득해야 한다. 그 핵심 내용이 식량주권이고, 이 주권이 확보될 때 지역사회의 먹거리 안정성이 확보되며, 궁극적으로 지역사회의 생태환경이 지속가능하게 된다는 것을 강조해야 한다. 이제 농업, 농촌, 농민은 사회적으로 보호해야 할 영역이 되었으며, 이를 위해서 그동안 단절된 농민과 시민의 관계를 우선적으로 회복하는 노력이 필요하다.

대안은 로컬푸드다

전 세계적으로 10억 명의 인구가 굶주림에 허덕이고 있다. 그런데 굶주림의 원인은 식량부족보다 빈곤 때문이라는 주장이 우세하다. 식량은 오래전부터 일반적 교역상품이 되어 버렸고, 최근 에너지위기와 맞물려 식량가격이 급격히 인상되면서 저개발 빈곤국가를 더욱 위협하고 있다. 이러한 연쇄적 위기는 식량생산이 식물성 연료생산으로 전환되고, 신자유주의 세계화의 탈규제 정책이 국제식량의 비축분을 최저상태로 떨어뜨리며, 금융자본이 식량을 투기대상으로 삼으면서 일어났다. 그리고 무엇보다 거대 곡물기업이 식량의 생산, 가공, 유통을 독점함으로써 위기가 점증하고 있음을 앞서 강조했다. 초국적 농식품복합체는 종자 관련 생명공학, 농약 및 비료 관련 농화학 분야, 식품가공, 그리고 유통분야에 이르기까지 식량과 관련된 거의 모든 분야를 통제하게 되었다. 이로 인해, 과거 식량 자급국가였던 나라들이 식량수입국으로 전락하면서 식량주권을 위협받게 되었다. 가장 심각한 문제는 농민들이 자신들의 터전인 농촌 공동체에서 어쩔 수 없이 내몰려 값싼 농업노동자나 도시 하층빈민으로 전락했다는 사실이다.

다행히 전례 없는 식량위기로 인해 죽음으로까지 내몰리던 농민들이 이제 신자유주의 세계화의 희생양으로 머물기보다는 식량위기를 극복하기 위한 주체로 거듭나기 시작했다. 그 대표적 사례는 이미 지적한 바 있는 초국적 농민운동단체 비아캄페시나에서 찾을 수 있다. 비아캄페시나는 신자유주의 세계화의 대안으로 식량주권을 제시하고, 이를 구현하기 위해 소농중심의 가족농업 체제를 보호할 것을 주장한다.

비아캄페시나는 농업 이외에도 환경, 여성, 인권 이슈까지 그 운동범위를 확장시켜 다른 운동부문과도 초국적 연대활동을 적극적으로 전개한다. 한국의 대표적 농민단체인 전국농민회총연맹과 전국여성농민회총연합이 2003년에 비아캄페시나의 회원이 되어 전지구적 식량위기에 공동 대응하기 시작했다는 것은 큰 의미가 있다. 이제 한국농민들도 신자유주의 세계화에 근거한 식량확보론에 대한 대안인 식

한 로컬푸드 매장의 모습.
지역에서 생산된 신선한
채소들이 진열되어 있다.
(출처 : newdream.org)

량주권론에 주목한다. 비아캄페시나와의 연대활동을 통해 지역에 기초한 지속가능 농업이라는 타개책의 가능성을 목격하고 이를 국내에 적용하고자 노력하고 있다. 그러나 이러한 초국적 논의를 한국의 지역에 접목시키는 과정은 멀고도 험난하기 때문에 그 성공여부는 좀더 지켜볼 필요가 있다. 다만 식량주권 개념을 한국적 맥락에 적용하여 먹거리 기본권으로 접근하고 있다는 사실은 주목할 만하다.

이제 식량문제는 국제사회뿐만 아니라 정부, 기업, 시민사회 모두가 고민하는 문제가 되었다. 그런데 정부나 기업은 대내적으로 식량 공급체계를 개선하겠다고 하면서도, 대외적으로는 농기업을 통한 해외 식량 조달체계를 마련하여 문제를 해결하려는 한계를 보인다. 이와 달리 시민사회는 식량문제를 보다 구조적인 것으로 파악하면서 식량 생산체계 전반의 변화를 모색한다. 대표적으로 제시되는 것이 소농중심의 지역 식량체계 혹은 지역 먹거리 체계 구축이다. 이 주장은 비아캄페시나가 주장하는 식량주권의 실현과 소농중심의 농업체제와 맥을 같이한다. 특히 지역 먹거리 체계는 지역의 식량 시스템이 생태적으로나 사회적으로 지속가능하며 도시와 농촌을 함께 살리는 민주적 식량체계라는 공생과 근접성의 원칙을 기반으로 한다. 다시 말하자면, 농업의 문제는 농민만의 문제가 아니라 모든 시민의 문제라는 변화된 관점에서 농민과 소비자가 함께 나설 때 식량위기의 질곡으로부터 벗어날 수 있다는 것이다.

이를 위해서는 먼저 농업, 농촌, 농민에 대한 일반 시민의 생각이 바뀌어야 한다. 이 점에서 농업정책을 단순히 경제정책으로만 바라보는 것이 아니라 한 단계 더 높은 사회정책으로 접근하는 스위스의 사례는 시사하는 바가 크다. 농업은 그 냥 농사일이 아니라 수백만 명의 농민들이 일하고 생활하는 공간을 제공하는 직업 이자 산업이다. 농업은 농민을 넘어 국민 모두에게 기본적 식량을 공급하고, 국토 의 활용을 균형적으로 유지시켜주며, 환경을 보존하는 기능을 수행한다. 더 나아 가 농업을 통해 농촌 공동체와 그 역사 및 문화를 보존하며, 토종종자를 보존함으 로써 생물종 다양성을 유지시키는 데 크게 기여할 수 있다. 이제 시민들도 농업이 식량생산 이외에 돈으로 환산할 수 없는 무한한 가치와 기능을 가졌음을 깨닫고 기 존의 편협한 사고체계에서 하루속히 벗어나야 할 것이다.

이러한 발상과 행동의 전환을 토대로 지역 먹거리 체계를 구체적으로 실현하는 것이 바람직하다. 이른바 음식 문맹자에서 음식 시민으로 거듭나야 할 때이다. 이 지역 먹거리 체계는 가급적 지역 내에서 생산하고 소비하는 것을 원칙으로 한다. 여기서 지역의 범위는 공간적 거리보다는 사회적 연대관계에 초점을 맞추는 것이 타당하다고 본다. 이는 푸드 마일리지가 가급적 짧을수록 좋은 것이 사실이지만, 그보다도 생산자와 소비자 사이의 직접적 연결망을 구축하는 것이 더욱 중요하다 는 사실을 가르쳐 준다.

이러한 생산자와 소비자 사이의 연결망의 핵심 내용은 무엇인가? 가격상한 제도 와 같은 일정한 규칙 위에서 가격폭등과 가격폭락을 방지함으로써 생산자와 소비 자 사이에 신뢰관계를 형성하고 발전시키는 것이다. 이러한 신뢰관계가 만들어질 때 소비자는 먹거리 안전에 다가설 수 있게 되며 모든 사람이 적정가격을 통해 안 전한 먹거리를 확보할 수 있다. 또한 생산자들도 안정적 판로가 형성되어 일정한 소득을 보장받으면서 경제적 양극화 문제에서 벗어날 수 있게 된다.

이제 지역 먹거리는 단순한 생산자 소비자 사이의 관계를 넘어 사회적 문제, 즉 복지의 문제로까지 확대될 수 있다. 학교급식과 공공급식의 확대, 복지시설 급식 지원, 기초생활수급자 및 차상위계층 먹거리 지원, 여성 그리고 유아 및 어린이를 위한 모자영양 공급 프로그램, 푸드뱅크 지원 등과 같은 먹거리 복지프로그램을 만들어 지역의 생산자는 수입을 얻고, 지역의 소비자는 안전하고 적정한 가격의 농산물을 보장받을 수 있으며, 더 나아가 지역사회는 사회적 서비스 문제도 해결할 수 있는 것이다.

그러나 이러한 생산자 농민과 소비자 시민의 만남이 항상 자연스럽게 이루어지는 것은 아니다. 그 과정에는 수많은 장애물이 존재하며 그 중심에 세계 식량체계를 지향하는 곡물메이저가 자리하고 있다. 이들의 농민과 소비자에 대한 통제 혹은 분할지배 전략의 강도는 앞으로도 더욱 거세질 것이다. 이들은 농민과 소비자를 식량체계의 주체가 아닌 객체로 만들기 위해 끊임없이 유혹하고 위협할 것이다. 건강과 안전보다 이윤추구가 더 중요해질 때 농민과 소비자의 연결고리는 약해질 것이다. 이럴수록 농민은 일반 시민 속으로 더욱더 녹아들어야 한다.

농민은 그 연결고리가 먹거리 문제이며 연대 파트너로 주목해야 할 대상은 무엇보다 주부라고 생각한다. 주부는 가족의 먹거리를 책임지며 소비의 결정권자이며 자녀세대의 건강권을 가장 많이 고민하는 사람들이다. 주부들이 세계 식량체계의 촘촘한 그물망을 빠져나와 지역 농민의 가장 강력한 파트너가 되어 지역 먹거리 체계를 지키는 주인으로 거듭날 때 생산자 농민과 소비자 시민의 만남은 더욱 활성화될 것이다. 이제 농민은 '밥도 인권이다'라는 슬로건을 들고 일반 시민 특히 과거 주변부에 머물던 주부들과 만나야 한다. 농민과 주부 더 나아가 시민 모두가 먹거리기본권_{식량주권}을 소리 높여 외치는 주체로 확고히 서게 되면 지역 먹거리 체계의 미래는 밝을 것이다.

07

전쟁 : 인간안보

우리는 전쟁의 세기를 벗어나지 못하고 있다

매일 아침 우리는 국제뉴스를 통해 전쟁, 분쟁, 테러로 인해 수많은 사상자와 재산 피해가 속출했다는 소식을 접하게 된다. 그러나 전쟁과 분쟁 소식이 일상화되면서 피해 주민과 지역에 대한 우리의 걱정과 연민의 마음도 어느덧 무뎌지고 있는 것이 사실이다. 또한 알카에다 지도자 오사마 빈 라덴의 사망 소식으로 테러 공격에 대한 공포와 불안감도 약화되어 이제는 테러경고 예보가 연례행사처럼 느껴질 정도로 무감각해지고 있다.

마지막 분단국가에서 살고 있는 우리의 현실은 어떠한가? 고위험 분쟁지역인 한반도에 살면서도 전쟁 위협은커녕 우리가 분단국가인지도 망각하며 살 때가 많은 것이 현실 아닌가? 솔직히 국제전쟁 혹은 일국 내 분쟁을 경험하지 않고서는 그 물리적 파괴력이나 정신적 피해를 이해하는 것은 불가능하다. 전쟁이라는 극도의 공포와 고통을 경험한 전쟁세대와 그렇지 않은 후속세대 사이에 존재하는 안보에 대한 이해와 오해를 어떻게 뛰어넘을 수 있을까?

이론적으로 전통적인 안보의식만을 고집한다면 새로운 상황의 안보 개념을 담아내지 못할 것이다. 그렇다고 아직도 전쟁의 공포 속에 살아가는 많은 분쟁지역을 간과한 채 새로운 형태의 안보 개념만을 주장하는 것도 올바른 접근법이 아니다.

분쟁지역의 무장 군인.
(출처 : mediaparents.co.uk)

21세기를 맞이하면서 수많은 전쟁 경험을 역사의 뒤안길로 돌리고 싶지만 현실의 벽은 결코 낮지 않다. 우리가 여전히 폭력과 전쟁 시대에 살고 있음을 시시각각 터지는 전쟁, 분쟁, 테러를 통해서 쉽게 확인할 수 있기 때문이다.

한국국방연구원KIDA이 세계의 분쟁현황을 데이터베이스화한 내용을 연도별로 살펴본 결과, 〈그림 7-1〉처럼 다양한 형태의 분쟁상태가 지속되고 있음을 확인할 수 있다. 2003년 11월말 기준으로 분쟁지역은 84곳이며 종료된 곳은 17개로 이는 점차 국제 충돌분쟁은 감소하고 대립분쟁은 증가하고 있음을 보여준다.

그렇다면 빠르게 확산되는 정치, 경제, 사회, 문화, 군사, 환경적 차원의 세계화가 전쟁 혹은 분쟁을 야기하는가? 분명 탈냉전 시기의 전쟁양상은 변화하였다. 전통적 의미의 국가 대 국가의 전쟁이나 식민지 해방 차원의 민족해방 전쟁에서 일국의 경계 내에서 발생하는 내전들로 전환된 것이다.

전쟁에 대한 개념은 매우 다양하지만 여기서는 전쟁을 '1년 동안 1천 명 이상의 희생자를 낳는 적대적 행위'로 본다면, 1990년대 이후 전쟁 수가 무려 20개가 넘는 가히 충격적 사실을 확인하게 된다. 전쟁과 군비·군사 분야에서 세계적 권위

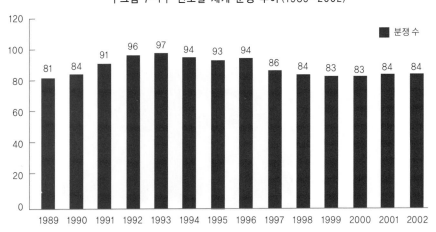

| 그림 7-1 | 연도별 세계 분쟁 추이 (1989~2002)

자료 : KIDA 세계분쟁 데이터베이스(http://ki da.re.kr/woww/history/history3_3.asp).
주 : 분쟁 수는 충돌분쟁, 대립분쟁, 잠재적 분쟁을 모두 포함한 수치임.

이라크 반테러군의 훈련 모습. (ⓒHadi Mizban / AP)

를 자랑하는 스웨덴 스톡홀름국제평화문제연구소SIPRI : Stockholm International Peace Research Institution의 2010년 《군비·군축·국제안보 연감》에 따르면, 21세기 들어 1년에 1천 명 넘는 희생자가 발생한 전쟁은 해마다 15건이 넘는다. 분쟁 발생 건수를 국가 및 지역별로 볼 때 아시아에는 이라크, 아프가니스탄, 카슈미르, 스리랑카가 분쟁의 중심지이며, 유럽에서는 러시아와 체첸이, 미주지역에서는 콜롬비아가 고질적 분쟁지역으로 꼽힌다. 또한 벨기에 브뤼셀에 위치한 국제분쟁 방지를 목표로 활동하는 민간 싱크탱크인 국제위기그룹International Crisis Group도 2010년대에 전쟁, 유혈폭동 혹은 대규모 테러 발생가능성이 높은 지역 16곳을 예고하였다. 여기에는 아시아의 이라크, 파키스탄, 타지키스탄, 레바논, 아프리카의 콩고, 소말리아, 짐바브웨, 기니, 수단, 코트디부아르, 나이지리아, 그리고 중남미 지역의 콜롬비아, 멕시코, 과테말라, 아이티, 베네수엘라 등을 포함되어 있다.

이처럼 전쟁, 분쟁, 테러의 위험은 결코 수그러들지 않으며 오히려 더 장기적으로 진행되고 있다. 이러한 견지에서 21세기는 결코 평화의 세기가 아닌 또 다른 폭력과 전쟁의 세기로 출발하고 있다. 아시아와 아프리카는 석유를 비롯한 자연자원의 이권을 둘러싼 정치경제적 갈등이 전쟁의 씨앗이 되고, 중남미는 마약 등의 문제가 정치적 갈등과 얽혀 유혈 충돌을 낳고 있다. 중동지역의 팔레스타인, 레바논, 이라크, 아프가니스탄, 발칸반도의 보스니아, 코소보, 아프리카의 수단, 르완다, 소말리아에서는 한정된 영토와 자원을 둘러싼 이민족끼리의 분쟁이 강화되고 있다. 이는 전쟁의 원인이 과거에는 정치적 이해관계에 머물렀다면, 이제는 경제적 이해관계를 넘어 언어, 혈연, 종교, 심지어 정서로까지 그 미움과 불신의 골이 확대되고 있음을 보여준다. 문자 그대로 우리는 전쟁의 시대를 살고 있는 것이다.

테러와의 전쟁시대,
영구평화는 무덤에서나 가능해졌다

냉전시기에 전통적 '국가안보' 개념이 있었다면, 탈냉전 이후에는 '인간안보'human security라는 새로운 개념이 등장하였다. 전자는 국가가 안보의 대상이자 주체이며 군사적 위협으로부터 국가와 국민의 생명, 재산을 보호하는 것을 의미한다. 한편 후자는 세계화가 강화 및 확대되는 과정에서 비군사적 위협에 대한 관심이 증가하면서 빈곤, 환경, 인권, 난민, 여성 차별, 질병, 기아 등의 위협으로부터 개인차원의 보호와 대응을 의미한다.

1994년 〈유엔 인간개발보고서〉에서는 인간안보를 공식적 개념으로 제안하면서 그 안에 7가지 주요 차원을 포함시켰는데, 그것은 경제안보, 식량안보, 건강안보, 환경안보, 개인의 신체안보, 공동체 안보, 그리고 정치적 안보이다. 이와 같이 인간안보 개념은 인권을 증진시키고, 인간개발을 강화하는 동시에 국가안보를 확보하는 상호 연계의 결과물을 강조한다.

그러나 안타깝게도 점증하는 대립분쟁을 더욱 가속화시킨 것은 바로 2001년 9 · 11 테러행위에 대한 반테러 전쟁이었다. 테러와의 전쟁은 평화는 말할 것도 없고 인간안보 — 인권보호, 인간개발, 국가안보 — 를 달성하는 데 크나큰 걸림돌이 되

중앙아시아 지역의 빈곤과 사회적 긴장으로 급진적 이슬람 세력이 증가하고 있다. (출처 : windowonheartland.net)

고 말았다. 9·11 사태와 그 이후 테러의 확산은 사실 구미 패권국가가 원인을 제공한 측면이 강하다. 테러 행위자들의 주장에 따르면 그들의 테러행위는 강대국의 탐욕스러운 대외정책에 대한 저항운동으로도 볼 수 있다. 특히 미국이 보여온 석유자원 독식 의지, 일방적 친이스라엘 정책, 그리고 세계를 무력으로 좌지우지하겠다는 패권전략에 대한 폭력적 저항이 바로 테러로 이어진 것이다.

노암 촘스키는 이를 두고 "미국의 일방주의적 패권 추구가 끝 모를 테러 전쟁의 시대를 열고 말았다"고 일갈한다. 따라서 테러 대 대테러 전쟁은 영구전쟁 시대나 다름없는 현실을 낳았고 군인보다 일반 시민, 특히 사회적 약자 및 소수자가 주된 피해자요 희생자가 되었다. 그렇다고 해서 이런 반미적 정서에 기초한 폭력저항 행위가 결코 정당화될 수 있는 것은 아니다. 테러의 가장 큰 문제는 그 주장이 아무리 고상하고 정당하더라도 불특정 다수의 무고한 시민을 희생양으로 삼아 사회적으로 극도의 공포감을 조장한다는 점이다. 솔직히 말해 테러행위를 통해 패권국가를 상대로 물리적 타격을 준다는 것은 거의 불가능하다. 그렇지만 테러리스트들은 한 건의 테러에 평균 150달러 미만의 저비용을 들여 일반 시민들 사이에 공포와 불안감을 확대시켜 패권국가의 정당성 위기를 야기할 수 있다는 점에서 테러공격을 동원하는 것이다.

그런데 과거 부시 대통령을 비롯한 네오콘들은 테러의 원인을 빈곤, 무지나 종교적 편견에서 찾은 나머지 보안 강화와 군사적 압박을 통해 테러행위를 막을 수 있다고 오판했다. 그러나 대부분의 자폭 테러행위의 동기는 종교적인 것이 아닌 세속적인 것으로 드러났다. 중동지역에서 이어지는 테러행위는 자국 영토에서 외부의 적을 몰아내기 위한 투쟁인 경우가 많고, 테러행위자를 '순교자'로 추앙하는 상황임을 고려할 때 테러행위 자원자는 결코 줄어들지 않을 것으로 보인다. 이러한 이유로 미국을 중심으로 진행되는 테러와의 전쟁은 오히려 영구전쟁을 불러왔으며, 이런 상황이 계속될 때 전지구적 차원의 영구평화는 칸트가 말했듯이 무덤속에서나 가능할 것이다.

테러와의 전쟁시대에 접어들면서 앞서 강조한 인간안보의 다양한 차원이 발전하기보다는 오히려 군사적 위협에 대한 국가안보만을 강조한 전통적 안보 개념에 발목이 잡혀 테러와 대테러 전쟁의 악순환을 강화하고 말았다. 역설적이게도 전지구적 차원의 경제위기의 파고가 높아지고 있음에도 불구하고 전 세계 국방비 지출은 더 증가하고 있다. 국제평화연구소의 〈2010 국방비 연감자료〉에 따르면 2000년부터 10년간 국방비 지출이 49%가 늘어난 것으로 나타났다. 특히 2009년 한 해 동안 전 세계 군비 지출은 1조 5,310억 달러로 전년 대비 5.9% 증가하였으며, 이를 전 세계 인구로 나누면 1인당 224달러가 된다. 군사비 지출 규모를 국가별로 살펴보면, 미국이 단연코 1위^{전 세계의 40~45%}를 차지하며, 그 뒤를 이어 중국, 프랑스, 영국, 러시아, 일본, 독일, 사우디아라비아, 인도, 이탈리아가 10위권을 이루고 있다. 한국의 경우는 브라질 다음인 12위로, 2009년 1인당 군사비 지출 규모가 499달러로 전 세계 평균^{224달러}보다 2배가 넘는 수준을 보였다.

한반도 주변 강대국들의 군비경쟁을 고려할 때 한국은 군사비 지출의 정당성을 확보할 수도 있다. 그러나 여전히 전통적 차원의 안보 개념에서 헤어나지 못하는 후진적 태도를 보이는 것은 큰 문제로 지적할 수 있다. 군비경쟁은 대립분쟁을 증가시키고 시민들을 전쟁의 공포와 불안으로 몰아넣어 종국에는 인간안보, 즉 인권 증진, 인간개발, 국가안보의 삼자적 결합을 후퇴시킬 것이다. 다시 말해, 군비경쟁과 상시적 분쟁 혹은 잠재적 분쟁상태는 인간안보의 치명적 후퇴를 가져올 수밖에 없기에 테러와의 전쟁시대를 불러온 패권국가들은 하루 속히 이 전쟁의 악순환의 고리를 끊어야 할 것이다. 혹여 이러한 전쟁종결 선언이 테러의 확산을 부추기는 것은 아닌가 걱정이 앞설 수도 있다. 그러나 이제는 인간안보의 측면에서 전쟁의 근본 원인과 그 해결책을 찾는 데 전지구적 공동 노력이 필요하다. 이 문제를 최근의 초국적 캠페인 'KONY 2012'를 통해 좀더 구체적으로 살펴보도록 하자.

분쟁의 탈출구, 인간안보로 접근하기

2012년 3월 초 미국의 한 사회운동 연구자로부터 흥미롭고도 놀라운 이메일을 받았다. 세련되게 제작된 유튜브 동영상을 통해 소개된 내용은 아프리카 소년병의 인권보호를 호소하는 가히 충격적인 것이었다. 간략히 정리한다면 국제형사재판소ICC의 전범재판 1순위인 우간다 저항반군 지도자 조셉 코니Joseph Kony를 전지구적으로 알리는 동시에 다양한 채널의 정치적 압력을 동원하여 코니와 그의 무장반군세력 LRALord's Resistance Army를 무력화시키고, 궁극적으로는 그들을 국제형사재판소에 회부하여 아프리카에 횡행하는 소년병 징집 문제, 사회적 약자에 대한 납치, 약탈, 강간 등의 문제를 방지하자는 것이다.

우간다의 반군 지도자 코니를 국제형사재판소에 회부하자는 초국적 캠페인은 이른바 3S — 규모scale, 속도speed, 범위scope — 측면에서 볼 때 매우 성공적이었다. 동영상 공개 이후 인터넷은 물론 모든 언론과 방송매체가 서둘러 이 캠페인을 적극적으로 소개하였다. 왜 이러한 동영상이 나오게 되었는지 우선 그 배경을 간략히 살펴보자.

우간다 저항반군 지도자 조셉 코니.
(ⓒ Stuart Price / AP)

'KONY 2012' 캠페인의 배너.
(출처 : cultureofresistance.wikispaces.com)

　이 초국적 캠페인은 충격적인 유튜브 동영상을 기획 및 제작하고 자신의 아들과 함께 직접 출연까지 한 제이슨 러셀의 개인적 경험에서 시작되었다. 2003년 러셀은 우연한 계기로 우간다에서 LRA 소년병 제이콥을 만나게 되고 거기서 엄청난 사실을 알게 되었다. 반군에서 가까스로 도망친 제이콥은 형의 죽음을 슬퍼하며 코니의 무자비한 인권유린 행각을 낱낱이 알린 것이다. 국제형사재판소에서 밝힌 코니의 죄목은 무려 33가지로, 살인이 13건, 납치, 약탈, 강간, 소년병 징발 등 전쟁 관련 범죄가 20건이나 되었다. 코니와 그가 이끄는 LRA는 분쟁국가들 — 우간다, 콩고민주공화국, 수단 남부, 중앙아프리카공화국 — 의 국경을 넘나들며 잔혹한 범죄를 무차별적으로 벌이고 있다.

　초국적 캠페인을 본격적으로 전개하기 전에 러셀은 일단 제도권 정치의 압력을 동원하고자 대통령을 포함한 유력 정치인에게 적극적 지지를 호소했다. 그러나 그는 정치권에 대한 로비 혹은 지원활동의 한계를 경험하면서 초국적 운동단체인 'Invisible Children'보이지 않는 아이들의 설립을 주도하게 되었다. 이후 이 단체는 SNS 환경을 적극적으로 활용하여 전지구적 차원에서 코니를 고발하는 캠페인을 전개하기 위해 동영상을 제작했다. 그리고 이 동영상은 2012년 3월 5일 인터넷에 처음 공개됐고 공개 일주일 만에 1억 회에 달하는 조회 수를 기록하며 놀라운 성과를 거두었다. Invisible Children은 현재까지 약 11개의 필름을 제작했고 상영 투어를 계속하고 있다. 1

1　더 자세한 활동은 단체 홈페이지 참조. http://invisiblechildren.com/

Invisible Children은 우간다를 비롯한 분쟁지역의 어린이들이 소년병으로 징발되는 것을 막고, 강간, 납치 등의 위험으로부터 보호하고 그들을 집으로 보내주는 것을 목표로 다양한 활동을 전개한다. 그런데 동영상 메시지를 비롯해 이 단체의 초국적 캠페인에서 한 가지 아쉬움으로 남는 것이 있다. 그것은 캠페인 내용이 지나치게 코니 고발과 체포 작전에 초점을 맞춘다는 것이다. 사실 이보다 더 중요한 것은 코니의 소년병에서 평범한 아이들로 돌아온 이들의 안전확보와 나아가 지역 공동체 적응에 필요한 교육기회와 경제적 지원을 아끼지 않는 것이다. 학교를 지어 주고, 가르칠 교사를 지원하고, 장기적으로 그 지역의 경제를 활성화시킬 수 있는 프로그램이 절실히 요청된다. 다시 말해 코니를 국제형사재판소에 회부하는 것만으로 우간다를 비롯한 아프리카 분쟁지역의 아이들과 가족들의 인간안보가 보장되지 않는다는 것이다. 올바른 처방을 위해서는 올바른 진단이 필요하다. 눈에 보이는 원인, 즉 반군 지도자 코니를 없앤다고 인간안보의 문제가 전부 해결되는 것은 아니다. 오히려 제 2, 제 3의 코니가 나올 수밖에 없는 근본적 원인을 찾고 그것에 대해 문제제기를 하는 것이 더욱 중요하다.

그렇다면 우간다의 분쟁은 왜 발생했는지부터 구체적으로 살펴보는 것이 필요하다. 우간다 내전은 1962년 영국 식민지에서 벗어나면서 시작됐다. 특히 1971년에 헌법개정을 통해 대통령이 된 이디 아민Idi Amin은 우간다 민족해방전선UNLF에 의해 축출되기까지 약 8년 동안 무려 30만 명이 넘는 민간인 학살을 방조하였다. 정부개혁으로 차별을 받게 된 북부지방에서는 아콜리 부족을 중심으로 지역반군이 조직되었다. 이것이 발단이 되어 우간다 정부와 무장반군 LRA 간의 내전이 지속되고 있으며, 이는 아프리카 역사상 가장 긴 전쟁으로 기록되었다. 전쟁의 가장 큰 피해자는 사회적 약자이며 소수자였다. 또한 근면하고 자긍심이 넘치며 정직했던 사람들이 전쟁으로 인하여 예전의 아름다운 전통과 신뢰를 잃고 서로 훔치고 속이는 풍조가 만연해지면서 사회전체가 윤리적으로 타락하는 결과를 낳고 말았다. 이러한 사회적 해체현상은 장기적 측면에서 볼 때 인간안보를 달성하는 데 가장 큰 걸림돌로 작용할 것이다.

이러한 견지에서 KONY 2012 캠페인에 대한 성찰적 접근이 필요하다는 주장은 설득력이 있다. Invisible Children은 조셉 코니의 만행을 더 많은 사람들에게 알리기 위해 'Cover the Night' ²⁰¹². ⁴. ²⁰을 기획해 지역 내 환경미화, 무료세차, 이웃에게 간단한 선물 제공하기 등을 통해 KONY 2012 캠페인을 설명하고, 더 나아가 이에 대한 동참을 촉구하는 행동전략을 소개하였다. 그 결과 2012년 4월 27일 기준으로 204개국의 참여국과 3, 590, 051명에 이르는 참여인원을 모았다 하더라도 이 캠페인의 효과는 지속가능성의 측면에서 여전히 제한적이다. 한국에서도 조셉 코니를 알리기 위한 캠페인이 소수의 대학생을 중심으로 진행되었지만 그 활동은 서울 도심 몇몇 곳에 그쳤고, SNS 전술도 그저 페이스북에 활약상을 올려 참여를 유도하는 것에 머물렀다. 이런 이유에서 혹자는 KONY 2012 캠페인은 또 다른 형태의 '슬랙티비즘'ˢˡᵃᶜᵏᵗⁱᵛⁱˢᵐ이라고까지 평가절하 되기도 한다. 게으른 저항운동 방식으로 이해되는 이 초국적 담론네트워크 전략은 온라인상으로는 전지구적 차원의 이슈를 활발히 논의하지만 실질적 행동으로는 이어지지 않는 한계가 있음을 의미한다는 점에서 KONY 2012 캠페인이 슬랙티비즘이라는 비판도 되새겨 볼 필요가 있다. 그러나 KONY 2012 캠페인을 단순히 슬랙티비즘으로 비판하기보다는 분쟁 탈출의 시작점을 제시하였다는 점을 높게 평가함과 동시에 근본적 해결책을 찾지 못한 점을 지적하는 균형 있는 자세가 필요하다.

우리는 이러한 한계를 서구 중심의 위로부터의 접근ᵗᵒᵖ⁻ᵈᵒʷⁿ 전략에서 찾고자 한다. 초국적 캠페인은 늘 아래로부터의 목소리에 귀를 기울어야 하고 그들의 관점에서 분쟁의 탈출구와 대안을 찾아야 한다. 예를 들어, 전쟁의 아픔을 겪고 있는 아프가니스탄 사람들의 삶을 살펴보자. 아프가니스탄 주민들이 왜 양귀비를 기를 수밖에 없는가를 먼저 묻기보다는 전 세계 마약상들의 배를 불려 주는 저장고라며 그들을 비판하는 우리의 모습 속에서 구미 패권국가들의 입장을 발견해야 한다. 수십 년간의 전쟁으로 아프가니스탄 농부들은 아편 밀매상 외에는 어디에서도 대출을 받을 수 없기에 어쩔 수 없이 불법인 양귀비 재배를 하게 된 것이다. 또한 다른 곡물을 재배하려는 노력을 하지 않은 것도 아니다. 그러나 다른 작물을 재배해

UN의 아편 수확 금지에도 아프가니스탄의 아편 수확은 계속된다. (출처 : Wikimedia Commons)

서 시장에 판매하려고 이동하는 중에 탈레반을 비롯한 무장 저항군들에게 통행료를 지불하거나 수익금을 빼앗기는 일이 빈번히 발생하였다. 그들은 늘 위협을 느끼면서 곡물재배를 했지만 결국 손에 들어오는 이익은 없었다. 한편 양귀비를 재배할 경우 구매상이 직접 방문하기 때문에 시장에서 직접 판매할 때 걱정하는 안전문제도 신경 쓸 필요가 없다. 이러한 이유에서 불법임에도 불구하고 농민들은 유일한 대안으로 양귀비를 기르게 된 것이다. 만약 양귀비 재배를 금지하고자 한다면 앞서 지적한 걸림돌부터 제거해 주어야 한다.

아직도 아프가니스탄의 경제는 농업에 전적으로 의존하고 있으므로 국가의 부를 증진하기 위해서는 농민과 농업을 살릴 정책대안이 절실히 요청된다. 아편을 무조건 금지하기보다는 농민에게 대안을 제시해야 한다. 아프가니스탄 정부는 물론 국제적으로도 아프가니스탄 농민에게 대출기회를 늘려 주어서 다른 작물을 재배할 수 있도록 장려해야 한다. 동시에 테러와의 전쟁 종결선언을 통해 농부들이 치안을 걱정하지 않고 농업에 전념하며 일한 만큼의 수익을 보장받을 수 있도록 해 주어야 한다. 이렇게 하면 그들 스스로 가난으로부터 벗어나 평화를 찾을 수 있는 토대를 마련할 수 있을 것이다. 분쟁지역의 인간안보는 무엇보다 지역주민의 목소리에 우선적으로 귀를 기울일 때 비로소 근본적 대안을 찾을 수 있는 것이다.

이와 비슷한 맥락에서 KONY 2012 캠페인도 아래로부터의 접근법으로 그 운동전략을 전환할 때 현재 마주하는 한계를 벗어날 수 있다. 그러나 분쟁지역의 주민들은 여전히 단절 및 주변화되어 스스로의 역량을 강화하는 데 큰 어려움을 겪고 있다. 그들의 목소리를 올바로 반영할 수 있는 초국적 차원의 시민사회 네트워크가 절실히 필요한 상황이다.

반전에서 인간안보를 위한
초국적 시민사회 네트워크 구축하기

앞에서 살펴본 우간다 내전과 같이 식민국가 독립과 냉전종식 후에 제3세계 내부에서는 그동안 억눌렸던 종족^{민족} 간 갈등이 분출하고 있다. 그 내전의 아픔 중에서 우리가 특별히 주목했던 것은 아이들의 인권문제로 소년병 징발, 소녀 납치, 강간 피해 문제 등이다. 소년병의 경우, 1990년대 이후 18세 미만 소년병들이 전 세계에 걸쳐 30만 명 정도 활동하고 있으며, 아프리카 지역만 현재 약 12만 명의 소년병이 실전에 투입되는 것으로 추정된다. 안타까운 사실은 소년병을 양산하는 분쟁의 원인을 역사적으로 살펴보았을 때 내부적 요인보다 외부적 요인이 더 크다는 것이다. 지난날 아프리카 지도를 놓고 강대국들이 자기 편의대로 직선의 국경선을 만든 결과, 하루아침에 부족 공동체가 나뉘는 아픔을 낳았고, 이것은 후에 부족을 중심으로 한 분쟁의 불씨가 되었다.

석유를 비롯한 자원독점에만 혈안이 되어 있는 구미 패권국가들은 이제 분쟁지역 주민의 인간안보에 대해 책임감을 갖고 구체적인 대안 모색에 적극적으로 나서야 한다. 2011년을 기준으로 9만 9천 명의 유엔 평화유지군_{경찰 1만 4천 명 포함}이 전

세계 16개 분쟁지역에서 최소한의 안보유지 활동을 하고 있다. 그러나 치안확보와 정치안정이란 낮은 수준의 안보문제에 더 이상 안주해서는 안 된다. 분쟁으로 인해 질병발생이 빈번해지고 이는 식량결핍과 결합되면서 빈곤의 골이 더욱 깊어져 지역주민들이 겪는 고통은 더욱 악화되고 있다. 다시 말해 피상적 분쟁해결은 또다른 분쟁을 낳을 수밖에 없는 저개발국가의 상황을 고려할 때 '인간안보'라는 좀더 포괄적인 개념을 가지고 분쟁문제에 보다 구체적으로 접근해야 한다. 과거 안보개념이 국가 중심이었다면, 이제는 사람을 중심으로 재설정해야 한다. 군사^{국방}, 사회^{통합}, 문화^{적응}, 정치안정, 경제^{성장}, 환경^{보호} 등의 차원을 포함하는 매우 포괄적인 사회배태적 안보 개념으로 전환할 필요가 있는 것이다. 즉, 과거에는 주권, 영토, 인구, 제도 측면에서 안보를 바라보았지만 이제는 사람을 중심으로 국내외의 위험으로부터 국민의 생존권을 보호하여 자유, 평등, 연대의 가치를 신장하는 것으로 안보 개념이 확장되어야 한다. 전쟁 혹은 일국 내 분쟁을 인간안보의 관점에서 바라보는 근본적 변화가 요청된다.

인간안보를 위해서는 국가 간 협력뿐만 아니라 시민사회의 적극적 참여가 절실히 요구된다. 오늘날 전쟁시대를 살아가면서 분쟁지역의 평화와 인간안보를 구현하기 위해서는 많은 행위자의 적극적 협력과 참여가 필요하다. 정치 및 군사 지도자, 군인, 분쟁지역 주민, 피해난민, 국제기구 등이 의사결정권자로 참여해야 한다. 그러나 이러한 분쟁종결과 인간안보를 위한 거버넌스를 구축하기 전에 우선 전쟁에 대한 공통의 가치관을 정립해야 한다. 전쟁은 우리 인간에게 전혀 도움이 되지 못한다는 합의가 이루어져야 하는 것이다. 혹여 전쟁에서 누가 이겼는가를 논하고자 한다면 이것은 후쿠시마 대지진에서 누가 이겼는지 묻는 것과 같다는 인식을 공유해야 한다. 예컨대, 21세기의 '더러운 전쟁'으로 낙인찍힌 미국의 이라크 침공으로 누가 이겼는지 따지는 것은 어리석고 부끄러운 일임을 깨달아야 하는 것이다.

이러한 견지에서 한국의 안보문제를 다시금 바라볼 필요가 있다. 한국의 국가안보는 민족국가로 완성되지 않은 분단 상태에서 세계주의, 지역주의, 민족주의 등의 도전을 받고 있다. 이러한 어려움을 극복하기 위해서 한국의 21세기 국가안보는 3가지 측면을 고려해야 한다. 지금까지 한국의 안보정책이 한반도에서의 남북 대치를 전제로 한미관계의 각도에서 이루어졌다면, 앞으로는 이를 넘어서 쌍무적 미국, 중국, 일본, 러시아 등, 지역적ASEAN, NATO 등, 세계적UN 수준을 고려하여 좀더 미래지향적인 안목에서 국가안보의 기본 틀을 짜야 한다. 다시 말해 국가안보는 국민중심의 시각에서, 양자적이라기보다 다자적인 것으로 파악해야 한다. 즉, 한반도, 동북아, 아시아, 세계라는 국가, 지역, 전지구적 지평을 모두 고려해야 한다는 것이다. 이를 위해서 시민사회도 단순한 전쟁반대 운동이 아닌 인간안보를 위한 초국적 시민사회 네트워크 구축에 적극적으로 나서야 한다.

21세기 들어 유엔을 중심으로 시민사회와 국제기구 사이의 긴밀한 협력이 전개되었다. 2001년 유엔 무력분쟁 방지관련 보고서 작성, 2002년 무력충돌 방지 세계 파트너십GPPAC 설립, 2002년 유엔 아동의 무력분쟁 참여에 관한 의정서 채택, 2005년 유엔 본부에서 반전평화 NGO국제회의 개최 등이 그 보기이다. 사실 분쟁지역의 영유권 갈등 문제는 정부 차원의 협의를 통해 해결될 수 있는 가능성은 희박하다. 이런 이유에서 시민사회의 참여와 연대활동이 무엇보다 중요하다. 또한 분쟁과정에서 일어난 수많은 인권침해와 인간개발 저해 사건에 대해 시민사회가 적극적으로 문제제기를 해야 하는 상황이다.

유엔 공간 밖에서 전쟁반대를 외치는 시민사회의 목소리도 더욱 높아지고 있다. 특히 미국의 이라크 침공에 반대하는 시위가 2003년 5월 국제반전총회로 결집되었다. 이후 반전운동은 대안세계화 운동과 맥락을 같이하면서 그 구심점을 2001년 브라질 포르투알레그레에서 개최된 세계사회포럼에 두었다. 여기에 참여한 반전운동 단체들은 신자유주의 세계화와 군사화에 반대하면서 대안세계화와 반전 이슈의 적극적 결합을 시도했다. 반전운동의 핵심 주장은 이라크 전쟁은 미국 중심의 군사주의와 신자유주의 세계화가 결합된 21세기의 대표적인 '더러운 전쟁'이라는 것이다. 이 전쟁으로 말미암아 이라크 국민 20만 명과 4천 명이 넘는 미군이 사망하였으며 지금까지 미국은 1조 달러 이상의 전쟁비용을 사용했다. 현재 이라크는 파괴와 약탈로 점철된 전쟁의 상처가 깊어 어느 누구도 승리하였다고 말할 수 없는 상황이다. 미국이 내세웠던 민주주의 달성은 명분에 그치고 말았다. 더욱 우려되는 것은 미국을 비롯한 서구의 초국적 자본들이 전쟁 후에 이익 독점을 위해 지역의 사회, 경제, 문화 및 환경을 무시한 채 자원수탈에 열을 올리고 있다는 점이다. 이것은 인간안보의 측면에서 볼 때 이라크는 물론 주변 분쟁지역의 안보 증진에 큰 걸림돌이 되는 것이다.

이제 반전운동은 한 나라의 경계를 넘어 초국적 차원으로 확대되고, 여러 가지 이슈들과 결합되면서 다양한 운동부문들과 연대활동을 강화하고 있다. 예컨대, 전쟁과 점령의 결과 초래된 인간안보의 파괴를 전 세계에 알리는 동시에 다양한 운동부문과의 결합, 즉 신자유주의 세계화와 군사주의에 반대하는 아래로부터의 세계화를 지향하는 초국적 시민사회 네트워크가 확대되고 있다. 이러한 변화는 단순한 전쟁반대를 넘어 인간안보라는 프레임으로 이슈를 수렴시키기 위한 토대가 될 것이다.

전쟁시대를 살아가는 우리는 아직도 전쟁과 분쟁의 소용돌이 속에서 발생한 여러 가지 문제에 대해 분명한 답을 찾지 못하고 있다. 전쟁과 점령 과정에서 발생한 무고한 학살, 강간 등 사회적 약자들의 피해문제, 분쟁지역 에너지 자원을 초국적 자본이 사유화하는 문제, 이스라엘의 팔레스타인 점령문제, 타국에 대한 군사개입 혹은 경제봉쇄 문제, 핵무기와 대량살상무기 폐기문제, 전쟁 혹은 분쟁중에 자행된 고문과 불법감금 문제 등과 같이 즉각적 해결이 필요한 문제들이 쌓여 있다.

그러나 여기서 그쳐서는 안 된다. 앞서 아프가니스탄의 양귀비 재배 농민의 사례에서 확인할 수 있었던 것처럼 전쟁종결 지역에서 주민의 삶을 회복시키는 것도 인간안보의 측면에서 매우 중요한 과제가 아닐 수 없다. 이를 위해 공적개발원조, 인도주의적 지원, 공정무역 캠페인 등이 어떻게 전쟁 종결지역 혹은 잠재적 분쟁지역에서 인간안보 증진에 효과적으로 활용될 수 있는가를 고민할 필요가 있다. 해당 지역현실에 부합하는 해결책을 제시하기 위해서는 이제는 반전을 넘어 보다 확장된 차원의 초국적 시민사회 네트워크가 구축되어 정치, 경제, 사회, 문화, 환경, 군사 등의 다차원적 인간안보를 모색해야 한다. 이러한 전지구적 과제에 한국 시민사회도 적극적으로 관심을 가져야 할 시점이다.

테러와 전쟁으로 목숨을 잃은 무고한 시민과 어린이들.
(출처 : civilwarsandgenocidesinafrica.wikispaces.com)

08

이주 : 소수자 권리

이주의 시대 :
세계, 아시아, 그리고 한국의 이주 스케치

사회 전 분야의 전지구화 현상이 강화되고 이주의 흐름도 규모scale, 범위scope, 속도speed의 측면에서 급격히 변하면서 더 이상 개별 국가나 지역이 다룰 수 없는 지구공동체의 보편적 문제가 되었다. WTO 중심의 세계무역체제가 신자유주의적 세계화 — 개방화, 자유화, 민영화 — 를 통해 국경의 담을 허물었고, 동시에 정보통신기술이 비약적으로 발전하면서 인구, 자원, 상품, 자본, 지식, 문화의 이동은 속도전을 방불케 할 정도 빠르게 이루어지고 있다. 이주migration는 과거에는 정치, 경제, 군사적 사건과 결부된 특정 집단들이 부득이하게 진행한 일회적 주변적 현상이었으나, 이제 사회전체의 변화를 추동하는 일상적 보편적 현상으로 자리매김하였다. 무역과 금융은 물론 문화, 지식, 정보, 환경, 그리고 테러에 이르는 다양한 초국적 흐름 속에서 인간의 이주 역시 전지구화 과정을 추동하는 매우 보편적이고 일상화된 형태를 이룸으로써 이른바 '이주의 시대'가 도래한 것이다.

도시 이주민의 급격한 증가로 몸살을 앓고 있는 인도. (ⓒ 김도영)

| 표 8-1 | 국제이주 현황

국제이주민	송금	실향민	난민	불법이주민	이주노동자	관광
21,400만 명 (2010년)	4,410억 달러 3,160억 달러[1] (2009년)	2,600만 명 (2009년)	1,520만 명 (2008년)	개도국 이주민의 1/3	12,000만 명[2] (2003년)	98,000만 명

자료 : UN DESA ; World Bank ; IDMC ; IOM ; WTO ; OECD.
주 : 1) 개발도상국으로의 송금액이다. 2) Taran & Geronimi (2003) 의 추정치이다.

국제이주자의 추이는 이주시대로의 변화를 그대로 보여준다. 1965년 전 세계적으로 7,500만 명세계인구의 23%이던 국제이주자 수가 1975년 8,400만 명21%, 1985년 1억 500만 명22% 수준에 이르렀는데 그 절대수치가 꾸준히 증가했으나 그 비중은 크게 변하지 않았다. 그러다가 1990년대 들어 초국적 이주자가 급증하면서 2000년에는 세계 인구의 28%1억 7,500만 명, 2005년에는 전체인구의 30%1억 9,500만 명로 그 수가 급격히 증가했다. 2010년 현재 국제이주자 수는 2억 1,400명으로 안정화되는 추세를 보인다. 주지하듯이 이주민이 가장 많은 나라는 미국으로 전체 인구의 40%가 이주민으로 구성되어 있다. 최근에는 청년과 아동들의 이주가 많아지고 있는데 이는 교육과 가족의 재결합 차원에서 이해할 수 있을 것이다. 국제이주 현황의 주요 항목을 정리하면 〈표 8-1〉과 같다.

20세기 후반에 들어서면서 국제이주의 중심축이 아시아로 옮겨지기 시작했다. 전지구적 이주구조의 변화 맥락 속에서 지역외부로 이민을 내보내던 송출국의 지위를 가졌던 아시아의 위상이 변하고 있음을 의미한다. 과거 아시아 사람들의 이주의 목적은 여느 지역과 마찬가지로 자신의 고향에서 얻지 못한 경제적 기회를 찾기 위한 것이었다. 이러한 초국적 이동은 개인의 자발적 선택이기도 했지만 때로는 국가차원에서 적극적으로 펼치는 지원정책에 따른 경우도 있었다. 예컨대, 한국의 경우 1960~1970년대 독일의 광부나 간호사로 떠난 사람들과, 1970년대 중동의 오일머니를 벌기 위해 중동 건설현장으로 간 노동자들이 그 예이다. 동남아시아 국가에서도 유사한 사례가 쉽게 확인된다. 지난 수십 년 동안 필리핀, 인도네시아, 태국 정부는 자의 반 타의 반으로 노동력 수출 차원에서 자국민들을 세계 각지로 내보냈고 그들이 보내온 송금에 국가재정을 크게 의존하였다. 베트남도 개혁 개방 이후, 아시아의 노동력 저장고 역할을 자임하면서 이주자 수가 급격히 증가하였다. 그런데 아시아 지역 내 이주가 증가하면서 송출국과 수입국 모두 이주자들에 대한 보호나 지원정책을 마련하지 못한 채 중개자 혹은 기업들의 이익을 늘리는 데만 초점을 맞추었다. 결국 이주자들은 단지 외국인이라는 이유로 최소한의 보호책도 없이 착취와 차별에 무차별적으로 노출되고 말았다.

이주자 문제 중에서 가장 심각한 문제는 바로 미등록 이주자들의 인권문제이다. 수입국의 제한된 노동정책, 빈곤과 실업문제, 민간 중개업체의 비행, 범죄집단의 개입, 이주에 동반되는 높은 비용, 까다로운 이주절차 등으로 미등록 이주자 수는 꾸준히 늘고 있다. 동남아시아 지역의 미등록 이주자는 현재 미얀마, 캄보디아, 라오스에서 태국으로, 베트남, 중국 등지의 이주자들은 러시아, 한국, 일본 등으로 이동하고 있다. 특히 동남아 국가에서 일본, 한국으로 이주하는 수가 지속적으로 늘어나고 있다. 남아시아의 네팔, 방글라데시인은 미등록 상태에서 인도를 거쳐 중동이나 유럽의 국경을 넘고 있다.

이주민 157만 명 시대를 맞은 한국의 이주상황은 어떠한가? 이주노동자, 국제결혼 이주자 그리고 난민, 새터민, 유학생 등을 중심으로 그 추이를 살펴보자.[2] 먼저 이주노동자의 경우, 2013년 10월 기준으로 한국에 체류하는 외국인은 1,577,300명에 이른다. 이 중 불법체류 외국인은 183,694명으로 전체 외국인 중 11.6%를 차지한다. 국적별 이주자 수를 살펴보면, 중국775,713명; 한국계 487,214명, 미국143,072명, 베트남121,918명, 일본45,357명, 필리핀48,786명 순으로 나타난다. 그중 불법체류자는 중국69,559명; 한국계 19,125명, 베트남28,313명, 타이20,094명, 몽골10,751명 순이다. 등록된 외국인들의 거주지역을 살펴보면 서울과 경기 수도권에 56.8%558,212명/983,485명가 집중되어 있음을 확인할 수 있다.

---

2 한국 이주자 현황에 대한 소개는 대부분 〈출입국·외국인 정책 통계월보〉 2011년 4월호에 나온 자료를 참고하였음을 밝혀 둔다.

한국 남성과 외국인 여성의 합동결혼식. (출처 : 완주스토리)

둘째, 국제결혼을 통해 한국에 거주하는 결혼이민자의 경우 그 수가 2013년 10월 기준으로 150,828명에 이르며, 물론 여성이 85.5%로 절대다수다. 결혼이민자의 국적은 중국[41.4%], 베트남[26.5%], 일본[8.1%], 필리핀[6.8%] 순으로 나타났으며, 이 중 혼인 귀화자는 75,610명에 머문다. 이들의 거주지역은 경기[41,163명], 서울[29,935명], 경남[9,564명], 인천[8,773명], 충남[8,331명] 순으로 결혼 이주자도 수도권에 집중되어 있음을 알 수 있다. 외국인 주민 자녀는 대부분이 초등학생 이하[86.8%]로 어린 편이다.

셋째, 이주민 중에 난민, 북한이탈주민[새터민] 그리고 외국인 유학생은 상대적으로 적은 규모지만 한국사회의 사회통합 정도를 측정할 때 중요한 항목이다. 한국의 난민현황은 2013년 10월 기준으로, 총 신청자 6,257명 중 난민으로 인정받은 사람은 357명, 인도적 체류는 177명, 불인정은 2,686명, 신청철회는 1,098명, 심사대기자는 1,939명으로 나타났다. 또한 '새터민'으로 불리는 북한이탈주민의 규모는 2013년 10월, 21,114명으로 집계되었다. 최근 증가하는 외국 유학생은 현재 84,832명으로 나타났다. 20년도 채 이르지 않은 이주민의 유입 경험에도 불구하고 전체 인구의 3% 수준까지 증가한 이주자들은 한국사회에서 과연 그들이 마땅히 누려야 할 권리를 보장받고 있는가? 소수자 인권의 측면에서 좀더 성찰적으로 살펴볼 필요가 있다.

한국의 이주자는 이중, 삼중의 차별과 침해를 겪고 있다

이주의 시대를 살고 있는 한국의 이주자의 인권 현황에 대한 국제적 평가는 어떠한가? 대표적인 초국적 인권운동 단체인 국제앰네스티는 한국이 2004년 고용허가제를 도입한 이후 외국인노동자의 인권이 어느 정도 개선되었는가에 대해 2007년, 2010년 두 차례에 걸쳐 실태조사 보고서를 작성하였다. 앰네스티가 제출한 이 보고서의 제목은 각각 "이주노동자도 사람이다"와 "일회용 노동자 : 한국의 이주노동자 인권상황"이다. 제목에서도 쉽게 알 수 있듯이 앰네스티는 한국의 이주자들 특히, 외국인노동자들은 인간다운 처우를 받지 못하고 있으며, 아직까지도 일회용 취급을 받는다고 보았다. 그리하여 이에 대한 심각한 우려와 더불어 시급한 개선을 한국정부에 권고했다.

요즘 지방의 중소도시에 방문할 때 우리가 쉽게 마주치는 두 부류의 사람이 있는데 바로 지역 노인과 외국인노동자이다. 외국인노동자들은 한국사회에 이미 깊숙이 자리 잡았으며 다양한 생산현장에서 중요한 역할을 담당한다. 그러나 고용허가제 실시 8년째인 한국사회는 이주노동자들의 인권 문제에 대해서 적극적으로 대응하지 못하고 있다. 정부는 아직까지 유엔 7대 국제인권협약 중의 하나인 〈모든 이주노동자와 그 가족의 권리보호에 관한 국제협약〉에 가입 및 비준조차 하지 않은 상황이다. 이런 국제법 및 국내법의 부조화mismatch 상황 속에서 외국인노동자들은 심각한 인권 침해를 경험한다. 예를 들어, 2010년에 실시된 불법체류자 강제단속 과정에서 단속을 피하려다 이주노동자가 숨지는 안타까운 사건이 발생했다. 또한, 2011년 이주노동자들이 자신의 권리를 쟁취하기 위해 파업을 벌이자 정부는 이주

위 / 한국 여성과 결혼이주여성들이 함께 즐기는 김장 담그기. (출처 : 인천광역시 부평구청)
아래/ 외국인노동자들의 영화출연. 불법이주 노동자의 현실을 다룬 〈방가방가〉 한 장면.(ⓒ 상상역 엔터테인먼트)

노조 집행부를 대상으로 표적수사를 진행했고, 핵심 파업노동자를 구속했다. 이는 분명 이주노동자의 노동권을 보장하라는 국제인권 규범을 무시하는 처사였다.

특히, 이주여성의 경우는 남성들보다 이중, 삼중의 차별과 침해를 경험한다. 예컨대, 국제결혼을 통해 이주한 여성들이 가정폭력에 의해 살해당하는 사건이 종종 발생한다. 이는 결혼 중개업자들이 이주여성이 올바른 결혼을 통해 좋은 가정을 이루는 데 관심을 쏟기보다 그들을 상품화하여 결혼매매의 대상으로 삼는 데 열중했기 때문에 발생한 것이다. 물론 국제결혼을 한 한국 남성이 결혼의 고귀한 정신을 망각한 채 인종, 피부색을 이유로 배우자를 무시하고 차별하는 반인권적 태도를 보인 것도 심각한 원인 중에 하나이다. 이제는 단순한 가족유지 혹은 한국사회 동화에 초점을 맞춘 국제결혼 방식에서 벗어나 동등한 권리를 소유한 인간으로서 이주여성을 바라보는 이른바 '인권 프레임'에 기초한 제도 및 정책개발이 절실하다.

한편, 제도 및 정책 변화와 더불어 국민들도 소수자에 대해 인권의식과 태도를 바꾸려는 노력을 병행해야 한다. 우리는 소수자를 불쌍한 사람들로만 바라보고 있지 않은가? 소수자의 개념은 소수小數라는 뜻에서 구성원의 수가 적음을 의미하지 않는다. 남아프리카공화국의 흑인 인구는 다수75%를 차지하지만 이들의 정치, 경제적 위상은 낮으며 소수 백인으로부터 심각한 차별을 받고 있다. 이처럼 소수자임을 결정하는 잣대는 수의 적고 많음이 아니라 편견과 차별 여부에 달려 있다. 소수자들은 종종 인종과 피부에 따라 구별되고, 권력관계에서 약자에 위치하며, 그 결과 사회적 약자 및 소수자로 차별을 경험하게 되면서 그들 안에 소수자로서의 집단의식이 형성된다.

그렇다면 편견과 차별을 감수하는 한국의 소수자들의 인권에 대해서 국민들은 어떻게 생각하고 있는가? 최근 국가인권위원회가 발간한 〈국민인권의식 실태조사 2011〉 보고서에 따르면 사회적 약자 및 소수자 권리에 대한 한국인들의 의식은 여전히 과도기적 모습을 보이는 것으로 나타났다. 여성과 장애인처럼 사회적 약자의 권리보호에 대해서는 상대적으로 전향적 자세를 보여주는 반면에 외국인노동자 및 그 가족의 권리에 대해서는 찬반 비율이 여전히 팽팽히 맞서고 있다. 예컨대, 외국인노동자 가족의 자유로운 국내입국 허용에 대해서는 찬성[47.7%]과 반대[49.6%]가 비슷하게 나타났다. 또한 난민 신청 절차의 간소화 및 적극지원에 대해서는 찬성[33.2%]보다는 반대[62.1%] 훨씬 높았다. 특히 북한이탈주민에 대한 특별한 혜택을 제공하는 것에 대해서도 찬성[45.5%]보다 반대[52.3%]가 좀더 많아서 비교적 부정적인 입장을 보여주었다.

그런데 한국의 이주노동자에 대한 담론은 2006년 이후 정부가 다문화주의를 공식 정책기조로 선언함으로써 외국인노동자의 인권개선보다는 결혼이주여성과 다문화 가정에 대한 지원활동에 초점이 맞추어진 다문화 담론이 지배하게 되는 아이러니가 발생했다. 이러한 견지에서 한국의 다문화 담론의 명암을 간략히 살펴볼 필요가 있다.

다문화 담론의 명암,
그 위선을 벗어 버리자

사실 다문화주의는 매우 다양한 방식으로 정의할 수 있다. 사단법인 '국경 없는 마을'은 다문화주의를 "상이한 국적, 체류자격, 인종, 문화적 배경, 성, 연령, 계층적 귀속감 등에 관계없이 모든 인간이 인간으로서 보편적 권리를 향유하고, 각각의 특수한 삶의 방식을 존중받으며 공존할 수 있는, 다원주의적 사회, 문화, 제도, 정서적 인프라를 만들어가기 위한 집단적 노력"이라고 매우 이상적 차원으로 그리고 있다. 한편 대표적 다문화 학자인 킴리카Kymlicka는 "자유민주주의에 대한 광범위한 합의와 지지가 선결된 조건에서 다양한 문화적 주체들의 '차이의 정치'politics of difference에 대한 제도적 보장"으로 다문화주의를 비교적 좁게 정의하였다. 김남국 박사는 다문화주의란 "상호존중, 합리적 대화, 정치적 권리라는 3가지 요건의 실현을 통해 시도되는 민주주의 심화 프로젝트"라고 특징지으면서 다문화 논의를 민주주의 구현의 맥락에서 소수자의 인권과 주체화라는 측면을 강조하였다. 이런 다문화 담론을 토대로 한국의 다문화 의식이 어느 수준까지 이루어졌는지 살펴보고자 한다.

최근 수행된 다문화 관련 의식조사 결과를 보면 한국인들은 다문화에 대해 여전히 추상적 차원에서만 동의하는 것으로 나타났다. 실례로 한 조사에서 '한국은 단일민족 국가인가?'라는 질문에 무려 40%가 부정적으로 응답한 것은 놀라운 변화가 아닐 수 없다. 물론 이것은 다문화에 대한 아주 추상적인 답변임을 확인할 수 있었는데 이는 동일 응답자가 유사 질문에서 이주민에 대해 매우 이중적 태도를 보였기 때문이다. 아직도 이주민은 '불쌍한 사람, 일방적 수혜의 대상으로 보는 편견'이 강하게 존재한다.

한국의 경우 진정한 의미의 다문화주의와는 배치되는 태도가 자주 발견된다. 우리는 하나도 변하지 않으면서 다른 문화는 우리의 본질과 충돌하지 않은 채 그저 주변에만 머물면 된다는 태도를 고수하기 때문이다. 이는 다문화 사회가 지향하는 혼용, 상호침투, 공생의 개념과는 거리가 멀다. 다시 말해 "머리로는 다문화를 생각하지만, 우리의 몸과 마음은 타 문화로부터 거리두기"를 하고 있다. 이주노동자들에 대한 추방과 차별에 무관심한 태도를 견지하면서도 외국인노동자들을 위한 문화행사를 개최하는 것이 한국사회의 다문화에 대한 이중성을 보여주는 대표적인 예이다. 이런 이유에서 이주민 및 다문화 지원활동에 참여하는 대다수의 활동가는 "한국의 다문화는 껍데기만 다문화"라고 비판한다. 그 비판의 핵심은 바로 한국의 다문화 정책 혹은 사회통합 정책은 '동화주의적' 성격이 강하기 때문에 이주자에 대한 차별이 뚜렷이 존재하며, 정부 주도로 진행되기 때문에 이주민의 목소리를 정책들에 녹아내는 것이 매우 어렵다는 것이다.

그렇다면 이러한 정부 주도의 다문화주의를 낳게 된 원인은 무엇인가? 여기서는 이주자 및 다문화 운동의 발전과정 속에서 그 실마리를 찾아보고자 한다. 한국의 이주자 및 다문화 운동은 크게 4개 시기로 나눌 수 있다. 우선 1990~1993년 '운동의 태동기'로서 이 시기에는 1992년 종교단체를 중심으로 외국인노동자를 지원하는 단체들이 결성됐다. 그리고 수도권을 중심으로 외국인노동자를 위한 상담소와 쉼터가 개설됐다. 그 활동은 이주자 권리 보호를 위한 최소한의 지원에 머물렀다.

둘째, 1994~2000년 '운동의 발전기'로서 이 시기에는 이주자 지원활동이 본격적

무료 의료 진료를 받는
외국인 노동자의 모습.
(출처 : 전남대 치과병원)

사회운동으로 발전하는 단계이다. 특히, 1994년 이주노동자 13명이 경실련 강당에서 농성을 시작한 것이 촉발점이 되어 이것이 1995년에 '외국인이주노동운동협의회'외노협로 이어졌다. 이 단체는 정부의 외국인노동자 정책을 지속적으로 비판하면서 고용허가제와 귀환 프로그램을 대안으로 제안하였다.

셋째, 2000~2003년 '운동의 분화기'로서 2001년에 '이주노조'가 드디어 결성되었으며 이 과정에서 종교, 시민사회 단체가 긴밀하게 연대하였다. 또한 2000년에는 '이주여성 인권연대'가 설립되었고, 2004년에는 '이주노동자 인권연대'로 이주노동운동이 지속적으로 분화하였다. 이 시기에는 이주자의 노동허가와 미등록자의 합법화를 추구하였고 시민권 및 다문화 담론을 지속적으로 생산하면서 직접행동을 통해 정부를 강도 높게 압박하였다.

마지막으로 2004년부터 현재까지의 시기로 이른바 '운동의 제도화기'다. 2004년 고용허가제 실시와 2006년 정부의 다문화주의 정책 선포라는 새로운 정치기회 구조를 마주하면서 이주 및 다문화 운동이 급격한 '제도화의 길'을 걷게 되었다. 이는 기존에 종교 및 시민사회 단체가 주도하던 이주민 지원활동이 민간영역에서 국가영역으로 옮겨가면서 운동이 아닌 사업의 형태로 그 주체가 전환되었음을 의미한다. 이제 정부 혹은 지방자치단체가 주도하는 사업을 시민사회 단체가 위탁받는 형식을 띠게 되었고, 그 의제도 시민권과 다문화라는 담론을 중심으로 논의되지만 주요활동은 정부의 프로젝트 사업을 추진하거나 정부 프로그램에 맞추어진 사업을 대행하는 것이 다수를 차지하게 되었다. 이 과정에서 이주민 혹은 다문화 가정은 사업에서 쉽게 주변화되거나 대상화되는 문제를 드러내기도 했다. 이제 이주 및 다문화 운동은 퇴색하고 결혼이주자 또는 다문화 가정에 대한 지원활동으로 운동의 성격이 제한되고 있다.

더 나아가 정부는 이주노동자에 대한 지원정책을 그들의 보편적 인권을 보호하고 개선하는 것이 아니라 제도에 순응하고 자신의 권리가 어느 정도 침해되는 것을 잘 인내하는 이른바 '성실한 노동자'를 양산하는 것으로 그 방향을 바꾸었다. 사실 기업과 고용주들로부터 숙련 노동자의 중요성과 필요성이 지속적으로 제기되면서 정부는 이주노동자들에 대한 기존의 '단기순환 원칙'을 수정하여 기업의 요청을 들어주면서도 순응적 이주노동자를 양산하는 데 주력하고 있다. 정부는 기존의 3년만 허용했던 체류기간을 국적취득 신청이 불가능한 시기, 즉 최대 4년 10개월까지 연장할 수 있도록 정책을 변경하였다. 만약 이주노동자가 이 기간 동안 한 번도 사업장을 옮기지 않은 '착하고 성실한' 노동자라면, 한국을 떠났다 다시 돌아올 경우 4년 10개월간 체류할 수 있도록 했다. 다시 말해 이주노동자의 인권보장은 최소화하고 한국사회의 지배집단 혹은 기업이 요구하는 바를 충실히 수행하는 자들에게만 차별적 서비스를 제공하는 이른바 '온정주의적 정책'으로 전환하고 있는 것이다.

이처럼 한국에서는 인권, 지원, 서비스, 온정주의, 시혜 등의 개념이 정확한 이해 없이 무비판적으로 남용된다. '다문화 가족 지원법'도 이주자들이 한국인이 이미 구축해 놓은 가치나 문화 속으로 동화될 것을 요구한다. 이주자들에 대한 '인권'과 '인정'의 정치는 사라지고 있다. 이것은 무늬만 다문화 사회를 지향하고 그 본질은 단일한 가치에 기초한 매우 경직된 사회를 지향하는 것이다. 이주자들의 문화적 다양성을 인정함으로써 풍부한 문화를 경험하여 새로운 문화적 발전의 영감을 얻을 수 있는 진정한 의미의 다문화 사회로 나아가야 한다.

앞에서 살펴보았듯이 우리는 아직도 다문화주의에 대한 착각 혹은 위선 속에 산다. 그 위선에서 벗어나기 위한 첫걸음은 무엇일까? 바로 인정의 정치, 차이의 정치를 구현하는 것이다. 타 문화에 대한 차이를 인정하고 그것 위에서 공존의 방법을 찾는 것이 바로 인정의 정치학이다. 상대방을 인정하는 것이 곧 나를 인정하고 나의 정체성을 형성하는 것이다. 이것은 문화상대주와는 다른 것이다. 문화상대주의는 고유의 문화를 강조하며 다양성을 인정하지만, 문화 간의 소통가능성과 상호작용을 고려하지 않는다. 이것을 넘어서기 위해서는 획일적 문화 보편주의나 상대주의를 벗어나 '인정의 정치학'과 '차이의 정치학'을 구현해야 한다. 그리고 그 첫 단계는 바로 다문화 담론을 넘어선 보편적 인권 프레임을 학습하는 것이다.

이주의 시대, 인권 프레임으로의 재사회화가 필요하다

인권 프레임으로의 재사회화 과정은 이주자들의 인권현실을 올바로 인지하는 데서부터 시작되어야 한다. 이주자 인권현실을 노동권과 결혼이주여성의 인권, 두 가지 측면으로 나누어 살펴보자. 먼저 이주노동자의 노동권 실태조사에 따르면 여전히 그 침해수준이 심각하다는 것을 쉽게 확인할 수 있다. 2009년 '외국인이주·노동운동협의회'와 2010년 '이주인권연대'가 현지 실태조사를 통해 소개한 대표적인 인권침해 유형은 다음과 같다.

이주노동자의 입국 비용은 평균 2,635달러이다. 근무 내용이 입국 전 계약서와 다른 경우가 60%를 넘는다. 하루 평균 11시간 일하고, 월 116만 원을 받는다. 계약서를 이해하고 입국한 이들은 30%에 불과하다. '정기적 건강검진'은 27%, '이해할 수 있는 안전교육'은 26.8%가 받는다. 산업재해를 당한 3명 중 1명은 본인이 치료비를 지불한다. 응답자 중에서 차별대우를 경험한 사람은 34%, 언어폭력을 경험한 사람은 35.8%, 폭행피해를 경험한 사람은 10.5%였다. 이들의 주거상황을 보면 응답자의 60% 이상이 회사 내 방이나 가건물회사가 비용부담에서 생활한다고 답하였다. 한국 이주과정에 대한 정보가 부족하여 브로커들에 의한 사기도 반복되고 있다. 한국어 능력 시험제도와 채점방식을 통과하기 위한 준비비용이 크며, 시험대행 기관의 투명성 부족하다. 영세 사업장 근무자나 일용직 노동자들은 근로계약서가 없어 보험 미가입과 산재보상을 받기 어려운 경우가 많다. 자녀들과의 분리에 따른 가족 해체 위험이 심각하며 자녀들의 일탈문제도 증가하고 있다.

이처럼 이주노동자의 인권은 산업연수생 제도에서 고용허가제로 전환되면서 제도적 개선을 이루었음에도 불구하고 아직까지 제대로 보장되지 못하고 있다. 한국에서 이주민의 기본적 권리나 노동조건, 체류의 안정성 등이 무시되고, 심지어 인종차별과 같은 반인권적 행태도 지속되고 있음을 알 수 있다.

다음으로 결혼이주여성의 인권침해 실태를 살펴보자. 2008년 '한국 이주여성 인권센터'가 조사한 바에 따르면 이주여성들은 결혼 유입과정, 부부 권력관계, 부부싸움, 가정폭력, 이혼, 시댁과의 갈등, 경제주도권 등에서 심각한 권리침해를 겪는 것으로 나타났다. 특히 여성들은 결혼 후 가부장제적 결혼생활로 인하여 생활비 및 가정경제와 관련하여 자신의 의사를 전혀 개진할 수 없는 상태이다. 이런 이유로 자녀양육 및 교육, 취업 및 이직결정, 친정에 대한 경제적 지원 등에 대해 남편과 평등한 관계로 의견을 나눌 수 없는 상태가 지속된다. 만약 이런 상황에서 이주여성이 저항하거나 자신의 목소리를 높이게 될 경우 부부싸움으로 이어지고 심지어 가정폭력이 발생하게 된다. 조사에 참여한 결혼이주여성 중에 폭력을 경험사람이 22%나 되며, 그중에 30%가 적극적으로 대응하지 못하고 그저 참는다고 답하였다. 이처럼 경제적 종속성이 지속되면서 여기에 가치관과 생활방식의 차이가 더해질 때 이주여성이 경험하는 인권침해는 몇 배로 증가하게 된다.

여기서 우리가 주목해야 할 것은 인권 프레임에 기초한 다문화 사회 정책을 추진해야 한다는 점이다. 경제, 사회적 권리가 확보되지 않은 채 단순히 문화에만 초점을 맞춘 사회적응 프로그램이나 지원정책은 그 효과가 제한적일 수밖에 없다. 사실 소수자 권리를 주창하는 입장에서는 '다문화 사회' 자체를 반대하는 사람은 별로 없음에도 불구하고 그 방식에 대한 문제제기는 더욱 거세지고 있다. 그 핵심은 문화에만 초점을 맞춘 채 그것을 지탱해 주는 사회적 현실을 외면한 다문화 정책과 슬로

충남 태안에서 방제작업
자원봉사 중인 이주노동자들.
(출처: 〈불교신문〉)

건은 공허한 메아리가 되기 쉽다는 것이다. 다양한 문화의 존중과 더불어 사회적
차별의 철폐가 함께 진행되어야만 비로소 진정한 다문화 사회는 완성될 수 있는 것
이다. 다문화 사회는 소수자들이 자기 문화를 골방에서 누릴 수 있게 허가해 주는
것이 아니다. 누구나 떳떳하게 자기 문화를 누릴 권리를 가질 수 있어야 한다.

그렇다면 우리는 무엇을 해야 하는가? 그 답은 그들이 스스로 고유의 커뮤니티
를 조직화할 수 있는 제도 환경을 구축하는 것이다. 다문화 사회는 단순한 시혜로
만 이루어지는 것이 아니라 상호 학습하는 과정을 통해 만들어진다. 진정한 다문
화 사회는 인격적으로 평등한 주체들이 구성하는 다양성이 바로 자신임을 깨닫는
과정, 재사회화 과정이 동반되어야 한다. 그런데 다문화 정책은 지나칠 정도로 '관
주도의 제도화' 경로에 들어선 상태이다. 정부 주도의 제도화 흐름 속에서 이주 및
다문화 운동이 주도권을 상실하고 그 힘이 약화되고 있다.

이것을 이겨낼 방법은 한 가지밖에 없는데 그것은 이주자 스스로 당당히 설 수
있는 환경을 제공하는 것이다. 우리가 무엇인가를 만들어서 그들에게 먹여 주는
것이 아니라 그들 스스로 조직하고, 정치 세력화할 수 있는 능력을 갖는 것이 무엇
보다 중요하다. 이를 위해서는 이주자가 더 이상 우리 사회의 이방인이 아니며 가

족이고 이웃이라는 사실을 받아들여야 한다. 즉, 인권 프레임에 기초한 이주자 바라보기 연습을 지속적으로 해야 한다. 이주자들의 커뮤니티를 인정해야 하며 그 커뮤니티가 자연스럽게 성장 및 발전할 수 있도록 제도정비를 해야 한다. 우리 방식대로, 우리 생각대로, 우리 관점대로 그들을 이끌어가려는 높은 마음부터 바로잡아야 한다.

그동안 종교계를 비롯한 시민사회 단체들의 이주자 지원활동은 이주자를 대신하여 모든 일을 해줌으로써 이주자가 자신의 문제에서 객체화되도록 했다는 자성의 목소리가 커지고 있다. 운동방식의 문제로 이주자들의 자생력을 저해하게 되었다는 것이다. 이주민의 객체화 및 대상화의 예는 현재 진행되는 다문화 관련 행사들이 이주자들의 목소리를 듣고 그 과정에서 주체화를 터득하게 하는 것이 아니라 이주자들을 단순히 동원의 대상이나 온정주의적 대상으로 삼는 일회성 행사라는 사실에서 찾을 수 있다.

그러나 한편에서는 매우 다행스럽게도 이주자 스스로 노동조합을 만들어 활동을 시작하였으며, 국가별 이주자 커뮤니티도 계속 강화되고 있다. 문제는 이들이 정부의 다문화 지원정책에 쉽게 타협하여 제도화의 길에 들어서게 된다면 다문화 사회의 도래는 점점 멀어질 수밖에 없다는 것이다. 이를 극복하기 위해 한국 시민사회 단체는 이주자 단체와의 긴밀한 네트워크를 구축하여 이주자들에게 필요한 정보, 규범, 프레임을 지속적으로 제공해 주어야 한다. 뿐만 아니라 네트워크를 채울 수 있는 전문적 콘텐츠와 프로그램도 꾸준히 계발해야 한다. 그동안 이주 및 다문화 지원 단체들은 한국어 교육, 상담, 복지 서비스 등 거의 유사한 사업을 중첩하여 진행하였다. 이제는 새로운 주제와 프로그램을 발굴하여 각 단체의 전문성을 높여야 한다. 이를 위해서는 이주자들의 문화에 대한 이해가 선행되어야 한다. 그들의 눈으로 그들을 보기 시작할 때 이주자들이 한국사회에 공존하는 데 꼭 필요한 프로그램이 무엇인지 쉽게 발견할 수 있는 것이다. 이제 우리 모두 인권 프레임에 기초한 세계관과 가치관에 입각해 이주의 문제를 바라볼 때이다.

09
세계시민으로
다시 서기

남미 현장에서 바라본
세계시민 의식의 현주소

2012년 7월 말 교류 및 연구협력을 논의하고 세계사회학회에 참석하기 위해 열흘 간의 일정으로 남미의 상파울루 대학USP과 부에노스아이레스 대학UBA에 방문하였다. 정열과 삼바의 고장, 상파울루Sāo Paulo는 1천 미터 고지에 위치한 아름다운 도시였다. 우리가 머문 호텔 주변은 흡사 미국 캘리포니아의 샌프란시스코를 연상시키기에 충분했다. 언덕 위에 올망졸망하게 모여 있는 가게들을 따라 걸어가는 여성들은 가을 날씨이지만 겨울 분위기를 한껏 내며 두툼한 겨울코트와 부츠로 무장하고 바쁘게 이동했다. 이 모습은 분명 브라질의 역동적 변화를 보여주는 것 같았다. 사실 브라질은 1인당 국민소득 1만 717달러로 지속적 성장세를 보이고 있고, 2014년 월드컵과 2016년 하계 올림픽 동시 개최라는 빅 이벤트를 준비하면서 경제발전에 대한 기대를 한껏 품고 있다. 또한 대서양 해저 석유에너지를 개발하여 석유 수출국이 된 브라질은 사탕수수를 이용한 에탄올 에너지를 생산하며 에너지위기에도 자신하고 있다. 바야흐로 브라질은 분명 브릭스BRICs의 한 멤버로 남미의 사회경제발전을 선도할 막중한 책무를 안게 되었다.

그러나 브라질 역시 그 성장 안에 수많은 과제를 안고 있다. 거리 곳곳에서 발견되는 홈리스, 인종에 따른 사회적 차별 및 빈부격차, 하수처리와 같은 도시기반 시설의 미비, 수도 브라질리아 개발에서 드러난 나이브한 계획모델의 한계, 도시와 지역의 경제 격차 등과 같이 만만치 않은 과제들이 산적해 있다. 거대한 땅을 보유한 브라질이 전지구적 차원의 경제위기, 에너지위기, 환경위기 등을 어떻게 민주적이고도 정의로운 방법으로 헤쳐나갈 것인가는 전 세계의 관심사임에 틀림없다. 그 희망의 가능성은 상파울루 대학의 규모 그리고 연구투자와 전지구적 교류 및 연구협력 열정에서도 확인할 수 있었다. 최근 한국에 대한 관심이 급증하면서 한국학 교수를 채용하고 한국학언어, 문화를 넘어선 정치, 경제, 사회 전 분야 전공학생도 모집하며 한국과의 교류에 대한 강한 의지를 보이고 있다. 실례로 근래에 상파울루 대학

브라질 상파울로 다운타운의
은행 외관.(ⓒ 공석기)

학생들이 한국에 교환학생으로 와서 공부하고 있다. 아쉬운 것은 한국학생 중에 브라질에 교환학생으로 오는 경우가 매우 드물다는 것이다. 생소한 포르투갈어와 지리적 거리가 큰 장애물이 되어 젊은 학생들이 브라질로 오는 것을 꺼리고 있다.

지난 5년 동안 지구시민사회 연구를 진행해온 저자들에게 브라질은 결코 낯선 나라가 아니다. 1992년 리우 환경회의, 2001년부터 포르투알레그레에서 시작된 세계사회포럼, 그리고 룰라 정부가 시도한 사회개혁 정책 등은 아래로부터의 세계화globalization from below와 대안세계화alternative globalization를 논의하는 데 있어 중요한 준거점이기 때문이다. 그런데 이제야 남미 현장을 방문하게 되어 연구자 모두 아쉬움이 컸으며, 동시에 현장에서 체득한 지식의 중요성을 다시금 절감하게 됐다. 자연스럽게 대안세계화에 대한 논의는 후속세대들이 세계시민으로 굳건히 서는 데서 찾는 것이라는 결론을 얻게 되었다.

2012년 8월 1~4일에 아르헨티나 부에노스아이레스 대학에서 열린 세계사회학회의 주제는 '사회정의와 민주화'social justice and democratization로 이는 개최국가 브라질의 역설적 모습을 대변하는 제목이었다. 과거 민주화 운동의 상징인 오월광장이 있는 부에노스아이레스는 브라질 상파울루의 분위기와는 사뭇 달랐다. 겨울 날씨 속에 내리는 부슬비가 사람들을 잔뜩 움츠리게 했고, 만나는 사람들마다 보이는 무표정한 얼굴 그리고 우울한 도시 분위기는 2001년 경제위기 이후 지속되는 인플레이션과 불안정한 정치 현실을 그대로 반영하는 것 같았다. 공항에서 호텔로 이동하는 것부터 아르헨티나의 불신사회를 경험하게 됐다. 정식 택시를 타지 않을 경우 예상치 못한 추가운임에 당황할 수밖에 없었다. 수출입이 엄격히 통제된 경제시스템에서 외국제품을 구입하기 위한 미국 달러의 가치는 높아졌으며, 그 결과 달러환전cambio을 요구하는 모습이 도시 곳곳에서 확인되었다. 특히 귀국길에 부에노스아이레스 공항에서 겪은 출입국 심사과정은 현지의 치안상태, 범죄관련 인신매매human-trafficking의 심각성을 간접적으로 보여주었다. 무려 1시간이 넘는 이중 삼중의 출입국 심사과정으로 인해 출발 직전에 가까스로 탑승하는 서스펜스를 경험했다. 이를 반영하듯 부에노스아이레스 대학에서 열린 세계사회학회의 주요 세션에서는 다수의 남미 학자들이 시민들의 민주화를 위한 저항, 지구정의를 위한 전지구적 연대활동, 그리고 고통받는 원주민들의 인권현실을 고발하는 매우 공감이 가는 논문들을 발표했다.

학회 참석 후 잠시 짬을 내어 시내 곳곳을 둘러보는 기회를 가졌다. 거리의 화려한 건물은 과거 경제대국의 면모와 유럽 이주의 역사를 자연스럽게 느낄 수 있게 하였다. 분명 부에노스아이레스는 남미의 파리라는 별칭을 얻기에 충분하였다. 그러나 화려한 건물 이면에는 어두운 그림자가 여기저기 드리워져 있었다. 8만 명을 수용할 수 있는 노란색 축구경기장은 빈민촌에 위치해 있었고, 그곳을 따라 흘러가는 강은 가장 오염된 강이라는 오명을 벗어나지 못하고 있었다.

오월광장 앞에서 과거 민주화를 위해 몸을 던졌던 어머니들의 저항 모습을 상상하며 광장 여기저기를 거닐었다. '오월광장 어머니회'는 1994년 6월, 지구 반대편의 한국을 방문하여 민주화 운동 중에 비슷한 아픔을 겪은 가족과 만남을 가졌고, 인권단체들과 강한 연대감을 구축하게 되었다. 그러나 한국은 어느 정도 절차적 민주화를 달성하고 실질적 민주주의를 달성하기 위해 노력중인 데 비해, 아르헨티나는 아직도 부정부패로 물든 관료와 포퓰리즘적 정치에 시름하고 있다. 거리에 붙어 있는 수많은 정치구호와 벽보는 과거 20년 전의 한국의 민주화 운동 모습을 떠오르게 했다. 한 가지 아쉬운 소식은 최근 오월광장 어머니회도 불투명한 자금운영으로 인해 여론의 뭇매를 맞았다는 것이다.

시민사회의 목소리가 정책결정 과정에서 지속적이고도 강력한 울림을 내기 위해서는 구호에 의존한 운동정치가 아니라 설득력 있는 대안에 기초한 공감과 타협정치가 필요하다. 아르헨티나의 경우 아래로부터의 정의에 대한 요구가 큰 힘을 발휘하지 못하는 대신에 정당들이 표만을 의식한 위로부터의 포퓰리즘적 복지정책들이 경쟁하는 형국이다. 한국에서 가장 먼 곳 아르헨티나의 민주화를 위해 한국 시민사회는 어떤 것을 고려해야 할까?

먼저 세계시민 의식을 갖춘 후에 연대의 방법을 찾아야 할 것이다. 사실 세계시민교육은 이런 현장을 보는 데서 출발해야 한다. 책상에서 인터넷 서핑이나 구글링googling을 통한 정보 탐색만으로는 한계가 있다. 한국 시민사회와 남미 국가들의 민간교류는 매우 저조하다. 브라질과 아르헨티나는 경제성장, 민주화, 신자유주의 세계화의 위협에 대한 대응과정 등에서 한국사회에 과거, 현재, 미래의 모습을 동시에 보여주는 매우 흥미로운 지역이다. 이제는 단순한 호기심을 넘어 지역에 대한 관심, 열정적 연구 그리고 호혜적 협력을 모색하는 다양한 채널을 적극적으로 모색해야 할 때이다. 만약 한국 시민사회가 지리적 거리나 언어장벽을 핑계로 남미지역과의 연계활동을 간과한다면 세계시민 의식 제고에 대한 주장은 공허한 메아리가 되고, 시민사회는 정부나 기업에 항상 뒤처지고 말 것이다.

실례로 2012년 6월 중순에 브라질 리우에서 개최된 지속가능발전에 관한 유엔환경회의에 대한 시민사회의 관심과 참여는 10년 전 요하네스버그에서 열린 지속가능발전에 관한 정상회의WSSD보다, 더 나아가 20년 전 리우 환경과 개발에 관한 유엔회의UNCED보다 훨씬 더 저조했다. 인터넷의 발전으로 전지구적 이슈에 대한 정보는 어느 때보다 빠르고 쉽게 그리고 충분히 얻을 수 있어 국제행사에 대한 정보취득욕구는 쉽게 해소할 수 있게 됐다. 그러나 이것이 세계시민 의식 제고에 가장 필요한 공감, 헌신, 연대의 마음을 채울 수 있는 현장체험으로 이어지지 못한다면 제한적 지식에 지나지 않을 것이다. 이런 견지에서 2012년 6월 중순에 개최된 리우 + 20회의에 대한 시민사회의 활동을 성찰적으로 접근해 볼 필요가 있다. 이 회의를 통해 시민사회가 스스로 세계시민의 역할을 감당하기 위해 어떤 노력을 해야 할지 살펴볼 필요가 있는 것이다.

아르헨티나 부에노스아이레스 시내의 관공서 외관. (ⓒ 공석기)

리우 + 20 회의가 던져 준
지구시민사회의 과제

2012년 6월 중순 브라질 리우에서는 지속가능개발 회의가 개최되었고 〈우리가 원하는 미래〉The Future We Want라는 공식문서를 결과물로 내놓았지만 우리의 기대에 크게 미치지 못한 내용이었다. 이번 리우 + 20 회의는 지난 2년간의 지속가능발전에 대한 정부 간 협상을 마무리하는 유엔회의였다. 양적으로 볼 때 5만 명에 달하는 참가자, 120여 개 국가의 정상미국, 영국 정상은 불참들과 유엔기구의 최고 책임자들이 참석한 최대의 국제 이벤트였다. 그러나 회의 내용을 면면히 살펴보면 '속빈 강정' 같은 함량미달의 국제회의라는 것이 곧 드러나고 만다. 이런 이유에서 시민사회는 이번 리우 + 20 회의를 '우리가 원하는 미래'가 아니라 '그들이 원하는 미래'The Future They Want라고 비판한다.

하지만 단순히 그들의 문제로만 치부하는 것은 문제를 해결하기 위한 바람직한 자세가 아니다. 먼저 시민사회가 성찰적 자세로 스스로를 평가하는 것이 필요하다. 20년 전 리우 회의에서 보여주었던 시민사회의 관심과 열정이 정부나 기업과 비교할 때 크게 시들어졌음을 참여 규모나 준비과정을 통해 쉽게 확인할 수 있다. 아마도 주제의 참신성이 떨어졌기 때문일 수도 있고, 한국 시민사회의 국제연대 역량의 현실을 반영하는 것일 수도 있다. 시민사회 스스로 새로운 정치기회 구조의 변화에 자기혁신을 통해 대응하기보다는 아직도 과거 운동방식에 머물고 있기 때문이라는 비판을 겸허히 받아들일 필요가 있다. 물론 그동안 유엔이라는 국제 정책결정 공간에 대해 지나치게 기대한 결과 반복되는 기후변화 협상의 실패과정을 목도하면서 유엔에 대해 크게 실망한 것도 이유가 될 수 있다.

그러나 이러한 태도는 국제정치 맥락을 너무나도 단순하게 혹은 순진하게 바라보는 문제에서 비롯된다. 국제정치는 다양한 요인들의 상호 충돌과 조정의 복잡한 과정을 통해 결과물을 내놓는 지난한 과정이다. 시민사회가 기대하는 것처럼 국제정치의 의사결정은 그렇게 호락호락하지 않다. 기대한 모든 정책이 결정되고 그것이 지역으로 자연스럽게 적용되는 것은 결코 아니다. 이런 견지에서 리우＋20 회의에 대한 올바른 진단을 통한 대책을 마련해야 한다. 단순한 비판과 무시는 더 나은 대안을 구축하는 데 가장 큰 걸림돌이 된다.

혹자는 기후변화 관련 협상회의를 단일 종목의 월드컵이라고 부르는 반면에 리우＋20 회의는 전 종목이 참여하는 올림픽과 같다고 비유한다. 즉, 종목별로 보는가 아니면 전체 종목에 대한 일반적 수준으로 보는가에 따라 그 평가는 달라질 수 있다. 또한 결과를 단기 혹은 중장기적으로 볼 때 그 평가는 조금씩 달라질 수 있다. 혹자는 유엔회의 무용론에 빠져 리우＋20 회의도 '차라리 하지 않은 것이 낫다'고 비판하기도 한다. 그러나 이러한 회의론에 빠지기보다는 장기적 측면에서 변화의 가능성을 찾아보는 것이 올바른 자세라 할 수 있다. 이런 견지에서 리우＋20 회의의 목적과 성과에 대한 평가를 간략히 정리해 보고자 한다.

리우＋20 회의의 목적은 지속가능발전에 대한 정치적 의지를 확인하고 과거 지속가능발전 관련 국제적 합의사항 이행을 평가하고 새로운 글로벌 위기 극복방안을 논의하는 것이다. 주요 의제는 '빈곤퇴치와 지속가능발전 맥락의 녹색경제'와 '지속가능발전을 위한 제도적 틀'이다. 이 목적을 달성하기 위한 구체적 전략 중에 시민사회가 주목한 부분과 각각에 대한 평가는 다음과 같다.

첫째, 녹색경제 개념에 대한 합의를 이루는 것이다. 녹색경제는 지속가능발전 달성을 위한 주요 수단 중 하나로 엄격한 규칙이라기보다는 다양한 정책적 선택 중 하나를 의미한다. 둘째, 제도적 틀의 핵심은 유엔 경제사회문화 협의기구를 지속가능한 발전 정책의 검토 및 논의와 권고를 위한 중요기구로 강조하는 것이다. 셋째, 기업과 지방자치단체의 역할이 중요하며, 지속가능한 소비와 생산을 위한 10개년 계획을 채택하는 것이다. 넷째, '지속가능한 발전목표'sustainable development goals의 필요성을 인정하는 것이다. 마지막으로 이행수단으로서 재정, 기술, 능력의 제고, 무역의 중요성, 공약등록 등을 논의하는 것이다.

안타깝게도 회의 결과물은 그리 만족스럽지 못하였다. 지구적 복합위기에 대한 언급은 있었지만 체계적 진단이 부족하였고, 대안제시 없는 당위적 차원의 추상적 주장만이 반복되었다. '녹색성장' 프레임의 부상은 지속가능발전의 관점에서 보면 확실히 경제 쪽으로 무게중심이 이동하였다. 또한 제도적 틀 분야의 최대 관심사였던 '지속가능발전 이사회' 신설도 실패하였고 다만 유엔환경계획UNEP의 전문기구로서의 강화를 인정하는 것으로 위안을 삼았다.

이처럼 리우＋20 회의는 지구시민사회가 염원했던 '우리 공동의 미래'라는 '1992 리우선언'의 정신을 계승하고 경제·사회·환경의 축을 균형 있게 통합하는 진정한 '지속가능한 발전'의 비전과 구체적 행동계획을 제시하는 데는 한계를 드러냈다. 이것이 지구시민사회에 던져 주는 과제는 무엇일까? 지구시민사회는 전지구적 문제를 해결하는 데 반드시 관철해야 할 가치와 원칙, 규범, 방향성을 끊임없이 제시한다. 지나치게 제도화의 길을 걷게 될 경우 제도의 제한된 프레임에 발목이 묶일 수밖에 없는 것이다.

이런 견지에서 최근에 지구시민사회가 초점을 맞추는 '지구정의'라는 마스터프레임은 다양한 운동부문과 지역사회에 올바른 방향을 제시한다. 지구정의 프레임안에 녹아져 있는 핵심가치는 우선 형평성equity의 문제이다. 이 형평성은 세대 그리고 인간과 자연 관계로 확장되며, 이를 위해 다른 종류의 경제, 배움과 교육에 대한 새로운 접근, 윤리에 대한 새로운 이해가 요청된다. 다음으로 지역주의 localism의 문제이다. 경제체제의 지역화, 거버넌스의 탈중앙화, 지속가능한 생활양식이 지속가능한 사회의 새로운 질서가 되는 것이다. 지역주의를 전지구적 흐름으로 확산시키는 것이 지속가능한 소비나 생산, 지역 생태주의를 강화시킬 수 있는 토대가 되며 이것이 오늘날의 복합위기를 극복하는 철학적 기초가 될 것이다. 마지막으로 세계시민 활성화의 문제이다. 초국적 사회운동이 확장되는 가운데 이것을 지속가능한 운동으로 발전시키기 위해 가장 중요한 것은 바로 이 운동을 이끌어갈 수 있는 세계시민의 존재이다. 이를 위해 필요한 것은 평생교육의 방식처럼 어려서부터 전지구적 관점에서 지역 내 정의와 민주주의를 학습하고, 경험적으로 체득하여 궁극적으로 윤리적 경제와 소비활동을 견인할 수 있는 가치관을 뼛속 깊이까지 자리 잡게 하는 것이다.

신자유주의 시대의
마감을 준비하는 세계시민의 과제

인류재앙을 상징하는 총체적 난국이 밀려오고 있다. 오늘의 세계가 '복합위험' complex risk을 마주하고 있기 때문이다. 기후변화와 자원위기 — 유가폭등, 식량파동, 물과 유전자원의 고갈, 산림과 어족 및 야생자원의 파괴, 황폐화된 토양 등 — 그리고 미국 월가의 붕괴, 전 세계적 경기침체, 그리고 고용 없는 성장과 같은 거대한 위기들이 세계적 차원에서 급속히 진행되고 있다. 이처럼 한 나라의 경계를 넘어선 환경위기, 자원위기, 경제위기가 점점 더 강하고, 빠르고, 크게 우리를 위협하고 있다. 예를 들어, 2011년 3월 11일, 일본 동북 지역에서 일어난 대지진과 쓰나미津波가 몰고 온 핵발전소 방사능 유출로 인해 바다와 토양이 오염되었다. 북미, 남미, 아프리카, 동남아 지역은 오랜 가뭄으로 인해 식량생산에 어려움을 겪고 있다. 여기에 미국 금융위기와 유럽연합의 재정위기가 더해지면서 전지구적 차원의 환경-자원-경제의 삼각위기가 우리의 생명과 안전을 위협하고 있다.

2008년 미국발 금융위기의 영향으로 전 세계적 경제위기가 진행되는 가운데 그 여파는 끝날 기미를 보이지 않는다. 현재 진행중인 유럽 주요국가의 재정위기는 향후 세계경제의 뇌관으로 작용할 것이다. 그동안 세계화를 지배해온 논리는 신자유주의이다. 위로부터의 세계화를 주도한 신자유주의는 민영화, 자유화 그리고 탈규제라는 3대 정책을 자본주의 세계 경제체제의 핵심으로 본다. 이른바 '워싱턴 컨센서스'라고 불리는 이 신자유주의 관점에서 정부는 개입을 줄이고 시장기제에 맡겨야 하며, 이를 위해 자본의 자유로운 이동을 허용해야 한다고 본다. 또한 신자유주의는 자본주의에 의한 경제발전이 모든 사회문제를 해결해 줄 수 있다는 신념 아래 지속적 경제발전을 달성하는 것이 중요하며 그 근간은 자유무역과 해외투자 원칙이라고 인식한다. 물론 부의 편재와 권력의 집중과 같은 분배의 문제가 존재하지만 이는 경제발전을 통해 차후에 해결할 수 있다고 본다.

그러나 이 신자유주의 세계화 입장은 점차 그 설득력을 잃어가고 있다. 복합위기

2011년 3월 11일, 일본 후쿠시마에서 발생한 대형 쓰나미로
세계 각지에서는 탈원전에 대한 외침이 커졌다. (출처 : theguardian.com)

로 인한 장기비상시대 그리고 불의injustice가 확대되는 반면, 개별 국가의 규제 및
정책 개입 능력은 제한되었다. 매스미디어는 초국적 자본가 계급의 강력한 로비활
동에 의해 종속되고 있다. 이처럼 지구적 차원의 민주주의 달성은 요원해지는데 이
를 방관할 수만은 없다. 지구민주주의의 회복이 절실한 상황이다. 지구민주주의
달성은 바로 지구시민사회가 해결해야 할 가장 큰 도전과제가 아닐 수 없다.

또한 국내에서는 그동안 '녹색성장'이라는 명분으로 4대강 사업을 비롯한 각종 건
설사업들이 관성처럼 진행되었다. 우리는 더 이상 이러한 수사적 여유를 누릴 수 없
으며, 언제 닥칠지 모르는 장기비상시대에 대한 대안을 모색해야 한다. 이런 가운데
최근 몇 년 사이에 벌어진 전지구적 차원의 충격과 변화들은 '녹색'과 '생명'의 총체적
위기상황을 깨달을 수 있는 값비싼 수업이었다. 그동안 산업화와 민주화라는 성공
신화에 매료된 채, 한국사회는 복지, 인권, 환경, 안전, 참여, 상생 등을 아우르는
'정의' 문제를 올바르게 이해하지 못했다. 20세기 후반 들어 워싱턴 컨센서스로 대표
되는 신자유주의적 세계화의 흐름 아래 식량, 에너지, 물 부족과 같은 공공재의 위
기가 발생했고, 이는 계층, 지역, 인종, 민족에 따른 양극화 현상을 낳고 있다.

우리 현실을 돌아볼 때, 기후변화, 에너지 고갈, 식량위기에 대한 체감 수치는 아주 낮으며, 다른 나라의 문제로 치부하는 경향이 강하다. 그렇지 않다면 어떻게 우리 국토에 치명적 영향을 줄 수 있는 대형 국책개발 사업이 정권과 무관하게 끊임없이 진행되고 있단 말인가? 이러한 현실을 감안할 때, 한국사회의 복합위기에 대한 대안 찾기라는 목표 아래 우리 현실을 종합적 거시적으로 진단하고 처방하는 것은 매우 어렵지만 중요한 과제이다. 이것은 결코 일국적 사고를 통해 가능한 것이 아니며 전지구적 관점에서 접근할 필요가 있다.

그렇다면 과연 한국 시민사회는 이러한 복합위기를 극복할 준비가 되어 있는가? 혹여 미래에 대한 안일한 낙관론에 기대어, 경제성장이란 미몽에 빠져 생태파괴, 식량부족, 에너지 고갈 등에 무감각해지는 시민을 다시금 참여와 운동의 장으로 동원할 대안을 마련하고 있는가? 신자유주의 세계화의 위기를 해결할 수 있는 대안세계화에 대한 구체적 비전과 정책대안이 절실한 상황이다. 위험, 금융, 빈곤, 자원, 식량, 전쟁, 이주 등에 대해 한국 시민사회는 어떠한 방안을 준비하고 있는가? 대안세계화를 추구하기 위한 시민사회의 구체적 실천모델이 절실히 요청된다.

다행히 한국 시민사회에서 복합위기 극복을 위한 문명전환 모색들이 조금씩 이루어지고 있다. 그중에서도 '생태사회적 발전'eco-social development을 지향하는 시도는 대안사회를 갈망하는 이들에게 주목받고 있다. 분배와 관리를 담당하는 국가, 교환과 효율을 지향하는 시장의 실패가 곳곳에서 드러나면서 호혜와 협동을 최고의 가치로 추구하는 시민사회의 대안 모색운동의 필요성은 더욱 커지게 됐다. 이러한 움직임은 국가통치의 수동적 대상에서 벗어나고, 시장주의적 재편을 극복하며, 지역을 중심으로 작지만 의미 있는 창조적 실험을 통해 공동체를 재구성하는 시도이다.

또한 최근에 정부, 학계 및 시민사회가 주목하는 사회적 경제social economy의 부상도 중요하다. 사회적 경제와 지역중심의 호혜적·순환적 경제에 대한 관심과 실험이 본격화되는 것은 매우 긍정적인 현상으로 볼 수 있다. 협동조합 기본법의 통과와 더불어 시행령이 만들어지면서 사회적 기업과 협동조합이 결합할 수 있는 법적 근거들이 마련된 것도 이러한 운동적 실험을 가능케 하는 유리한 조건이 되었다. 이제 지역에 뿌리를 둔 시민사회 활동가가 지역문제 해결을 위해 사회적 기업가로 변신하고 대안경제 모델을 발굴하고자 고군분투하는 모습은 아래로부터의 세계화를 추구하는 구체적인 예로 볼 수 있다.

우리 사회에는 과연 이러한 창발적 사고와 자기혁신의 노력을 끊임없이 추구하는 이른바 세계시민이 어느 정도나 존재하는가? 최근의 정부 주도의 사회적 기업육성과 협동조합법이 제정되면서 혹여 세계시민도 이러한 관주도의 속성 프로그램에 의해 육성되어야 한다고 생각하는 사람은 있지는 않을까 우려된다.

세계시민으로 다시 서기

세계화 혹은 전지구화에 따른 지구시민사회에 대한 관심이 고조되고 있다. 세계시민, 지구문화, 초국적 네트워크 등의 논의처럼 국경을 넘어 작동하는 다양한 활동과 현상이 이를 뒷받침한다. 인권, 환경, 대안정책, 국제협력, 반신자유주의, 여성, 농민 등의 부문과 지역의 경계를 수직 혹은 수평적으로 넘어선 다양한 연대활동과 수렴현상이 더욱 빈번해지고 강화되고 있다. 이런 견지에서 지구시민사회에 필요한 사람, 즉 국경을 넘어 전지구적 차원에서 이해하고, 해석하고, 활동하는 세계시민을 양성하는 것이 무엇보다 중요한 실천적 과제가 됐다. 그렇지만 세계시민은 결코 한두 번의 실천적 경험이나 지식 차원의 학습만으로 쉽게 달성되는 것이 아니다.

세계시민의 이상형은 아마도 미국 정치사회학자인 태로우가 제시한 '풀뿌리 세계시민'rooted cosmopolitan과 가장 근접한 모습이라고 생각한다. 이는 지역 전문가이면서도 국제연대 활동 메커니즘과 글로벌 프레임을 이해하고 그것을 지역에 적용 및 응용할 수 있는 시민 활동가이다. 이러한 이상형에 이르기 위해서는 어려서부터 성인이 되기까지 다양한 시민활동 — 학습, 자원봉사, 회원가입, 캠페인 참여 — 과 일국을 넘어서는 국제연대 활동을 꾸준히 반복하는 것이 필요하다. 그렇지 않으면 전지구적 프레임을 갖고 지역의 문제를 바라보기 어려우며, 지역의 풍부한

이탈리아 트렌토 생활협동조합 내 슬로푸드 매장.(ⓒ 공석기)

경험을 바탕으로 전지구적 차원의 협력활동에 적극적으로 참여하기 어렵다.

한국 시민사회 운동단체는 풀뿌리 세계시민 만들기 과제를 어느 정도 심각하게 받아들이고 있는가? 세계시민이 없으면 결코 운동의 전지구화 과제는 쉽게 달성할 수 없을 것이다. 이미 준비된 세계시민이 다양한 영역으로 옮겨가기를 기대하는 것은 너무나도 순진한 생각이다. 개인의 이익을 최우선으로 추구하는 호모 이코노미쿠스가 지구정의라는 공공선을 추구하도록 되돌리는 것은 결코 쉬운 일이 아니기 때문이다. 세계시민으로 성장할 수 있는 하나의 장으로서 국제연대 및 협력의 기회가 점차 확대되고 있다. 문제는 시민사회가 그것을 얼마나 심각한 사안으로 인식하면서 지속적이고도 안정적으로 추진하는가이다.

이런 견지에서 시민사회가 주목해야 할 두 가지 실천과제를 제시하는 것으로 결론을 대신하고자 한다. 먼저 세계시민으로 성장하기 위해서는 일상생활 속에서 다양한 자원봉사 활동을 체험하는 것이 필요하다. 자원봉사 체험 시간은 세계시민으로 성장하는 중요한 통로시간이자 공간가 된다. 어려서부터 경험하는 자원봉사 활동은 주어진 미션을 단순히 수행^{acting}하는 것을 넘어 보다 능동적으로 공공선과 윤리적 행위를 적극적으로 실천^{doing}하는 습관을 갖추는 데 도움이 된다. 이러한 능동적 실천 경험을 갖춘 자원봉사자는 사회적 공공선을 지향하는 다양한 시민사회 영역에 적극적으로 연결될 수 있는 것이다. 바야흐로 지구시민사회를 책임질 세계시민을 지속적으로 양성하기 위해서는 시민사회, 국가, 학교, 기업, 국제기구 등이 자원봉사자를 지속적으로 동원하는 프로그램을 계발하고, 이를 장기적으로는 제도화해야 한다. 관주도의 교육은 더 이상 효과적이지 못하다.

다음으로 최근 부상하는 사회적 기업과 사회협동조합을 견인할 사회적 기업가의 역할을 강조하고자 한다. 과거 강한 시민사회운동 역사를 이루어온 한국시민사회는 이제 세대 간의 간극을 마주하기 시작하였다. 이 간극을 메우기 위해 신세대 활동가는 선배들의 헌신성을 배우고자 하는 겸손한 자세를 가져야 한다. 동시에 기성세대는 과거 경험에 묶여 헌신을 무조건적으로 요구하는 것에서 벗어나 후속세대의 고민을 함께 나누고자 하는 공감의 자세가 필요하다. 신세대들도 나름 현실을 고민하고 새로운 환경에 적응하기 위해 부단히 노력하기 때문이다. 그들이 혐오하는 것은 과거 선배들이 행했던 이념정치 혹은 비선정치와 같은 투명하지 못한 위계적 운동방식이다. 이들의 간극을 잇기 위해서는 기성세대와 신세대 간의 공감정치가 절대적으로 요청된다.

기존의 운동정치를 넘어선 좀더 구체적이고 실질적인 대안을 발굴하기 위한 운동의 혁신과 변화의 노력이 사회적 기업과 사회적 협동조합 건설과정에서 꾸준히 나타나고 있다. 그리고 이것은 지역사회에만 국한된 과정이 아니라 전지구적 차원의 연대활동에도 그대로 적용된다. 지구시민사회를 이끌어갈 세계시민에 대한 비전을 견지하고 이를 구현하기 위해서는 무엇보다도 세대 간의 격차를 극복하는 것이 매우 중요하다. 부연하면 세계시민으로 다시 서기 위해서는 국제연대의 전문화가 필요하며 그 핵심에는 세대 간 계승, 청년세대의 중요성, 이념에서 대안으로의 전환, 그리고 지속가능한 연대활동을 구축하는 것이다. 세계시민으로 굳건히 서기 위해 한국 시민사회는 더 이상 머뭇거릴 시간이 없다.

10

착한 소비를 통한
사회적 경제

이탈리아의
사회적 경제 현장 엿보기

2012년의 화두는 단연코 협동조합이다. 유엔은 2012년을 '세계협동조합의 해'로 정했으며, 반기문 유엔 사무총장은 "협동조합은 경제발전과 사회적 책임이라는 두 마리 토끼를 잡아야 한다는 것을 국제사회에 지속적으로 알려주는 조언자"라고 강조했다. 2008년 세계 금융위기 이후 신자유주의 시장경제에 대한 대안으로 협동조합과 사회적 경제에 대한 관심이 전지구적으로 커지고 있으며, 특히 한국사회에서는 가히 유행병처럼 협동조합 담론이 확산되고 있다. 이를 반영하듯 2012년 12월의 협동조합법 시행에 앞서 중앙부처는 물론 지방자치단체에서는 사회적 기업 및 협동조합과 관련된 다채로운 행사 ─ 포럼, 심포지엄, 박람회, 캠프 등 ─ 를 경쟁적으로 쏟아내며, 제도 및 조직 정비를 매우 빠르게 진행했다. 이러한 모습은 또하나의 속도전을 방불케 하는 한국형 대안경제 모델의 준비과정이라고 할 수 있다. 우리에게 모범이 될 만한 사회적 경제 프로그램을 수십 년 동안 실천해온 유럽 전문가들에게 이와 같은 한국의 위로부터의 전략은 매우 흥미로운 관찰대상이다.

영국 소비자 협동조합 그룹인 'The Co-operative'의 로고. (ⓒ David Cheskin / PA wire)

사실 2007년 제정된 〈사회적 기업 육성법〉은 '우리 사회에 충분하게 공급되지 못하는 사회서비스를 확충하고, 새로운 일자리를 창출함으로써 사회통합과 국민의 삶의 질 향상에 이바지 한다'는 목적으로 시행되었다. 그 연장선에서 2011년 말 〈협동조합 기본법〉이 제정되어 2012년 12월부터 시행되고 있다. 이 법은 '자주적, 자립적, 자치적 협동조합 활동을 촉진하고, 사회통합과 국민경제의 균형 있는 발전에 이바지 한다'는 목적으로 제정되었다. 이처럼 국내외적으로 협동조합에 대한 관심이 고조되면서 우리 사회도 사회의 분열과 갈등을 딛고 사회통합과 공동체의 회복을 추동할 견인차로서 협동조합을 바라보기 시작하였다.

하지만 우리는 아직 사회적 기업과 사회적 협동조합에 대한 이해가 매우 부족하며, 그것에 대한 실천 경험이 일천하다. 비록 정부 주도로 사회적 기업 육성정책이 적극 추진되었으나 아직까지 민간의 자율적 역량은 매우 약한 수준이며, 정부 및 지방자치단체, 기업, 시민사회 간의 협력 거버넌스는 기형적 구조를 형성하고 있다. 혹자는 한국의 사회적 기업 정책에 대한 중간평가를 한다면 "양적 성장과 질적 지체, 민간의 정부의존성 강화와 민간 네트워크의 부실, 더 나아가 한국형 사회적 기업 모델 부재 상황"일 것이라고 일갈한다.

그렇다면 한국에서의 사회적 기업, 사회적 협동조합의 활성화는 요원한 과제인가? 이런 문제의식 속에서 씨름하던 차에 2012년 8월 협동조합의 역사에서 가장 오랜 전통과 실천을 자랑하는 이탈리아 북부지역을 방문하는 기회를 얻게 되었다. 우리는 협동조합의 도시라고 할 수 있는 볼로냐Bologna와 협동조합 연구 및 전통이 강한 트렌토Trento에 방문하기로 했다. 그러나 방문 전에 예상치 못한 난관에 부딪혔다. 방문시기가 8월 휴가철인 것도 문제였지만, 한국 사람의 방문 및 인터뷰 요청에 대한 섭외가 어렵다는 것이었다.

그러나 이탈리아 현지방문에 앞서 전문가들과의 사전 자문회의를 진행하면서 그것이 현실임을 곧 깨닫게 되었다. 지난 몇 년 동안 에밀리아로마냐Emilia Romana 지역에서 활동하는 대표적 협동조합과 조합연맹들은 쇄도하는 한국인들의 인터뷰 및 방문 요청에 대해 처음에는 반갑게 받아들였다. 그러나 그것이 반복되면서 점점

'협동조합의 성지'라고 불리는 이탈리아 트렌토의 전경. (ⓒ 공석기)

부담감이 생기고, 심지어 최근에는 인터뷰 불가라는 답신을 보낼 정도라고 한다. 지난 몇 년 동안 이탈리아 북부지역을 방문한 정부 및 지방자치단체, 기업, 시민단체, 언론 및 방송매체, 학자의 수가 수백 명은 족히 넘는다고 하니 이탈리아 현지 교민들과 이탈리아 조합 관계자들도 놀라지 않을 수 없었던 것이다. 이것은 한국 사회의 사회적 경제 혹은 사회적 협동조합에 대한 관심이 폭발적으로 증가하고 있음을 방증하는 것이기도 하다. 초기 방문자들은 현지 관계자들의 극진한 대우와 자세한 설명 및 현지 안내에 감탄하였지만, 이것이 점차 축소되어 최근에는 간략한 조합설명회 정도에 그치는 경우가 많다고 한다.

이제는 막연한 탐방 수준을 넘어 주제를 가지고 구체적인 현장을 방문하고 그들의 삶 속에서 체화된 조합활동을 배우는 주제 프로그램이 필요하다. 예컨대 이탈리아에서 진행되는 'Slow Food 협동조합 프로그램'과 같은 현장을 구체적으로 체험하는 것이 바람직한 방향이라는 것이 현지의 반응이었다.

우리 역시 사전에 10여 개의 협동조합 방문을 요청했지만 인터뷰 섭외가 성사된 곳은 이탈리아 볼로냐 지역 운송협동조합 CFP^{Cooperative Facchini Portabagagli}와 자매조합인 이탈리아 볼로냐 청과물운송조합 COFAMO^{Cooperative Facchini Mercato Ortofrutticolo} 둘 뿐이었다. 다행히도 이 조합은 볼로냐 시 외곽에 새로운 건물을 짓고 이사한 터라 우리가 첫 한국인 방문객이었다. 먼저 눈에 띈 것은 조합 건물 자체에 이미 사회적 가치가 스며 있다는 사실이다. 친환경 자재를 사용했으며, 태양광을 설치해 에너지 효율을 높였고, 사무실 옆에 위치한 화물운송 작업장은 자연채광을 적극적으로 활용하는 등 쾌적한 작업환경을 갖추고 있었다. 특히 조합원의 면면을 보면 행정, 회계, 인사, 후생복지 등의 사무직 업무 대부분을 40대 중후반의 여성들이 담당하고 있었다.

지오바니^{Giovanni} 부회장은 인터뷰 중에 과거에는 주먹구구식으로 조합 회계를 다루었던 것이 경영상의 어려움을 겪은 중요한 원인이라고 강조한다. 또한 1인 1표 민주적 원칙에 따라 모든 의사결정이 이루어지면서 혹여 열심히 일하는 소수가 적당히 일하는 다수의 조합원을 먹여 살리는 것이 아니냐는 조합원 간의 불신이 존재했음을 솔직히 얘기했다. 그러나 볼로냐 운송조합은 끊임없는 내부 조직 변화를 위한 노력을 경주함과 동시에 엄격한 조합원 가입요건, 전문스태프 고용이것은 이탈리아 협동조합법에서 최근에 강제한 조건이기도 함 등을 통해서 위의 어려움을 극복하고 있으며, 특히 아직까지는 점증하는 외부 경쟁기업들의 압박을 잘 견디고 있다고 한다. 정책결정 과정에 참여하냐는 질문에 대해서는 운송조합이 소속된 상위 연맹단체인 레가꿉 연맹Legacoop Bologna이 자신을 대표해서 정치적 압력 및 로비활동을 적극적으로 전개할 수 있도록 지원을 아끼지 않는다고 한다. 다시 말해, 조합 간 네트워크 협의체와 소속단체의 역할 분업이 확실히 이루어지고 있어 자신들은 특별한 이슈가 아닌 이상 정치적 활동이나 정책결정 과정에 직접 개입하는 것은 원칙적으로 멀리하고 있다고 한다.

물론 만만치 않은 도전과제가 계속 부상하고 있음을 지오바니 부회장도 인정한다. 하나는 신자유주의 세계화의 영향이고, 다른 하나는 후속세대의 양성 및 연대활동 강화이다. 지금까지 이탈리아 북부 특히 볼로냐 지역의 운송사업 부문에서는 CFP의 다양한 사업개발과 지역 조합과의 연대활동을 통해 그렇게 큰 타격을 입지 않았다. 그러나 점차 초국적 기업들이 이 지역의 사업권 입찰에 도전하는 상황에서 과연 정부나 지방자치단체가 얼마나 지역 협동조합에 유리한 입장을 견지할 것인가에 대해서는 알 수 없다. 비록, CFP 스스로 내부 경쟁력을 키우기 위해 끊임없이 노력하고, 대형 은행 혹은 보험사들로부터 서류운송 업무를 일임받고 있기는 하지만, 초국적 경쟁업체에 넘어가지 않으리라는 보장은 없다.

한편 더 큰 문제는 협동조합의 가치와 중요성을 깨닫고 자연스럽게 협동조합과의 관계 맺기를 하는 후속세대가 점차 줄어들고 있다는 것이다. 지오바니 자신도 아버지가 조합원이었고 조합버스를 타고 학교를 다녔고 조합이 운영하는 마켓에서 생활필수품을 구매하고 조합이 운영하는 회사에 근무하며 조합에서 운영하는 커피숍과 서점을 이용하면서 자랐다고 한다. 말 그대로 협동조합 속에서 살아온 인생이기에 이것을 넘어선 삶을 상상하기란 매우 어려운 것이다. 그러나 과연 자녀세대가 어느 정도나 조합에 깊이 밀착된 삶을 살지에 대해서는 장담할 수 없는 상황이라고 한다. 세계화 과정을 통해 지역을 넘어선 생활권이 형성되고, 지역을 넘어선 경제활동, 그리고 지역의 경계를 넘어선 사업 경쟁이 강화되면서 지역의 젊은 세대가 조합가입을 어느 정도나 선호할지가 현재 볼로냐 지역의 조합들이 공통적으로 마주한 가장 큰 도전과제라고 한다.

그러나 이탈리아 북부지역만 하더라도 협동조합으로 운영되는 사업체가 매우 많고, 그 문화가 뿌리 깊게 자리 잡고 있어서 후속세대를 동원하는 새로운 혁신과 전략 개발도 무난히 진행되리라는 낙관적 입장을 가진 사람들도 많다. 문제는 이러한 사회적 협동조합 전통의 혜택을 이탈리아 북부지역만 누려야 하는가이다. 인터뷰 말미에 혹시 이런 조합의 경험을 전지구적으로 확산시켜서 이탈리아 조합의 도움이 필요한 지역과의 국제연대 사업을 적극적으로 추진할 계획이 있느냐는 도전적 질문을 던졌다. 지오바니 부회장은 개인적으로 이번 인터뷰를 통해서 영어공부를 다시 열심히 해야겠다는 다짐을 했다고 한다. 이탈리아 그것도 북부지역에 한정되어 연대활동을 하는 것이 전부라고 생각했기에 영어를 많이 잊어버렸다는 것이다. 하지만 이제는 사회적 경제에 대한 필요성이 확산되고 그 경험을 함께 나누기 원하는 많은 지역 및 공동체가 있다는 사실을 새삼 깨달았으며 영어의 필요성을 절감한다. 물론 바로 국제연대 사업을 추진하기보다는 사회적 경제 혹은 협동조합 경험을 전지구적으로 확산시키는 것이 중요 과제라며 '의식의 확산'raising consciousness이 조합원 간에 먼저 이루어져야 함을 강조했다.

볼로냐 시를 거쳐 방문한 곳은 트렌토였다. 트렌토는 이탈리아 북부 산간지역에 위치한 자그마한 도시로 전통적으로 사회주의 운동과 가톨릭 신앙의 영향을 강하게 받아 사회적 협동조합이 단단하게 뿌리내린 곳이다. 유럽연합의 협동조합 연구센터European Research Institute on Cooperative and Social Enterprises가 있고, OECD의 지역경제 활성화 및 고용증진을 위한 프로그램 센터OECD LEED가 위치해 있을 정도로 트렌토는 사회적 경제에 대한 정책연구의 본부라고 말할 수 있다. 그곳에서 만난 엠마 클래런스Emma Clarence 박사는 한국의 사회적 경제에 대한 관심과 정부의 의욕적 정책집행에 크게 놀라고 있었다. 그녀는 사회적 경제의 핵심문제는 돈이 아니

트렌토 시내 대형 협동조합 매장. 이탈리아에서는 사람들이 장보러 "콥에 간다"고 말한다.(ⓒ 공석기)

라 프로그램이며, 그 프로그램을 수용하는 지역주민의 욕구와 참여라고 강조한다. 작은 시골도시에 어떻게 사회적 경제 관련 국제연구 조직이 자리 잡게 되었냐고 묻자 그녀는 트렌토의 오랜 사회적 협동조합 전통과 풍부한 사업 경험도 중요한 이유이지만, 트렌토 지방 정부에서 이러한 국제 연구기관에 건물을 제공하는 등 여러 가지 혜택을 준 것이 이곳에 둥지를 튼 가장 큰 이유라고 답했다. 이처럼 지방자치단체의 사회적 경제에 대한 적극적 지원과 투자 그리고 수십 년에 걸친 협동조합 활동 경험이 지역주민들로 하여금 협동조합 이외의 경제 활동에 큰 매력을 갖지 못하게 만든 것이다.

특별히 여느 대도시에서 쉽게 볼 수 있는 대형 마트 크기의 생활협동조합 마트가 트렌토 시내에 자리 잡고 있다는 사실 하나만으로도 협동조합의 조직 운영과 사업 규모를 쉽게 가늠할 수 있었다. 만약 우리도 어려서부터 협동조합의 환경 속에서 살아왔다면 어떠했을까? 사회적 경제의 중요성은 물론 사회적 문제에 대한 공동 대응, 상호부조, 지역 공동체의 중요성, 상호 신뢰, 윤리적 소비, 로컬푸드 운동, 지역 농산물 가격 보장을 통한 농민, 농업, 그리고 농촌 공동체 유지 등에 대한 중요성을 굳이 강조하지 않아도 일상생활 속에서 자연스럽게 체득하지 않았을까? 우리는 너무 쉽게 마을과 지역 공동체를 해체시켰고, 자본주의 세계경제라는 무한경쟁 체계 속으로 준비 없이 뛰어든 것이 아닌지 안타까움을 다시금 마음속 깊이 묻게 되었다.

그렇다면 우리의 대안은 무엇일까? 그 실마리를 '윤리적 소비자'ethical consumer의 책임 있는 활동에서 찾고자 한다.

사회적 기업, 협동조합, 그리고 윤리적 소비

삶에서 의미를 찾고자 하는 활동 및 경향이 있는 것처럼 소비에서도 사회적 의미에 무게를 두고 소비하는 행위가 있다. 그것이 바로 윤리적 소비이다. 윤리적 소비의 중요 특징은 소비의 기준이 가격보다는 가치를 우선한다는 것이다. 예컨대, 취약계층이 생산한 상품에 대해 관심을 갖고 그것을 우선적으로 구매한다거나 안전한 먹을거리를 확보한다는 차원에서 지역 유기농가의 농산물을 지속적으로 구매하는 것은 자신의 건강을 챙기는 동시에 이타적 관점에서 사회적 가치를 우선시하는 소비활동이다. 소비자들은 개인의 만족보다는 지역 공동체를 생각하며, 이러한 소비활동을 통해서 삶의 행복감을 늘릴 수 있는 것이다. 이처럼 윤리적 소비는 과거에 비해 훨씬 더 쉽고 다양한 형태로 발전하고 있다. 물론 시민들이 바로 윤리적 소비를 선택하는 것은 아니다. 공적이고 사회적인 이익과 개인의 이익 간의 긴장 국면에서 대부분은 개인의 이익을 선택할 수밖에 없음은 부정할 수 없는 사실이다.

그러나 친환경 유기농산물 구매처럼 두 가지 이익이 어느 정도 겹치는 경우에는, 윤리적 소비로 쉽게 전환할 수 있게 된다. 사람들은 일정 정도의 소득수준을 넘게 되면 저가의 식품보다는 좀더 안전한 식품구매를 추구한다. 특히 소비를 주도하는 주부의 경우 가족의 안전과 건강을 중시하면서 안전하게 먹을 권리를 점차 소비의 최우선 가치로 삼게 되었다. 기업들도 이러한 욕구를 충족시키고자 윤리적 소비시장을 겨냥한 상품을 집중적으로 생산하며, 다양한 홍보 이미지를 동원하여 기업의 사회적 책임은 물론 새로운 시장을 확보하는 이중의 효과를 지향하기도 한다. 이렇듯 식품 안전을 추구하는 개인적 소비가 농업과 환경보호에 도움이 되며 궁극적으로 사회적 이익을 증가시키는 방향에서 사익과 공익이 공존하게 되면서 사회적 기업은 물론 협동조합 더 나아가 일반 기업들이 이 시장을 놓고 서로 경쟁하게 되었다.

그러나 무엇보다 윤리적 소비를 주도하는 것은 협동조합이다. 일정 지역공간 안에서 윤리적 소비, 친환경적 소비 혹은 착한 소비를 지속적으로 추동할 수 있는 것이 바로 협동조합인 것이다. 만약 협동조합이 조합원만의 이익만을 추구한다면 그것 역시 제한이 있을 수밖에 없다. 조합원을 넘어선 비조합원까지 혜택을 줄 수 있으며 그것이 사회통합으로 이어질 수 있도록 노력하는 것이 바로 사회적 협동조합의 궁극적 목표인 것이다. 그러나 조합원들이 이러한 사회적 가치에 지속적 관심을 가지도록 단순히 조합원의 결의나 교육 혹은 홍보활동에만 의존한다면 한계에 부딪칠 수밖에 없다. 우리는 본래 호모 이코노미쿠스경제적 인간이기에 교육과 합의만으로는 사람들의 소비를 유인하기가 어렵다.

협동조합원들이 과연 어떤 관심과 욕구를 가졌는지, 그 변화무쌍한 트렌드를 꾸준히 파악하는 것이 중요하다. 2007년 한 조사에서 한국주부들의 관심사 우선순위는 쉽게 예상하는 것처럼 교육, 주거, 그리고 식품 순으로 나타났다. 이러한 욕구를 해소하기 위해 과연 어떻게 사회적 의미와 가치를 배태시킨 윤리적 소비패턴을 만들어낼 수 있는지가 매우 중요하다. 그 패턴을 관통하는 윤리적 소비 기준은 바로 인간과 노동을 고려하는 것, 식품의 안전을 고려하는 것 그리고 농업과 환경의 관계를 고려하는 것이다. 이 3가지 기준하에서 과연 이 소비가 윤리적인가 아닌가를 가름할 수 있는 것이다.

그렇다면 사회적 협동조합의 선구자인 이탈리아의 윤리적 소비를 견인하는 가치지향은 무엇인가를 살펴볼 필요가 있다. 이탈리아의 사회적 협동조합의 핵심가치는 시장market이 순기능적으로 작동하면서도 동시에 신뢰, 호혜주의, 공평, 민주주의 등의 가치가 필수적으로 구현되는 것이다. 협동조합은 결코 자본주의 기업의 적대자가 아니라 시장 안에서 다른 기업과 동등한 조건하에 시장의 한계를 보완하는 대안으로서 기능한다는 것이다.

상호성과 호혜의 관계 속에서 자본주의 시장경제의 익명성이나 비인격성은 사라지고 함께 생활공간을 공유하며 신뢰의 관계에서 호혜적 관계로 생산, 유통, 그리고 소비활동을 지속할 수 있다는 것이다. 이를 구현하기 위해 가장 중요한 사회적 토대는 바로 문화이다. 그런데 역사의 산물이며 장기적으로 체득된 경험과 교육의 산물인 문화를 이루기 위해서는 세대를 거쳐 이루어지는 '평생주기적 교육'life-cycled education을 주목할 필요가 있다.

만약 우리 사회가 자유 대 정의, 효율성 대 공정성, 사익 대 연대, 독립 대 소속감 등의 관계를 이분법적이며 화해 불가능한 적대적 관계로만 이해한다면 사회적 협동조합이 주도하는 윤리적 소비활동은 요원한 과제일 수밖에 없다. 이제는 소비가 생산을 견인하는 변화에 주목해야 한다. 과거 소비가 생산에 종속되던 역사적 경향이 이제는 역전되고 있다. 소비자가 구매하고자 하는 재화의 특성과 그 재화의 생산과정에 대한 모든 정보 그리고 평가에 이르기까지 소비자는 이 모든 것을 요구하고 확보할 권리가 있다. 이러한 '소비자 주권'consumer rights이 보장하게 되는 이른바 '소비자 주권 시대', 즉 사회적으로 책임 있는 행동을 해야 하는 소비자들의 주권 시대가 온 것이다.

더 이상 사회적 책임social responsibility을 기업만 감당해야 하는 것으로 생각하지 말아야 한다. 이제는 소비자인 시민 스스로가 자신을 가치 있는 존재로 인식하면서 구매 권력consuming power을 적극적으로 행사하는 사회적 책임을 다해야 한다. 이탈리아의 사회적 협동조합의 성공이유를 단순히 경제적 활동, 자기혁신의 측면에서 보기보다는 이러한 가치의 변화, 소비자의 의식변화 맥락에서 찾을 필요가 있다. 더 많은 시민 소비자들이 주권자가 되어 각자의 사회적 책임을 더욱 심각하게 의식하면 할수록 협동조합이 성장할 수 있는 가능성이 커지는 것이다. 이것이 한국 협동조합의 미래를 결정지을 핵심 자원인 것이다.

윤리적 소비의 주역 및 과제

세계경제가 요동치고 있다. 불황의 어두운 그림자가 점차 확대되어 미국에서 유럽을 거쳐 점차 아시아로 이동하고 있다는 불편한 경고가 연일 계속된다. 그런데도 이러한 불황과 고물가 시대에도 불구하고 틈새시장으로 새롭게 자리 잡고 있는 윤리적 소비시장을 주목할 수 있다. 앞서 강조했듯이 윤리적 소비란 상품을 선택하는 기준으로 가격과 품질뿐만 아니라 상품 생산과정은 물론 그 지역의 사회문화 및 생태계까지 고려하는 것을 말한다. 아무리 가격이 싸고 품질이 좋다 하더라도 반인권적 혹은 반환경적 방법을 동원하여 생산된 상품이라면 구매하지 않는 소비층이 확대되고 있다. 흥미로운 것은 이성적 소비 혹은 윤리적 소비가 불황의 전운 속에서도 꾸준히 성장세를 보이고 있다는 점이다. 과연 이러한 윤리적 혹은 착한 소비를 견인하는 사람들은 누구인가?

한 조사에 따르면 윤리적 소비의 주역은 40대의 여성주부이며 교육 및 소득수준이 상대적으로 높은 중상류층으로 드러났다. 이들은 다른 연령대에 비해 윤리적 소비, 즉 추가비용premium을 지불할 능력을 갖추었다. 이들은 사회적 가치에 무게중심을 두고 소비행위를 통해 삶의 의미를 찾는 경향이 높기 때문에 윤리적 소비에 높은 관심을 보인다. 부연하면 이들은 자연환경의 지속가능성만이 아니라 사회의 지속가능성까지도 소비행위에서 고려하는 것이다. 사회의 취약계층이 생산한 물품을 우선적으로 구매하는 것은 사회통합의 차원에서 가치지향적 소비행위이며, 더 나아가 국경을 넘어 저개발 국가의 농산물 혹은 특산품을 우선적으로 구매하는 공정무역의 노력은 전지구적 차원의 연대 정신을 실현하는 또 다른 윤리적 소비 행위인 것이다. 특히 같은 조건하에서도 남성보다는 여성이 윤리적 소비의 주요 행위자인 이유는 가족의 소비생활에 여성이 더 관심을 갖고 있으며 소비의 주요 결정권자가 가족 중에서 대부분 여성주부이기 때문이다.

선진국의 경우, 윤리적 소비에서 단연코 우세한 것은 먹을거리이다. 그중에서도 음식과 음료에 대한 착한 소비가 가장 두드러지는데 그 물품의 대부분은 유기농

캐나다 브리티시컬럼비아 주 빅토리아 시의 Moss Street Market.
지역 유기농산품과 지역민이 만든 수공예품이 판매된다. (출처 : mossstreetmarket.com)

으로 만든 식품들이다. 앞서 강조한 것처럼 윤리적 소비자는 기업에도 매우 매력적인 대상이다. 기업은 윤리적 제품과 서비스를 고객에게 제공하는 행위를 통해 사회적 책임을 실천할 뿐만 아니라 경제적 이익도 얻기 때문이다. 영국의 생활협동조합 은행협회의 〈2008 윤리적 소비 보고서〉Ethical Consumerism Report 2008에 따르면 지난 10년간 윤리적 소비1999~2008년에서 윤리적 제품과 서비스에 대한 소비가 약 3배 가까이 증가한 것으로 나타났다. 영국 전체의 윤리적 시장의 매출 규모는 1999년 135억 파운드에서 2008년에는 360억 파운드로 증가했다. 특히 공정무역 제품은 지난 10년간 30배 이상 증가한 것으로 나타났다. 윤리적 소비 구매액은 2008년 가족 평균 735파운드로 1999년의 241파운드보다 3배 이상 증가하였고, 그 중에서도 음식 및 음료, 친환경 여행 및 운송 그리고 녹색가정, 친환경 에너지 소비 등에서 비약적 지출 증가를 보였다.

이러한 선진국의 경험이 한국에서도 동일하게 나타나고 있을까? 비록 규모는 작지만 긍정적 신호를 확인할 수 있다. 2002년 이후 국내 최초로 공정무역을 시작한 '아름다운 가게'의 매출 규모를 보면 최근 들어 비약적 증가세$^{200~300\%}$를 보이고 있다. 2007년 3억 2천만 원에서 2010년에는 29억 7,500만 원으로 3년 만에 거의 9배나 증가하였다. 대표적 공정무역 상품인 커피브랜드 '아름다운 커피'는 초기에 네팔에서 생산한 '히말라야의 선물'에서 시작되어 페루산 커피, '안데스의 선물', 그리고 우간다산 커피, '킬리만자로의 선물'까지 이어지고 있으며 최근에는 공정무역 커피믹스까지 판매한다.

한편 국내에서도 윤리적 소비행위를 확대하기 위한 새로운 캠페인, 즉 사회적 기업 제품에 대한 윤리적 소비 캠페인이 민-관-기업 협력사업으로 추진되고 있다. 한국 사회적 기업 진흥원은 사회적 기업 제품을 추석명절 기념품으로 특별 판매하는 사업을 기획하였다. 물론 대부분은 유기농, 친환경, 공정무역 제품이며, 사회적 취약계층이 생산한 제품이다. 이러한 제품을 구입하는 것이 소비자 시민의 단순한 개인 건강과 안전을 넘어서 사회적 가치를 구현하는 윤리적 소비임에는 틀림없다. 그러나 혹여 이것이 관주도의 강압적 판촉행사로 이어질 경우, 사회적 기업의 자생력을 키우기보다는 외부 의존성을 강화하는 역효과를 낳을 수 있음을 경계해야 한다. 소비자 시민들이 자발적으로 착한 소비를 할 수 있도록 유도하는 다양한 프로그램을 개발하는 것이 우선이지 정부의 직접적 개입을 통한 상품 판촉행사는 주의를 요한다. 요컨대, 사회의 지속가능성을 최우선 과제로 삼는 협동조합의 윤리적 소비는 이처럼 자발성에 기초한 아래로부터의 확산이 전제되어야 한다.

그렇다면 윤리적 소비가 지속가능하기 위해서는 향후 어떤 부문에 주목해야 할까? 사실 윤리적 소비에 대한 향후 과제는 어느 하나로 정해져 있는 것은 아니다. 급변하는 사회변화 과정에서 요구되는 다양한 사안을 해결하는 쪽으로 윤리적 소비의 방향이 맞추어져야 한다. 현재 우리가 고민해야 할 과제로는 우선 우리 사회를 옥죄고 있는 비인간적 교육 문제를 들 수 있다. 또한 고령화 및 핵가족 사회를 대비하는 사회서비스를 개발해야 하며, 더 나아가서는 세계 식량체계의 불안정성

공정무역을 지향하는 'Fair Trade Resource Network'가 운영하는 매장 내부 모습.
(출처 : fairtraderesource.org)

속에서 안전한 먹거리를 확보할 수 있는 지속가능한 친환경 유기농업을 확대해야 하고, 인간적이고 생산적인 일자리를 마련해야 한다. 향후 이러한 사회적 사안에 부응하는 제품에 대한 윤리적 소비가 꾸준히 성장할 수 있는 풍토가 조성되는 것이 무엇보다 중요할 것이다.

착한 소비, 공정무역
그리고 원조의 뒤안길

한편 전지구적 맥락에서 논의되는 윤리적 소비와 공정무역의 향후과제는 무엇일까? 혹시 앞서 소개한 공정무역 커피 사례를 놓고 윤리적 소비, 공정무역 그리고 원조의 관계가 아무 장애물 없이 선순환적으로 작동할 것이라고 믿는다면 그것은 너무나도 순진한 생각이다. 저개발 국가의 빈곤문제를 돕고자 원조를 하고, 그 일환으로 공정무역 제품을 적극적으로 구매하는 윤리적 소비가 저개발 국가의 빈곤문제를 해결하기보다는 오히려 빈곤을 더욱 악화시키는 결과를 가져온다면 어떻게 할 것인가? 윤리적 소비자들은 우리가 현명한 소비를 통해 바다 너머 절대빈곤의 생산자를 도울 수 있고 이것이 궁극적으로 세상을 조금씩 바꿀 수 있다는 소망을 갖고 공정무역 커피를 열심히 구매한다.

그런데 원조의 문제를 신랄하게 비판한 잠비아 출신의 여성 경제학자, 담비사 모요Dambisa Moyo는 자신의 책 《죽은 원조》Dead Aid에서 "원조는 허구다"라고 주장했다. 그녀는 사하라 사막 이남의 국가들이 1970년대 이래 개발원조금으로 3천억 달러 이상을 받아왔음에도 불구하고 끝이 없어 보이는 부패와 질병, 빈곤, 원조 의존의 악순환 속에서 헤어 나오지 못하고 허우적대는 핵심 원인이 바로 원조에 있다고 말한다. 사실 아프리카는 수천 개의 종족으로 이루어진 하나의 대륙이지 과거 선진국들이 자로 재듯 몇 개의 국가들로 나눈 것처럼 국경을 구분해서는 안 된다. 그동안 아프리카는 지리적, 역사적, 문화적, 민족적, 제도적 요인들이 복합적으로 작용하면서 지속적으로 성장의 어려움을 겪었다. 그러나 그녀는 이러한 요인들이 아프리카를 가난하게 만드는 충분조건이 아니며 아프리카 빈곤국들의 공통원인은 바로 국가원조와 연결된다고 주장한다. 안타깝게도 오늘날 원조는 하나의 문화상품이 되고 말았다. 그녀는 원조 없이 개발을 이루어낼 수 있는 개발모델을 발굴하는 것이 아프리카의 최대과제임을 주장한다.

모기장 원조 사례를 살펴보자. 아프리카의 치명적 질병인 말라리아는 모기에 의해 전염된다. 이를 극복하고자 아프리카 현지 모기장 제조업자들은 어렵게 생산량을 맞추어가며 조금씩 성장의 길을 걷고 있었다. 그러나 말라리아 피해를 막고자 국제원조 기구는 대량의 모기장을 수입하는 데 지원금을 할당하였고 그 결과 아프리카 제조업자는 파산하고 말았다. 일시적으로 말라리아 환자 수는 줄어들 수 있지만 5년 후의 모습을 상상하면 이러한 단기적 해외원조는 큰 문제를 낳고 있음을 주목해야 한다. 수입 모기장은 5년 안에 찢어지고 망가질 것이며 이를 대체할 지원금이 없다면 말라리아는 다시 창궐한 것이다. 그러나 이에 대처할 아프리카 현지 모기장 제조업자는 사라지고 없는 상황이다. 이것이 바로 미시와 거시 차원에서의 원조의 역설적 상황이라고 담비사는 일갈한다.

이처럼 일시적 효과를 노린 단기 개입적 해외원조는 아프리카 현지의 지속가능

발전 과정을 약화시킬 위험이 있음을 우리는 경계해야 한다. 원조효과에 대한 충분한 이해 없이 원조에 참여하거나 공정무역 제품을 무조건 소비하는 것을 지양하고 반드시 먼저 그 지역주민에게 도움이 되는지 따져보는 것이 올바른 접근일 것이다. 다시 말해 원조의 효과를 기대하고 적극적으로 참여하는 전지구적 차원의 윤리적 소비가 과연 해당국가 및 지역에서 장기적이고도 지속가능한 성장에 얼마나 기여하는지 그리고 지속가능한 방법으로 많은 사람들을 빈곤으로부터 구제할 수 있는지를 보고 추진되어야 하는 것이다. 현지의 목소리를 무시한 채 우리의 생각과 방식대로 일방적으로 전개하는 윤리적 소비 혹은 공정무역은 오히려 해가 될 수 있음을 주목할 필요가 있다.

안타깝게도 아프리카의 많은 지역은 서구 선진국이 이끌어가는 전지구적 차원의 윤리적 소비 효과를 거의 누리지 못하고 있다. 한국 시민사회도 이러한 문제점을 직시할 필요가 있다. 성찰적 자세로 원조, 공정무역, 그리고 윤리적 소비의 관계를 올바로 진단하고 늘 현지의 목소리에 귀를 기울이는 노력을 해야 할 것이다. 이런 것이 전제되지 않는다면 지구시민으로서의 아름다운 거래행위가 도움은커녕 오히려 독毒이 될 수 있을 것이다. 이제 한국 시민사회도 전지구적 차원의 윤리적 소비자로서 소비를 넘어 생산과 유통까지 신뢰의 연결망을 복원하는 데 적극 나서야 할 때이다.

11

상생을 위한
마을 공동체

가치를 먹고 사는 사람들

신자유주의 세계화는 우리를 사회적 양극화의 수렁 속으로 더욱 깊이 빠뜨리고 있다. 앞에서는 대안세계화 실천 프로젝트로서 '세계시민'과 '윤리적 소비자'로 다시 설 것을 제안하였다. 이번 마당에서는 마을 및 지역 공동체를 이루는 사람들에게서 그 희망의 씨앗을 찾고자 한다. 대안경제 혹은 대안세계화는 위로부터 거시적 시스템을 도입하는 것만으로 이루어지는 것이 아니다. 그보다는 지역의 역사, 문화, 전통, 가치, 기억의 맥락에 기초한 공동체를 이루는 사람들의 협력과정에서 답을 찾아야 한다. 이제 지역의 공동선을 위해 대안 프로그램에 적극 참여하는 이른바 아래로부터 참여하는 '사람'이 중요한 것이다.

이들은 지역의 최대 이익을 올리고자 경쟁적 관계에 있기보다는 공동선의 극대화를 위해 협력적 관계를 지향한다. 이른바 사회적 가치를 최우선적으로 여기는 것이다. 서구 선진국에서 튼실하게 성장하는 지역 안의 사회적 경제 작동원리 및 협동조합 기업 성장 발전과정에서 이러한 사람들의 사회적 가치를 확인할 수 있다. 2012년 여름 협동조합의 메카로 불리는 이탈리아 볼로냐에 다녀왔다. 많은 협동조합을 방문하지는 못하였지만 사람들의 생활현장 곳곳에서 사회적 협력의 분위기를 확인하였다. 꼭 시골 마을에서나 가능할 것 같은 상호부조의 마을 공동체 문화가 도시 안에서도 충분히 가능할 수 있음을 깨닫게 되었다. 협동조합 기업을 자랑하는 사람들이 공통적으로 강조하는 가치는 다름 아닌 '경쟁이 아닌 협력하는 분위기, 연대정신, 기업문화, 사회적 책임, 그리고 이윤보다 사람을 중시'하는 것이다.

2008년 세계경제 위기 때에도 이탈리아의 협동조합에서는 거의 실직이 없었다. 그것은 협동조합의 가장 큰 목적이 일자리 창출과 안전한 일자리 보장이기 때문이다. 그렇다고 해서 협동조합 기업에 도산의 위험이 전혀 없는 것은 아니다. 도산될 경우 다른 협동조합이 실직자를 고용 승계함으로써 지역 내의 고용불안 문제를 해결하고 지역 내 협동조합 간의 강한 연대정신을 구축하게 된다. 비록 협동조합 기업이 지역 내에서 이윤창출을 위해 끊임없이 혁신을 도모한다 하더라도 가장 중요한

이탈리아 볼로냐의 사회적 협동조합 'cadiai'의 광고 배너. (출처 : cadiai.it)

가치는 조합원, 즉 사람과 그들의 일자리 보장이다. 이런 기업문화 때문에 이탈리아에서는 일반 기업에서 협동조합 기업으로 이직하는 경우가 많다고 한다. 그들은 비록 다른 기업에서 더 많은 연봉을 준다고 하더라도 협동조합으로 이직하기를 강력히 희망한다. 왜냐하면 일반 기업에서는 상시적으로 이루어지는 압박과 경쟁의 분위기 때문에 심한 스트레스를 받기 때문이다. 반면에 협동조합 기업은 서로 돕는 분위기가 강하기 때문에 스트레스를 덜 받게 되고 더욱더 상호 협력하는 기업문화를 만들게 된다. 그 결과 협동조합에 입사하면 이직하는 경우가 줄어들게 된다.

그렇다면 왜 그들은 협동조합에 열광하는 것일까? 단순히 협력적 분위기나 기업문화만으로 설명하기에는 충분하지 못하다. 가장 설득력 있는 대답은 협동조합에서 일하는 사람들은 사회적 책임 혹은 사회적 협동이라는 '사회적 가치'를 먹고 살기에 다른 유혹을 뿌리칠 수 있다는 것이다. 이탈리아 볼로냐의 그라나롤로Granarolo는 낙농협동조합 그란라테Granlatte가 세운 낙농기업으로서 전지구적인 사회적 책임성을 감당하고자 '아프리카 밀크 프로젝트'를 전개하였다. 그라나롤로는 제 2차 세계대전 이후 어려운 경제여건을 헤쳐나갈 수 있게 했던 낙농업의 소중한 경험을 저개발국가에게도 전수하기로 결정하였고 그 첫 대상국가로 탄자니아를 선택하였다. 지난 2004년부터 10년 계획으로 탄자니아 농민을 교육해 낙농기술을 전파하고 협동조합 설립을 지원하고 있으며 이를 통해 탄자니아의 2만 3천 명에 달하는 사람들이 자립할 수 있도록 하는 것을 목표로 지금 활발히 활동중이다.

이탈리아 볼로냐의 협동조합
'camst'는 요리사와 웨이터가
함께 만든 노동자 협동조합이다.
(출처 : francescocorlaita.com/Camst)

　이처럼 자신의 소중한 협동조합 경험을 동원하여 저개발 국가의 취약계층이 자립할 수 있도록 기여하는 것은 삶의 의미와 가치를 확인할 수 있는 매우 귀중한 기회이다. 다시 말해 조합원은 사회적 가치를 구현하는 데 참여했다는 사실에서 협동조합 기업에 애착을 갖고 헌신적으로 참여할 수 있는 원동력을 찾게 된다. 비슷한 맥락에서 다른 은행보다 상대적으로 적은 급여를 받고 있는 덴마크 협동조합 은행 메르쿠루Merkur의 한 직원이 적은 월급에 대해 결코 아쉬워하거나 불만을 토로하기보다는 오히려 "우리 은행에서는 사회적 가치가 급여의 일부예요"라고 당당하게 말하는 것은 지역사회에 뿌리를 둔 협동조합 기업 종사자의 참으로 아름다운 자신감의 표현이 아닐 수 없다. 우리는 돈으로 환산할 수 없는 사회적 가치를 협동조합 활동을 통해 구현할 수 있고 그것을 통해 삶의 보람을 느낄 수 있기 때문에 사회적 가치를 급여의 일부로 생각할 수 있다는 주장이다. 이처럼 이른바 '가치'를 먹고 사는 사람들이 늘어날수록 지역 공동체의 문제는 더욱 쉽게 해답을 찾을 수 있을 것이다.

　그런데 이러한 사회적 가치를 지향하는 사람들이 꾸준히 늘어나려면 지역 공동체를 이루는 사람들의 의식이 끊임없이 변화해야 한다. 즉, 재사회화 과정이 지속적으로 이루어져야 한다는 것이다. 과거에는 일정한 지역 안에서 필요한 삶의 재화나 서비스를 모두 해결하였다. 그러나 세계화가 확대 및 강화될수록 외부의 재화나 서비스 공급이 증가하고 지역 생산자 및 서비스 공급자와의 경쟁이 강화되면서 지역 경제는 위축되고 심각한 위기를 맞게 되었다. 이런 전지구적 차원의 세계 경제체제로의 편입과정 맥락에서 지역 공동체는 어떤 대응을 해야 하는가?

가치를 먹고 사는 사람들은 지역 문화, 사회적 가치, 정치적 연대의식을 존중하고 협동조합 정신을 발휘하는 방식으로 이에 대응한다. 협동조합이 개인이 혼자 대응할 수 없는 가격경쟁 압력을 극복하기 위해 여럿이 힘을 합치는 것이라면, '협동조합 간의 협력'이란 개별 협동조합이 추진하기 어려운 사업을 협동조합끼리 협력해 이루어가는 것이다. 예컨대, 볼로냐 지역의 유치원 운영사업은 대표적인 협동조합 간의 협력활동이다. 볼로냐의 5개 협동조합 — 사회적 협동조합이자 노동자 협동조합인 카디아이CADIAI, 급식협동조합 캄스트CAMST, 건축협동조합 치페아CIPEA — 이 컨소시엄을 구성해 10개의 유치원 카라박KARABAK을 건축한 것이다.

그러나 지역 공동체 내에서 사회적 가치를 유지하는 것은 결코 쉬운 과제는 아니다. 초국적 기업이 저가로 지속적으로 도전해오고, 지역을 떠나 살고자 하는 젊은 세대의 수가 계속해서 증가한다면 사회적 가치를 공유하는 사람들의 수는 자연스럽게 감소하게 될 것이다. 이러한 문제를 극복하기 위한 유일한 대안은 바로 사회적 가치를 끊임없이 교육하고 일상에서의 연관된 경험의 기회를 제공하는 것이다. 만약 이러한 체험적 지식이 쌓여 있지 않은 사람은 외부의 유혹과 도전에 쉽게 넘어질 수밖에 없다. 협동조합의 성지로 불리는 볼로냐 지역의 협동조합도 동일한 도전을 마주하는 상황이다.

새로운 공동의 기억을
만들어가는 사람들

최근 우리 사회에 '마을 공동체 만들기 사업'이 몇몇 선도적 지방자치단체를 중심으로 본격적으로 진행되고 있다. 마을 만들기 사업의 목적은 일반적으로 '주민들이 중심이 되어 자발적 의지와 참여 속에 마을의 물리적, 사회문화적, 경제적 환경을 종합적으로 개선하여 지속적으로 살아갈 수 있는 공동체를 형성하는 것'으로 정의

서울시는 마을공동체 사업을 시행중이다.
(출처 : 서울시 마을공동체종합지원센터)

된다. 기존의 관주도 마을 개선사업에서 벗어나 지역주민이 직접 계획을 세우고 마을을 변화시키려는 자발적 참여과정이 주목할 만하다. 이를 통해 예상되는 주요사업에는 주거환경 및 공공시설의 개선, 마을기업의 육성, 환경보전 및 개선, 마을자원을 활용한 호혜적 협동조합, 마을 공동체의 복지 증진, 그리고 마을 공동체와 관련된 단체 및 기관의 지원이다. 이에 발맞추어 서울시는 2012년 9월 11일에 은평구 불광동의 옛 국립보건원 자리에 '마을 공동체 지원센터'를 설립하면서 앞으로 '주거, 복지, 문화, 경제공동체' 등 5대 시책 및 68개 사업에 대해 1, 340억 원을 투입할 것을 약속하였다. 박원순 서울시장의 역점사업 중의 하나인 이 '마을 공동체 복원사업'은 "서울시의 골목마다 추억과 삶의 기억들이 남아 있는 도시로 만들 것이며, 이것은 자살과 범죄, 빈곤, 갈등 등 수많은 사회적 문제를 한꺼번에 해결할 수 있는 묘안"이라는 주장에 대해 어느 누구도 거부할 사람은 없을 것이다.

"미래세계의 희망은 모든 활동이 자발적 협력으로 이뤄지는 작고 평화롭고 협력적인 마을에 있다" 라고 강조한 마하트마 간디의 주장처럼 우리 모두는 마을에서 새로운 공동체의 시작을 소망한다. 속도전을 방불케 하는 근대화 ─ 산업화 및 도시화 ─ 과정은 많은 사람들이 이 소중한 마을을 등지게 만들었다. 이제 다시 그 가치를 확인하고 마을 공동체를 만들고자 노력하기 시작했다. 1980년대 말의 민주화를 넘어 1990년대 초 부동산 값이 정점에 다다르고 신도시 중심의 재개발 사업과 최고의 교통사고율을 목도하면서 토건의 도시 개발시대로부터 회귀하여 새로운 시대를 지향하는 소수의 지역생활 운동이 시작되었다. 그러나 1990년대 말 신자유주의 세계화 광풍이 몰아치면서 전지구적 차원에서 경쟁모드가 확산됨으로 인해 우리 삶은 더욱 피폐해졌다. 많은 시민사회단체는 겉으로는 성장하는 것 같지만 속으로는 고통의 상처가 곪아 터질 정도로 심각해졌음을 자각해 본격적으로 지역마을 만들기 운동에 나서기 시작했다. 예컨대, 마을 만들기 모범사례로 평가받는 전라북도 진안군을 비롯해 광주, 부산, 대구, 수원, 성남, 안산 등에서 지난 10여 년동안 마을 만들기 사업이 활발하게 진행되고 있다.

그러나 이것은 아직 시작에 불과하다. 이탈리아 트렌토시의 백여 년간의 지역 공동체 살리기 협동조합 경험은 우리에게 많은 것을 시사한다. 가톨릭 전통 위에서 소외지역 및 취약계층을 지원하는 상호부조의 경험은 최악의 경제상황을 상생적 협력활동을 통해 극복하는 참으로 소중한 '공동의 기억'collective memory을 만들었던 것이다. 트렌토 지역이 지역 공동체 발전연구의 메카로 자리 잡을 수 있었던 것도 바로 이러한 사회적 협동조합 경험에 기초한 공동의 기억을 간직하고 있기 때문이다. 지역에 어떤 어려움이 발생하더라도 과거의 공동 기억에 기초한 상호 신뢰와 협동을 통해 그것을 쉽게 극복할 수 있었다.

이러한 견지에서 현재 우리 사회에서 진행되는 각종 마을 만들기 사업이 진정 과거의 마을 공동체 해체라는 아픈 공동의 기억을 새롭게 대체할 수 있는 '공동의 기억'을 만들 수 있는 장기 비전을 갖고 있는지 면밀히 살펴볼 필요가 있다. 관주도의 방식을 최소화한다고 하더라도 마을 공동체 지원센터라는 중간 지원조직을 통해 이런 저런 행정적 혹은 물질적 지원이 개입될 때 부지불식간에 마을 공동체 사업은 또 하나의 전시성 사업으로 전락할 위험이 도사리고 있다. 주민들의 자각에서 시작된 공동의 노력을 통해 마을지역 공동체를 구성하는 과정에 혹 걸림돌이 될 수 있는 법적, 제도적 장애물을 치워 주는 정도로 지방자치단체의 역할을 제한하는 것이 장기적 관점에서 볼 때 마을 공동체의 자생력과 건강성을 높이는 데 더 바람직한 접근이다.

지방자치단체의 지원과 개입이 없이도 우리 사회에는 자생적으로 이러한 마을 만들기 활동을 시작한 사례가 존재한다. 예를 들어, 윤구병 선생이 1995년에 전라북도 부안군 변산면에서 시작한 '변산생활공동체'가 있다. 변산생활공동체는 처음에는 유기농 농사 위주의 공동체 활동에 집중했지만, 1997년부터는 변산공동체 학교를 개설하여, 오전에는 국어, 영어, 수학 등의 기본지식을 교육하고, 오후에는 농사일, 집짓기, 음식 만들기 등과 같은 일상생활에 필요한 살림 공부를 가르쳤다. 변산 생활공동체는 크게 두 개의 공동체로 구성되어 있다. 하나는 모두 8명이 참여하는 밥상 공동체이며, 다른 하나는 50명으로 구성된 20가구의 마을 공동체이다. 이 공동체의 모습은 아직 초기단계이지만 기초생산공동체를 이루면서 상호 협력하고 공생하는 길을 찾아가고 있기에 아주 소중한 기억을 만들어가는 과정으로 손색이 없다. 향후 변산 지역의 1천 가구, 4천~5천 명의 사람들이 이 공동체에 참여하게 된다면, 윤구병 선생의 소망처럼 지속가능한 미래를 지켜낼 수 있는 새로운 공동체, 즉 땅과 인간의 신체와 정신이 풍성하게 지속되는 새로운 마을이 만들어질 수 있을 것이다.

그렇다면 이러한 마을 공동체가 변두리 시골 지역에서만 가능한 것인가? '성미산 마을'은 시골뿐 아니라 도심 속 마을에서도 호혜와 연대활동을 통해 따뜻하고 착한 경제활동이 실천될 수 있음을 보여주는 곳이다. 이곳은 서울 마포구 성미산 일대의 지역주민들이 이루어가는 도시형 공동체로서 도심 속에서 새로운 공동의 기억을 만들고 있다. 성미산 마을은 1994년 공동육아 어린이집을 시작으로 2,500여 가구가 참여하는 제 1호 마을기업인 '마포두레 생활협동조합'을 운영하며, 12년 과정의 대안학교를 개설하였다. 유기농 가게이자 마을 사랑방인 '동네부엌'과 마을 카페인 '작은 나무', 동네방송국인 '마포 FM' 등을 지역주민들이 직접 운영하기도 한다. 특히 성미산 마을극장은 건물의 지하공간을 극장으로 변환시킨 곳으로 이 공간을 통해 연극, 콘서트, 미술전시, 영화상영, 회의 등을 상시적으로 진행함으로써 이른바 마을사람들의 공공영역이요, 놀이터 역할을 한다.

성미산 마을의 10년 경험에서 발견할 수 있는 가장 중요한 사실은 바로 이 마을은 어떤 마스터플랜 위에서 만들어진 것이 아니라 살아가면서 서로의 문제를 발견하고 토론하고 공감하고, 고민하고, 함께 어려움을 나누고, 협력하고, 때로는 공동의 문제를 가지고 행동으로 옮기는 지속적 과정 속에서 자연스럽게 만들어졌다는 것이다. 결코 어떤 사명감에 의해서 움직이는 것이 아니라 시장이라는 메커니즘에서 채워지지 않는 필요, 즉 육아 문제를 해결하기 위해 협력하였던 것이고 그 과정에서 소

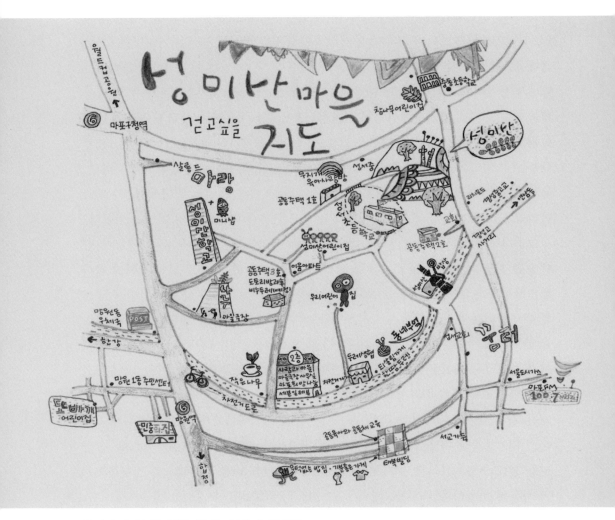

서울시 마포구 '성미산 마을'의 마을지도. (출처 : 성미산 마을)

중한 공동의 기억을 만들어간 것이다. 그것이 기초가 되어 이후 다양한 마을 만들기 사업들이 이어졌다. 성미산 마을의 씨앗이 서울 도심 속 여기저기로 전파되어 그 마을 특색에 맞게 자그만 공동체를 이루어간다면 도심 속 마을 공동체 간의 협동이 도시의 건강성을 담보하는 확실한 에너지가 될 것이다.

헌신에서 혁신의
여정으로 떠나는 사람들

최근 우리 사회에 사회적 양극화로 인해 빈곤층이 확대되자 이에 대한 복지정책이 사회적 이슈로 부상하면서 사회적 기업이 이른바 '생산적 복지모델'로 주목을 받기 시작하였다. 왜 우리 사회가 사회적 기업에 대해 이토록 폭발적인 관심을 가지게 되었는지에 대해서 서구 사회도 어리둥절해할 정도이다. 특히 정부가 적극적인 법적 개선과 대규모 물적 지원을 추진하는 사례는 전 세계 어디에도 존재하지 않는다. 사회적 기업이 올바로 발전하기 위해서는 사회적 기업 생태계가 잘 갖추어져 있어야 한다. 여기에는 사회적 기업가 정신, 적절한 재정지원 체계, 혁신을 견인하는 시장, 시민사회의 지식공유 네트워크, 상호부조의 전통과 협력 능력, 그리고 정치적 지원 등이 포함된다. 이런 맥락에서 볼 때 사회적 기업은 시민사회가 주체가 되어 공익적 활동을 하는, 즉 공공성과 사회적 가치를 중시하는 기업을 의미한다.

　우리 사회는 시민사회 운동의 전통이 강한 사회이다. 오랜 민주화 운동 경험을 통해 강한 시민사회의 속성을 갖게 되었다. 그 과정에 참여한 시민사회 활동가는 공공성과 사회적 가치의 구현이라는 목표 속에 자신의 삶의 전부 혹은 대부분을 쏟아부었다. 이것은 한국사회의 독특하면서도 귀중한 자산이 아닐 수 없다. 이러한 헌신적인 시민사회 활동가가 대안경제 모델인 사회적 기업을 주목하기 시작하였고 사회적 기업에 올인한 몇몇 선구적 활동가의 경우도 쉽게 찾아볼 수 있다. 마을 공동체 만들기 과제를 위해 사회적 기업가로 변신의 여정을 떠난 헌신적 시민사회 운동가를 주목할 필요가 있다. 우리 사회의 역동성은 이러한 헌신적 운동가가 사회적 기업가로 변신하는 모습에서 그 단면을 볼 수 있다.

사실 과거 급진적 운동가에서 점차 사회적 기업가로 변신하는 것을 단순한 변절로 보는 시각은 적절하지 못하다. 과거 급진적 방식으로 민주화를 달성하고자 했던 방식을 넘어 이제는 실질적 민주화를 달성하고자 하는 자기변신의 노력으로 이해하는 것이 타당하다. 그러나 문제는 사회적 기업가로의 변신은 헌신적 노력만으로는 한계가 존재한다는 점이다. 사회적 경제, 경제민주화, 생산적 복지, 지역 공동체 구축, 구성원 간의 신뢰회복을 통한 지역 거버넌스 구축 등과 같은 담론들은 결코 추상적 수준에 머물 수 없으며 구체적 운영 프로그램으로 이어져야 한다. 이를 위해 헌신을 넘어선 혁신이 반드시 결합되어야만 가능하다. 사회적 기업을 새롭게 시작할 때 기존의 네트워크를 적극적으로 활용하는 동시에 체득된 헌신적인 노력을 기반으로 할 때 이들의 사회적 기업은 분명 다른 사회적 기업보다 상대적으로 성공할 가능성이 높다. 그러나 초기의 기업 경영을 위해 자원을 동원하고 조직을 운영할 수 있는 헌신적 리더십이 기업으로서 이윤을 창출하고 나름의 생존전략을 갖추려면 혁신의 방법이 결합되어야 한다. 문제는 이러한 혁신은 결코 저절로 이루어지지 않는다는 점이다.

운동가에서 기업가로 성공적으로 변신하는 경우는 바로 자기 스스로 혁신의 방법을 발굴하고 이것을 기업 경영에 적극 활용하는 경우이다. 일례로 충북 청원의 한 사회적 기업플라스틱 페트병 재활용 사업장의 대표의 경우를 살펴보자. 그는 지역 시민사회 운동부문에서 다양한 활동을 하다가 사회적 기업에 매력을 느끼고 적극적으로 참여한 이후, 밑바닥에서부터 일을 배우기 시작하였고, 사업 전 과정에 대한 이해를 토대로 사업장의 혁신을 끊임없이 시도함으로써 보다 큰 이윤을 창출했다. 또한 새로운 사업을 추진하는 과정을 경험하면서 사회적 기업이 단순한 헌신만으로는 다른 기업과의 경쟁에서 결코 살아남을 수 없음을 강조하였다. 물론 지방자치단체의 행정적 지원이 사업을 수행하는 데 큰 도움이 될 수 있지만 그것이 때로는 독이 될 수 있음을 경계해야 한다.

한편 사회적 기업가로 변신한 운동가가 과거처럼 정부나 지방자치단체와의 거리

두기 경험을 지속한다면 지역 내 공동체 구축과정에 제한적 역할만을 할 수밖에 없다. 사회적 기업이 발전하기 위해서는 시민사회 진영과의 꾸준히 관계를 맺는 동시에 지역 내 다양한 구성원들과 지속적 만남과 협력관계를 유지하는 것이 중요하다. 특별히 사회적 기업의 토양이 부족한 우리 사회의 경우, 지방자치단체의 제도 및 행정적 지원은 절대적으로 필요한 상황이다. 물론 이것에 지나치게 의존하는 것은 피해야 하지만 지역 거버넌스 차원에서 지방자치단체와 적극적 협력관계를 유지하는 것은 중요하다. 지역 내 마을 만들기 사업에 헌신하는 지역공무원을 몇 명이나 알고 있는가는 시민사회 진영에 기초한 사회적 기업의 초기 성공에 중요한 변수가 된다.

이처럼 지역 및 마을 공동체를 구축하는 데 있어 지역 내 사회적 기업의 출현은 중요한 의미를 갖는다. 특히 지역 시민사회 운동에 헌신했던 사회운동가가 대안경제를 모색하는 과정에서 사회적 기업가로 변신하고자 할 때 초기의 헌신적 기업가에서 장기적으로는 혁신의 기업가로 전환하는 과정이 결코 순탄치 않은 길이며, 동시에 그 과정은 끊임없는 자기변신 노력이 필요하다. 그 변신과정을 촉진시키는 촉매제로 지역 거버넌스에 대한 새로운 시각을 갖추는 것이다. 기업경쟁에서 생존하기 위해서는 혁신이 필요하며 이는 장기간의 노력을 통해 스스로 전문성을 갖추는 길밖에 없다. 헌신에서 혁신으로의 긴 여정에 참여한 사람들이 많아질수록 사회적 기업이 지역 및 마을 공동체를 구축하는 과정에 더욱 크게 기여할 수 있을 것이다.

부안, 등용마을 사람들

이제 좀더 구체적인 사례를 통해 마을 공동체를 이루는 사람들의 실제 활동 경험을 살펴보면서 대안세계화의 가능성을 제안해 보고자 한다. 우선 지난 2003년부터 약 10년간 전북 부안 지역 공동체의 아픔과 슬픔의 기억들이 어떻게 새로운 공동의 기억으로 대체되었는지를 살펴보고자 한다. 또한 등용마을이 에너지 자립마을로 거듭나는 과정을 통해 마을 공동체를 이루는 사람들이 어떻게 사회적 가치에 우선시하게 되는지 알아보겠다. 그리고 이것이 향후 다양한 사회적 협동조합의 경험을 통해 지속가능한 마을 공동체로 발전할 수 있음을 강조하는 것으로 글을 맺고자 한다.

첫째, 등용마을의 시공간적 특성을 부안의 역사, 문화, 사회정치적 갈등 경험을 중심으로 살펴보자. 등용마을은 전라북도 부안군 하서면에 위치한 작은 마을이다. 마을 서쪽으로 4㎞만 가면 변산 바닷가가 있어, 산, 바다, 들이 골고루 결합된 마을로 30가구 50여 명의 주민이 살고 있다. 150년 전 천주교 최초의 김대건 신부의 종손이 이 등용마을에 정착하면서 천주교라는 종교적 토양이 축적되기 시작했다. 특히 현재 부안성당의 모체가 되는 등용리 성당이 있었고 한국전쟁 때는 천주교 마을로 낙인찍혀 많은 재산과 인명피해를 겪기도 하였다. 1985년에는 외국 농축산물 수입중단과 소값 피해보상, 부채탕감 등을 요구하는 소몰이 투쟁이 처음 일어나는 등 저항의 역사가 시작된 곳이기도 하다.

둘째, 종교, 문화, 역사적 전통 이외에 부안지역이 우리에게 많은 아픔과 갈등의 장소로 기억되는 것은 새만금 간척사업과 핵폐기장 건설을 둘러싼 주민 반대운동이 전개된 지역이기 때문이다. 2003년 '위도 방사성 핵폐기물 처분장' 추진에 반대하며 2년여 동안 치열한 반대투쟁을 펼친 결과, 구속자 55명을 포함하여 300여 명이 넘는 지역주민이 구속되고 500여 명이 부상을 입는 고통을 겪었다. 이후 1년이 넘는 촛불집회, 학생 등교거부 운동, 고속도로 점거 등 수많은 반대운동과 최초의 독자적 지역주민 투표를 통해 유권자 중 72%가 참여한 투표에서 92%가 핵폐기장 건설을 반대하며 지역주민의 민주적이고 단결된 힘을 보여주었고, 마침내 2005년 9월에 핵폐기장 건설을 정부가 포기하기에 이르렀다. 안타깝게도 이 갈등의 상처는 너무나 깊었고 주민들이 겪는 외상트라우마은 가히 상상할 수 없는 수준이었다. 그 결과 지역주민 내 불신은 물론 외부 집단 — 정치, 언론, 심지어 시민사회 — 에 대한 불신의 장벽은 매우 컸다. 이 트라우마는 이후 선거 때마다 핵폐기장 유치를 주도했던 부안군수 및 지원세력이 재등장함으로써 지역주민의 아픔과 갈등의 공동 기억이 되살아나는 악몽과 함께 반복되었다.

셋째, 부안의 놀라운 특성은 지역주민 스스로 이 아픔의 기억을 대체할 수 있는 새로운 공동의 기억을 만들어가기 시작했다는 것이다. 이는 '주민에 의한' 에너지

부안 등용마을은 집집마다 태양광 시설을 설치해 자가발전을 한다.
사진은 부안햇빛발전소 외관. (출처 : 부안시민발전소)

자립마을로 거듭나는 프로젝트로 구체화되었다. 부안 주민들은 초기에 부안지역
내 핵폐기장 건설반대를 외쳤다. 그러다가 대한민국 어디에도 핵폐기장이 불가함
을 깨닫고 핵폐기장 건설 자체를 반대하는 것으로 나아갔다. 이후 핵폐기장을 포
함한 원자력 발전정책에 대한 사회적 합의를 중시하였고 종국에는 에너지 정책을
전환할 것을 강력히 요구하였다. 놀라운 것은 지역주민들이 사용하는 담론과 운동
프레임의 변화였다. 부안 주민은 에너지 정책 전환 프레임을 통해, 새로운 프레임
을 학습하고 이것을 단순히 머릿속으로만 이해하는 것이 아니라 생활 속에서 구체
적으로 실천하는 것으로 전환하였다. 다시 말해 핵폐기장 반대운동을 정리한 후에
주민들은 본격적으로 재생가능 에너지에 대한 관심과 실천으로 지역문제에 접근하
기 시작하였는데 그 결과물이 바로 시민발전소 건설이었다.

　2005년 등용마을과 원불교 부안교당, 부안성당에 '햇빛발전소' 1~3호기가 세워
졌으며, 발전용량은 각각 3kW로, 연간 3,500~3,700kWH를 생산함으로써 한전을 통
하여 kW당 716.4원을 15년 동안 판매할 수 있게 되었다. 그러나 안타깝게도 판매
시스템은 더 이상 가능하지 않았다. 그것은 정부가 태양광 발전을 높은 가격으로

구입하는 것을 지원하는 '발전차액 지원제도'를 폐지하고 대신에 한국전력 등의 대형 발전회사에 일정 비율의 신재생에너지를 의무적으로 생산하게 하는 '의무할당제' 체제로 전환했기 때문이다.

넷째, 에너지 자립마을 실천운동을 통하여 마을 주민 간의 신뢰가 회복되고, 궁극적으로는 마을 공동체가 회복되는 소중한 자양분이 되었다는 점이다. 등용마을 주민들은 에너지 자립을 꾀하기 위하여 2015년까지 에너지 사용량을 대폭 줄이는 절약 및 절전운동을 전개하여 큰 성과를 거두었다. 더 나아가 총 사용에너지의 50% 이상을 태양광, 풍력, 바이오매스 등의 친환경 에너지로 대체하는 에너지 전환을 추진하였다. 비록 2007년부터 3년간 시범사업으로 끝나긴 했지만 이 '바이오디젤용 유채생산 시범사업'은 논과 밭에서 석유를 생산하는 과정에 주민들이 적극 참여함으로써 에너지 전환과 자립을 구현하는 소중한 공동체의 경험이었다.

마지막으로 부안 등용마을 사람들이 마을 공동체 회복과정에서 얻은 가장 소중한 자산은 주민들의 자발적 참여와 창의력을 훼손시키는 어떤 사업도 주민들이 동의하지 않으면 추진하지 않는다는 것이다. 현재도 정부 지원금의 유혹이 계속되고 있으며, 혹 지원금을 받는 즉시 그동안 소중하게 함께 만들어온 주민의 공동의 기억이 망가질 수 있는 위험이 상존한다. 그러나 마을 공동체 주민들은 에너지 자립 교육과 실천 프로그램을 통해서 서로 신뢰하고 소통하는 전통을 만들어가며, 이 과정을 통해 항상 마을의 공동선을 극대화하기 위한 방향으로 의견을 모았다는 것이다. 다시 말해 마을 공동체 안에서 민주주의가 구현되고 있으며, 이것은 향후 이 지역 특색에 맞는 새로운 협동조합의 건설로 이어질 수 있음을 의미한다. 요컨대, 등용마을 더 나아가 부안지역 주민들은 과거의 아픈 공동의 기억을 에너지 자립마을이라는 새로운 공동의 기억으로 대체시켰으며, 이 소중한 경험은 궁극적으로 지역의 내생적 발전을 견인하는 협동조합을 만들 수 있는 자양분이 되었다. 이 토양을 만드는 데 적어도 10년의 시간이 걸렸음을 감안할 때 최근 우리 사회에서 속도전의 양상으로 진행되는 마을 공동체 만들기 사업에 대해서도 보다 긴 호흡으로 접근할 필요가 있음을 명심해야 할 것이다.

12

결국 대안세계화다

이제는 친세계화 혹은 반세계화의 논쟁을
뛰어넘어 대안세계화를 이야기할 때이다.
(출처 : alternativeanette.blogspot.com)

이제 '뒤틀린 세계화 : 한국의 대안 찾기'에 대한 저자들의 진단 및 처방의 노력을
정리할 시간이다. 거대한 담론, 추상적 이론, 그리고 도덕적 규범을 열거하는 것
은 우리를 다시금 허탈하게 만들 것이다. 이것을 넘어서자는 것이 저자들의 기본
목표였다. 앞서 11마당에 걸쳐 다룬 내용들은 대안세계화를 추구하기 위해서는 기
본적으로 친세계화 혹은 반세계화라는 일방적 입장을 뛰어넘어 현재 우리가 마주
하는 여러 유형의 위험과 위기들을 성찰적 자세로 진단하고 이것을 지역 혹은 일상
에서부터 실천할 수 있는 처방을 찾아 전지구적 차원으로 확산시킬 수 있는 대안들
을 찾아보자는 것이었다.

　물론 사안의 복잡성으로 인해 명쾌한 진단과 처방을 내놓기보다는 정부, 기업,
시민사회 사이의 적극적 상호 협력을 통해 대안을 모색할 것을 주문하는 데 그치기
도 하였다. 결국 대안세계화로 나가지 않으면 안 된다는 것을 다시금 강조하기 위
해 각 주제별로 다루었던 핵심 주장과 구체적 대안을 10가지로 요약 정리하는 것을
결론을 대신하고자 한다. 이것이 대안세계화 논의에 제동기가 되는 동시에 우리
사회에 편만해 있는 지역, 세대, 계층, 인종, 성별에 있어 이른바 3불 — 불통不通,
불의不義, 불신不信 — 의 문제를 보다 정의롭고, 신뢰할 만하고, 서로 인정하는 사
회로 나아가는 데 필요한 성찰 과제가 될 것으로 기대한다.

대안세계화는 거대하고 복잡한 주장이 아닌 우리 주변의 작은 실천에서 찾아야 한다

3차원적 복합위기 사회 — 경제, 생태계, 그리고 자원위기 — 를 마주하는 요즘은 성장과 환경의 상생, 보전과 개발의 균형이라는 당위적 주장만을 할 여유가 없는 상황이다. 이것은 원시상태로의 회귀를 주장하는 것은 더더욱 아니다. 우리가 매일 목도하는 사회적 양극화, 빈곤층의 증가, 환경생태계의 파괴, 에너지와 자원의 소멸, 이주민 증가로 인한 소수자 인권 및 문화충돌과 갈등의 문제에 대해서 즉각적인 대응책을 만들어내야 하는 현실이다.

그동안 우리는 세계화에 대한 대립적 입장을 소개하고, 세계화의 다양한 측면과 이를 극복하기 위한 대안적 논의를 7가지 주제 — 위험, 투기금융, 빈곤, 자원과 에너지, 농업, 분쟁, 이주와 소수자 등 — 별로 살펴보았다. 나아가 대안세계화를 실천하기 위한 과제로 세계시민으로 거듭나서, 윤리적 소비자로서 행동하며, 그리고 바로 마을 공동체에서 실천을 시작해야 한다고 강조했다. 또한 대안을 모색해야 할 주체로 우리는 국가 및 국제기구, 기업과 시장, 그리고 시민사회와 NGOs를 상정하고, 각각의 입장을 살펴보았다. 이러한 입장 차이에도 불구하고 상호 경쟁 혹은 갈등의 관계를 유지하면서도 때로는 협력해야 할 부분이 있음을 강조했다. 즉, 시민사회는 당위적 주장을 넘어 미시적 차원의 실천과제를 발굴하여 정부나 시장과의 협력을 통해 문제해결을 시도하는 의식의 전환이 필요하다. 동시에 정부 주도의 위로부터의 정책 드라이브가 아니라 시민사회의 자발적 대안 찾기 운동이 아래로부터 확산되어 이것이 전지구적 연대활동으로 강화될 때 국제기구를 압박하고 초국적으로 활동하는 기업 및 시장에도 큰 영향을 미칠 수 있는 것이다.

그러나 문제는 대안세계화에 대한 담론을 국제적 차원으로 묶어 두는 데 있다. 지역에 뿌리를 내리고 사는 개인들이 세계시민적 인식을 갖추고 지역의 문제에 접근하는 것은 당연하지만, 동시에 하나하나의 결정과 행위가 전지구적으로 긴밀하게 연결되어 있다는 인식 아래 일상의 경제활동에서부터 정치적 행위에 이르기까지 윤리적 관점을 견지하며 행동하는 것이 필요한 것이다. 특히 그러한 행동은 마을이라는 자그만 공동체 안에서 시작되어야 하며, 그 행동은 자신만을 위한 것이 아니라 지역 공동체를 위한 것이어야 한다. 이처럼 남을 배려하고 고려하여 사회적 행위를 전개한다는 의미에서 호혜적이며, 공동체를 지향하기 때문에 행동 하나하나가 궁극적으로는 상호 신뢰를 증가시킬 수 있다. 풀뿌리 지역 공동체 구축활동도 하지 못하면서 국가를 넘어선 지역, 더 나아가 지구 민주주의를 구현하겠다는 것은 기계적 이상주의에 불과한 것이다.

좌우이념에 근거한 세계화
이해는 대안세계화에 대한 오해를 낳는다

그동안 세계화에 대한 이해는 경제활동에 초점을 맞춘 무한경쟁, 약육강식, 적자생존, 우승열패라는 냉혹한 논리가 중심을 이루었고, 점차 지구적 불균형, 불평등, 부정의 현상이 산업, 금융, 무역의 영역을 넘어 계층, 문화, 환경 등 사회 전영역으로 확대되는 방식을 취했다. 이러한 신자유주의 경제세계화를 반대하기 위한 각개 전투식 반세계화 운동이 '지구정의'global justice라는 마스터프레임으로 수렴되면서 '보다 민주적이고, 정의로운 대안세계화'를 지향하는 지구정의 운동의 파고가 높아지고 있는 형국이다.

  그러나 친세계화는 보수 반세계화는 진보라는 양분적으로 접근하면서 세계화를 선악의 하나로서 긍정이나 부정으로 바라보는 것은 바람직하지 못하다. 세계화는 지식과 권력 사이의 헤게모니가 만들어 놓은 현실이자 이념이다. 이제는 이 두 가지 대립적 이중운동double movements을 뛰어넘는 대안세계화로 나아가야 한다. 진보와 보수가 머리를 맞대고 전체 혹은 부문별 대안을 준비해야 할 시점인 것이다.

  사실 세계는 한편으로는 지역을 중심으로 나라들 사이에서 상호의존이 늘어나면서도 다른 한편으로는 생존경쟁이 심해지는 모순적 모습을 보이고 있다. 즉, 세계는 통합적일 뿐만 아니라 분열적인 상반되는 작동원리 아래 협력, 갈등, 타협 및 반목의 관계를 반복적으로 형성하는 것이다. 이처럼 세계는 더욱 좁아지면서 지방적인 것과 세계적인 것 사이의 체계적 상호연결과 소통이 강화되면서 이른바 '세계지방화'glocalization와 '지방세계화'locabalization 현상이 일상적으로 이루어진다.

반세계화론자들은 초국적 자본에 의해 주도되는 세계화가 '20 대 80', 더 나아가 '1 대 99'라는 빈부격차를 가져온다고 파악한다. 대안세계화론자들은 세계화 자체를 완전히 부정하기보다는 그것이 경제적 측면에서 지니는 모순을 직시하고 이를 극복하기 위한 '인간적 세계화'를 위해 풀뿌리 시민의 힘 키우기와 정부의 적절한 개입과 규제정책을 강조한다. 우리는 세계화는 국가발전을 위한 하나의 수단일 뿐 그 자체가 목적이 아니라는 점을 강조한다. 이러한 견지에서 지역사회 맥락에 따라 기업의 사회적 책임성, 공유가치의 창출, 사회적 기업의 정착, 그리고 인간적 얼굴을 한 자본주의 세계화를 역설하는 '개혁자본주의'를 전략적으로 동원할 수 있으며, 더 나아가 지역 생태주의 입장에서 시민 스스로가 연대하여 협력적 살림살이를 모색하는 생활협동조합을 이루거나 국가경계를 넘어 다른 지역시민사회의 역능화를 돕기 위해 공정무역과 지역 생태계 보호운동을 수행할 수도 있는 것이다.

세계화로 인한 글로벌 위험사회에 대한 성찰적 접근이 필요하다

기후변화로 촉발된 해수면 상승, 가뭄, 그리고 식량부족을 겪는 힘없는 국가들은 일촉즉발의 물의 전쟁, 식량전쟁, 기후난민과의 전쟁의 가능성이 어느 때보다 높아지고 있다. 이러한 비극적 상황으로 치닫지 않도록 위험사회에 대한 예방적이고 성찰적인 자세를 가져야 한다는 목소리는 더욱 힘을 얻고 있다. 그러나 에너지 고갈이라는 위험상황에도 불구하고 석유정점에 대해 안일한 생각에 빠져 있는 사람들은 '인류가 그동안 잘 대처했던 것처럼 새로운 과학기술, 즉 나노기술과 같

재생가능한 친환경 에너지 개발로 '기름자본주의'적 삶의 양식에서 탈피해야 한다. (출처 : Wikimedia Commons)

은 첨단기술을 활용한다면 대체에너지는 쉽게 발명할 수 있을 것'이라고 막연히 기
대하고 있으며, 이런 기대감으로 인해 석유 소비에 의존한 '기름자본주의' 삶의 양
식은 결코 바꾸지 않고 있다.

안타까운 것은 점증하는 전지구적 위험이 공평하게 분담되기보다는 오히려 차별
적으로 위험이 집중되는 환경 불의injustice 현상이 강화된다는 것이다. 기후변화,
에너지 고갈 피해에 가장 취약한 국가들은 소말리아, 차드, 수단, 콩고, 아이티와
같은 이른바 '파탄국가'failed state들이며, 이들은 지속적 분쟁과 국제테러의 온상이
되고 있어 위험의 악순환이 반복된다. 현실적으로 파탄국가는 외부의 도움 없이
자력으로 인구증가, 식량부족, 기후 및 전쟁난민 등의 복합적 위험을 극복할 수 없
다. 이라한 이유에서 ODAOfficial Development Assistance와 같은 산발적 원조 프로그램
은 그 효과성이 부족하기에 좀더 체계적인 재건 지원이 필요하다.

한국사회가 파탄국가들이 지닌 위험을 극복한 것은 그리 오래되지 않았다. 압축
적, 돌진적 근대화의 과정을 겪으면서 사회조정의 실패, 무모한 정책집행 경향,

그리고 전사회적으로 배태된 부패행태 등이 결합되어 수많은 위험을 경험했고 지금도 위험으로부터 자유롭지 못한 상황이다. 선진국으로 도약하기 위해 무엇보다도 한국정부는 물론 기업, 시민사회 모두가 위험요인에 대한 무지와 왜곡된 가치 및 정책지향에 대해 성찰적이고 예방적인 접근이 필요하다. 이것이 우리 사회에 착근되지 않으면 점증하는 글로벌 위험과 위기 가능성으로 인해 우리에게 붙여진 불명예 딱지 — 사고사회, 토건사회, 투기사회, 학벌사회, 무한경쟁 사회, 초고속 사회 등 — 를 떼는 데 참으로 오랜 시간이 걸릴 것이다.

이러한 견지에서 성장과 공급중심의 에너지 정책의 구조적 변환이 전제돼야 하며 에너지의 절약과 필요를 충족시키는 방향으로 유인체계를 바꿔야 한다. 위험을 통합적으로 관리할 수 있는 시스템을 마련하고, 자연재난과 전쟁을 넘어선 보다 큰 차원의 위험, 즉 기후변화로 인한 위험, 식량위기, 에너지위기 등을 통합적으로 대응하고 관리할 수 있는 위험관리 기본정책이 필요하다. 이제 위험은 지역에서 세계로, 즉 수직적이거나 수평적으로 연결되어 있음을 각인해야 한다. 이러한 위험을 방지하기 위해서는 개인의 물질적 욕구나 자국의 성장만을 추구하려는 사고체계에서 벗어나서 공동체와 사회적 약자의 삶의 질을 고민하는 성찰적 사고가 필요하다.

금융세계화에 대한 분노가 경제민주화의 경로에 들어서게 했다

2011년 가을 뉴욕 월가 점령시위가 전지구적으로 확산된 현상은 1%에 해당하는 부자들의 부도덕과 탐욕에 분노한 99% 일반 시민들이 단순한 감정적 저항을 넘어 금융세계화가 야기한 정책과 제도 전반에 대한 근본적 개혁을 요구한 것이었다. 이러한 분노가 2012년 세계적으로 리더십이 교체되는 선거의 해를 맞이하여 신자유주의 세계화에 대한 일대 수술을 요구하는 '경제민주화'를 최대의 관심사로 만들었다. 아직까지 경제민주화를 강조하는 정치인의 구호와 정책이 유권자의 표를 의

식한 나머지 근본적 수술이라기보다는 겉옷과 스타일만 바꾸는 것에 머문 공허한 메아리일까 봐 사실 걱정이 앞서기도 한다. 그것은 경제민주화가 그동안 가졌던 철학과 가치에 대한 근본적인 변화를 의미하기 때문이다.

칼레츠키의 '자본주의 4.0' 주장은 유연성을 고려하며 단순히 정부기구를 확대하기보다는 정부의 역할과 규제 강화를 강조한다는 측면에서 눈여겨볼 만하다. 물론 국가개입을 강조한다고 해서 중국식 국가자본주의가 모범답안일 수는 없다. 대신에 혼합경제, 즉 제도적 적응력을 키우기 위해 이데올로기적 유연성을 견지해야 한다는 칼레츠키의 주장은 정부와 기업을 대립관계가 아니라 동반자 관계로 설정한다는 점에서 매우 현실적인 대안임에는 틀림없다. 예컨대, 석유에너지 사용에 오염비용, 즉 탄소세금을 부과하여 이를 토대로 대체 혹은 재생에너지 개발에 적극적으로 보조금을 지원하는 것은 타당한 대안이다. 어느 한 가지 산업이 아무리 유망해 보여도 그것에 모든 것을 쏟아붓는 글로벌 무역시스템의 올인 정책은 매우 위험하며 또한 다양한 산업구조를 보유해야 하는 지역경제에도 바람직하지 않다.

국제적으로도 금융세계화가 촉발시킨 전지구적 경제위기에 대한 대안이 계속 제시되고 있다. 예를 들어, '녹색뉴딜' 개념은 전지구적으로 마주하는 금융-기후-에너지의 복합위기를 극복하기 위한 정책 대안으로 탄소세 부과, 재생가능 에너지 개발, 녹색산업 투자 등을 강조한다. 또한 아탁을 중심으로 시민운동 단체는 초국적 투기금융거래에 대한 세금을 부과하자는 '토빈세'를 제안하였고, 이것보다 조금은 약한 규제이지만 IMF는 '금융안정 분담금' 혹은 '금융활동세'를 통해 투기금융거래를 제약하자는 주장을 내놓았다. 물론 이 제도들을 구현하기 위해서는 많은 난제들을 극복해야 하는 상황이다.

한편 한국의 차기정부는 어떤 경제민주화 정책을 추진해야 할까? 무엇보다 정부의 적극적 개입과 증세정책은 필연적 선택일 수밖에 없을 것이다. 농업과 같은 1차 산업을 적극적으로 육성하고 장려하지 않으면 우리의 지역경제, 산업, 경제활동은 전지구적 경제위기에 더욱 취약해질 것이다. 그렇다고 정부가 일방적으로 부자 증세를 주도하면서 '부자 때리기' 정책으로 일관한다면 오히려 성숙하지 못한 시민과 기업의 저항을 마주할 수도 있다. 물론 재벌빵집이나 골목상권을 장악하는 대기업은 반드시 비판받아야 하고 법적 규제를 통해 제한되어야 한다. 그러나 더 중요한 것은 단순히 대기업 혹은 부자 때리기 구호만을 남발하기보다는 대기업과 중소기업이 상생할 수 있는 대안, 즉 경제민주화를 위해 대기업이 책임 있는 자세로 참여할 수 있는 정책대안이 필요하다. 예를 들어, '처벌성 세금' 부과보다는 '사회적 책임성 부담금'을 낼 수 있도록 유도하는 정책이 바람직해 보인다. 어쨌든 우리는 과거의 '큰 시장, 작은 정부'에서 '강한 정부'로 가는 전환의 경로를 선택한 상황이다. 경로의존성이라는 개념이 있듯이 경제민주화의 길은 단순히 분노만으로 해결되는 단거리 경주가 아니며 우리 모두의 공동의 노력이 필요한 장거리 경기이다. 이러한 이유에서 실질적 수준의 경제민주화의 길을 일관되게 걸어갈 수 있는 '강하지만 선한 정부'를 선택할 시기인 것이다.

사회적 기업은 빈곤 탈출구로서의 새로운 시험 무대다

한국의 중산층이 무너지면서 빈곤이 전 사회적으로 확산되고 있다. 최근에는 가계 빚이 1천조를 넘으면서 '하우스 푸어'가 급증하고 채무의 노예가 되는 사람들이 늘어나는 심각한 상황에 이르렀다. 빈곤수준은 실업률보다 고용률로 더 정확히 파악할 수 있는데, 한국의 고용률은 2011년 9월 59.1%를 기록하여 OECD 기준 63.6%보다 낮다. 이는 2010년의 미국66.8%, 일본70.6%, 호주73%보다 낮은 수치다.

물론 빈곤의 원인은 고용과 실업 문제를 넘어 매우 복합적 사회문제이기에 빈곤의 다차원성을 고려해야 한다. 1990년대 말 IMF 구제금융 시기를 맞으면서 '사회적 배제' 개념이 빈곤의 구조화와 재생산을 설명하는 개념으로 주목받았고, 대안으로 사회적 포용, 통합, 참여 등이 동원되었다. 이러한 견지에서 빈곤층이 겪는 사회적 배제와 차별의 문제를 심각히 고려해야 한다. 일례로 비정규직이 임금 이외에 겪는 각종 사회적 차별 관행과 제도를 들 수 있다. 정규직과 비정규직을 구분하기 위한 '통근버스 지정좌석제'는 지금 우리가 어느 시대에 살고 있는지 헷갈리게 만든다. 또한 농민과 영세상인의 빈곤수준은 임계점을 넘어 위험수준에 다다르고 있다. 가계적자를 해소하기 위해 기혼여성의 취업이 늘고 있지만 이것이 빈곤감소에 유의미한 영향을 주기보다는 오히려 가정해체 위기를 낳기도 한다. 더 나아가 집값과 전셋값의 상승은 무주택자들을 더욱더 빈곤의 나락에 떨어뜨리고 있다.

이 빈곤문제를 보다 사회적 차원에서 극복하고자 시도하는 것이 바로 사회적 기업이다. 사회적 기업은 단순한 시혜적 차원의 지원금을 지양하고 노동 가능한 집단에게 유급노동의 기회를 제공해 줌으로써 참여자가 사회구성원으로서 자기 역할을 재발견한다는 점에서 큰 의의가 있다. 이 사회적 기업은 궁극적으로 사회적 안전망과 연결망의 확장하여 신자유주의 세계화로 가속화된 빈곤층의 확대 속도를 조금이나마 완화시킬 수 있다.

그러나 사회적 기업에 대한 기대와 우려가 공존하는 것이 사실이다. 사회적 기업은 생산적 복지모델로 주목받고 있음에도 불구하고 그 한계가 존재한다. 사회적 기업이 고용창출 효과가 있지만 취약계층을 고용하는 것을 넘어서 그들이 더 나은 일자리로 나아갈 수 있는 단계적 일자리로서 기능할 수 있는가 하는 과제가 존재한다. 또한 사회적 기업을 통해 참여자는 사회적 자본을 축적할 수 있다. 즉, 사회적 기업을 통해 사회적으로 배제되고 소외받던 빈곤층이 사회 속으로 포용 및 통합되어 궁극적으로 지역정책 결정과정에 참여할 수 있는 순기능을 발휘할 수 있다. 그러나 이것은 정부나 지방자치단체의 사회적 기업에 대한 꾸준한 지원과 협력 그리고 시민사회의 적극적 결합이라는 사회적 합의와 연대경험이 축적되지 않는다면 먼 미래의 이상에 불과한 것이다.

이러한 견지에서 한국사회에서 새롭게 주목받고 있는 사회적 경제모델의 하나로서 사회적 기업이 빈곤의 탈출구 역할을 하기 위해서는 많은 숙제를 풀어야 한다. 크게는 사회적 기업이 사회적 서비스를 제공하고 사회적 자본을 확대하는 데 기여하는 공공적 기능을 간과해서는 안 된다는 것이다. 만약, 정부의 보호된 시장이라는 온실 속에서 안주하는 것에 만족한다면 사회적 기업의 더 큰 가치, 즉 사회적 자본을 확장하는 데 한계가 있을 수밖에 없다. 작게는 사회적 기업과 관련해서 고용노동부, 보건복지부, 행정안전부의 중첩되는 업무를 통일하는 것, 직접적 인건비지원에서 기금 조성 쪽으로 방향을 전환하는 것, 인증과정에서 지역사회의 평가를 반영하는 것, 그리고 사회적 기업을 사회적 협동조합으로 전환하는 것 등의 과제를 우선 고민해야 할 것이다.

그러나 무엇보다 중요한 것은 사람들이다. 누가 사회적 기업을 운영하며, 어떤 가치와 원칙을 가지고 운영해야 하는지가 중요하다. 지역 발전 패러다임의 변화를 고민하는 사람, 사회적 가치와 원칙하에 지역의 필요와 전지구적 환경의 변화를 간파할 수 있는 사회적 기업가가 없다면 이 새로운 시험은 곧 실패를 마주할 것이다. 우리 사회에 사회적 기업가의 자질을 갖춘 사람은 얼마나 될까? 지역에 뿌리를 두고 지역의 문제와 필요를 인지하며, 그 문제를 지역주민들이 민주적 방식으로 해결할 수 있는 혁신적 프로그램을 만들 수 있는 능력, 세계관, 품성을 갖춘 사회적 기업가의 수가 많을수록 빈곤 탈출구로서 사회적 기업을 기대할 수 있을 것이다.

자원위기의 대안은 지역 중심의
분산형 재생에너지 시스템 구축이다

자본주의 세계 경제체제 안에서 자유롭게 움직이는 초국적 자본가에게 국가, 지역, 마을 공동체는 어떤 의미일까? 이들의 위험성은 지구적 책임을 외면한 채 세계화의 열매만을 즐기는 이른바 '유목 자본가'적 삶을 추구한다는 데 있다. 그 결과 지구시민으로서 책임을 다하며 서로 연대하고자 하는 시민들의 '세계시민 의식'global citizenship을 약화시키는 것이다. 특히 피크오일을 경험하고 에너지 및 자원 위기라는 장기비상시대의 도래할 것이라는 경고에도 불구하고 우리는 화석연료에 지나치게 의존하면서 기후변화 방지를 위한 전지구적 노력을 그저 멀찍이 바라본다.

탈핵을 선언한 독일의 경험은 자원위기 상황 아래 대안에너지를 찾고자 하는 한국사회에 시사하는 바가 크다. 독일 핵 정책 전환의 원동력은 무엇보다도 독일 시민사회의 지속적 반핵운동과 대안에너지 실천운동에서 찾는 것이 타당하다. 독일에서는 1986년 4월 26일 체르노빌 사고 이후 시민들의 반핵운동이 계속되었고, 이러한 노력에 힘입어 마침내 2022년 전까지 핵발전소를 폐기할 것을 규정하는 '원자력법'이 만들어졌다. 또한 2011년 3월 11일 일본 후쿠시마 원자력발전소 대재앙 이후 독일시민들은 반핵시위 역사상 최대 규모로 운집하여 "후쿠시마를 기억하라, 모든 핵발전소를 폐쇄하라"고 외쳤다. 결국 후쿠시마 사고 이전까지 핵발전의 필요성을 주장하며 과거로 돌아가려 했던 메르켈 총리도 "후쿠시마 사고가 지금까지의 내 생각을 바꾸었다. 우리에겐 안전보다 더 중요한 가치는 없다"라고 밝히며 탈핵으로 다시 선회하였다. 독일정부의 정책결정은 대안에너지로의 전환을 모색할 때 미래세대의 안전을 가장 중요한 가치로 정립하는 것이 얼마나 중요한지를 보여준다.

또한 독일의 탈핵선언이 주목받는 더 큰 이유는 대안에너지로의 전환을 성공적으로 추진하였기 때문이다. 독일은 지역을 중심으로 한 '분산형 재생가능 에너지 체계'를 구축하였고, 이것이 시장경쟁을 통해서도 핵에너지 체계를 극복할 수 있음을 보여주었다. 예를 들어, 독일정부는 '100% 재생가능 에너지 마을' 프로젝트를 통해 지역주민들의 에너지 최소 소비 정신을 토대로 지역의 지열, 풍력, 태양, 바이오에너지 기술혁신을 이루어 100% 재생가능 에너지 자립공동체를 건설하고 있다.

안타까운 사실은 현재 서울의 에너지 자립률이 1.5%도 못 미친다는 것이다. 먼저 에너지 자립실천 노력을 하지 않은 채 무조건 탈핵을 선언하는 것은 자원위기의 대안으로서 재생에너지로의 전환을 설득하는 데 한계를 보여준다. 이러한 맥락에서 재생에너지 확대라는 대의명분만을 강조하면서 해당지역 주민에 대한 배려가 부족할 경우에 생길 수 있는 문제도 주의해야 한다. 선진적 독일사회도 비슷한 시행착오를 겪었다. 그들은 재생에너지 개발을 위해 삼림과 갯벌을 훼손하면서까지 대규모로 태양광 발전설비를 설치하거나 풍력 발전터빈을 설치하는 실수를 저질렀다. 심지어 발전소 건립으로 피해를 볼 수 있는 주민들이 의사결정에서 배제되는 비민주적 모습도 보였다.

이처럼 자원위기의 극복은 정부의 노력이나 기업의 기술혁신만으로도 달성할 수 없는 것이다. 지역의 민주적 거버넌스와 더불어 시민들의 자발적 에너지 소비절약이 결합되어야 한다. 우리 스스로 미시적 차원에서 '탄소 다이어트'와 에너지 절약 노력을 실천하는 가운데 자원위기에 대한 대안에너지를 모색해야 한다.

식량위기는 복합위기이며, 농어민과 소비자가 먹거리 기본권에서 대안을 찾아야 한다

보통 식량자급률로 활용되는 곡물자급률의 경우 한국은 2010년 26.7%로 OECD 국가 중 최하위권이다. 반면, 호주275%, 캐나다174%, 프랑스168%, 미국133%은 식량자급을 훨씬 넘어서고 있다. 이처럼 식량자급을 이룬 선진국의 경우에는 농업이 문제가 아니라 농촌과 농민을 지원하는 것을 우선으로 한다. 반면에 식량자급을 이루지 못하고 현재 300만 명도 채 이르지 않는 농민과 농촌을 지원해야 하는 한국의 상황에서는 식량위기의 심각성이 훨씬 더 크다.

전지구적으로 불어닥친 식량위기의 원인은 크게 4가지로 구분할 수 있다. 지속적 인구증가, 에너지위기로 인한 바이오 연료사용의 급격한 증가, 예측할 수 없는 기후변화와 그로 인한 자연재해 증가, 그리고 초국적 '농식품복합체'의 독점과 곡물 투기가 그것이다. 특히 심각한 문제는 곡물거래의 80% 이상을 장악하는 곡물메이저들을 중심으로 종자, 비료, 농약, 농산물 유통, 식품가공 등의 거의 전 분야를 조정할 수 있는 글로벌 식량체계가 구축되어 있다는 것이다.

이렇듯 국내외적으로 마주하는 식량위기 현실에서 한국정부의 대안은 무엇인가? 그동안 무역을 통해 식량안보 혹은 확보를 달성하겠다는 해외조달 계획은 세계 식량위기 국면에서 그 취약성이 쉽게 확인된다. 더 심각한 것은 생산자와 소비자의 거리가 점차 멀어지게 되어 소비자에 대한 고려 없이 생산자가 오직 생산량을

그간의 국가, 시장 주도의 흐름에서 벗어나 시민사회가 제 역할을 해야 한다. (출처 : iisd.ca)

높이는 데만 초점을 맞추기 때문에 식품안전성이 떨어지고 위험에 쉽게 노출된다는 것이다. 이처럼 인간의 통제와 관리를 넘어서 농산품의 특수성을 고려하지 않은 채 주창된 식량 안보론은 수많은 조건ifs을 괄호 속에 넣고 출발하기 때문에 우리는 하루속히 인권에 근거한 식량주권food sovereignty 개념을 활용해야 한다.

사실 '식량권'right to food은 기본권의 하나로 국가가 책임지고 보장할 의무이다. 이러한 맥락에서 식량주권은 식량권을 넘어 농업, 농촌, 농민을 아우르는 먹거리 체계를 스스로 결정할 수 있고 이것은 마땅한 권리로서 옹호돼야 한다는 입장이다. 따라서 한국 농업, 농촌, 농민이 점증하는 식량위기를 극복하기 위해 필요한 대안은 바로 식량주권 프레임 위에 굳건히 서서 지역식량 시스템을 구축하는 것이다. 이는 소규모 가족농이 중심이 되어 영농을 지속할 수 있는 것을 전제로 한다. 사실 유기농, 벤처영농, 규모화로 경쟁력 있는 정예의 기업농가를 키운다는 논리는 규모의 경제나 비교우위라는 경제논리로서는 일견 타당해 보이지만 농산품의 특수성을 괄호 안에 넣는 매우 불완전한 주장이다. 정부의 적극적 지원과 더불어 농민 스스로도 나서야 한다. 누군가의 도움을 기다리는 것이 아니라 소비자를 적극적으로 설득하는 연대활동에 나서야 한다.

농업정책을 단순히 경제정책으로만 바라보는 것이 아니라 한 단계 더 높은 사회정책으로 접근할 필요가 있다. 대안으로서 로컬푸드를 주목하고 지역의 먹거리 체계를 이루어야 한다. 지역 먹거리 체계는 가급적으로 지역 내에서 생산하고 소비하는 것을 원칙으로 한다. 생산자와 소비자 사이의 직접적 연결망을 구축하여, 가격상한 제도와 같은 규칙 아래 이 둘 사이의 신뢰를 더욱 굳건히 하는 것이 절대적으로 중요하다.

이러한 관계는 결국 농민, 소비자 모두의 복지 증진으로 귀결된다. 구체적 정부 지원사업으로 공공급식의 확대, 기초생활수급자 및 차상위계층 먹거리 지원, 여성과 유아 및 어린이를 위한 모자 영양공급 프로그램, 푸드뱅크 등을 들 수 있다. 이를 통해 지역의 생산자는 수입을 얻고, 소비자는 적정가격의 안전한 농산물을 보장받음으로써 지역의 사회적 서비스의 한 축을 이루게 된다. 이제 농민은 '밥도 인권이다'라는 슬로건을 높이 들고 시민 특히 주부와 연대활동을 강화해야 한다. 주부는 가족의 먹거리를 책임지는 소비의 결정권자이자, 자녀세대의 건강권을 가장 많이 고민하는 주체이다. 결국 핵심 소비자인 주부와 지역농민의 강력한 파트너십은 지역 먹거리 체계를 지키는 중심축이 될 수 있는 것이다.

인간안보를 위협하는 분쟁을 막기 위한 시민사회의 초국적 캠페인이 필요하다

21세기는 평화의 시대가 아닌 전쟁의 시대로 시작되었다. 과거, 정치적 이해관계가 주된 전쟁 원인이었다면, 이제는 경제적 이해관계를 넘어 언어, 혈연, 종교, 심지어 정서적 미움으로까지 매우 다양해졌다. 국가안보를 넘어선 '인간안보' 개념은 경제, 식량, 건강, 환경, 개인의 신체, 공동체 안보, 그리고 정치적 안보까지를 포함한다. 즉, 인간안보는 인권증진, 인간개발, 그리고 국가안보가 서로 연결된 개념이다. 그러나 안타깝게도 테러와의 전쟁시대가 이어지면서 인간안보는 군사적 위협에 대한 국가안보만을 강조하는 전통적 안보 개념에 발목이 잡혀 테러와 대테러 전쟁의 악순환이 반복되고 있다.

분쟁의 세계화를 막고자 시작된 초국적 캠페인 'KONY 2012'는 지구시민사회에 신선한 충격을 던져 주었지만 한계도 존재한다. 지나치게 코니 개인에 대한 고발과 체포 작전에 초점을 맞춘 나머지 더욱 중요한 내용, 즉 납치된 소년병이 평범한 아이들로 돌아온 후에 어떻게 그들의 안전을 확보하며 지역 공동체에 적응할 수 있게 할지에 대한 대안을 제시하지 못했다. 눈에 보이는 원인, 즉 반군 지도자 코니를 없애는 것으로 그 지역 아이들의 인간안보를 결코 해결할 수 없다. 제 2, 제 3의 코니가 나올 수밖에 없는 분쟁지역의 열악한 상황부터 근본적으로 해결할 수 있는 대안을 함께 모색하고 이를 위한 국제사회의 지원을 호소하는 전략이 더 필요하다.

또한 분쟁이 끝나면 인간안보가 자연스럽게 달성된다는 순진한 사고에서 벗어나야 한다. 예를 들어, 탈레반 반군의 주 무대인 아프가니스탄에서 양귀비 재배로 생계를 이어가는 농민들의 삶을 살펴보자. 국가 정책적으로 아편을 무조건 금지하는 조치가 당장 필요해 보인다. 그러나 양귀비 재배 이외에 대안이 없는 농민에게 아편 금지조치는 농민을 죽이는 정책과 같다. 이보다는 농민들에게 대출기회를 늘려 다른 작물을 재배할 수 있도록 유도해야 한다. 동시에 테러와의 전쟁 종결을 선언함으로써 농민들이 치안 걱정 없이 작물재배와 판매에 전념할 수 있는 환경을 조성해 주어야 한다. 때로는 분쟁지역의 인간안보를 위해 서구 선진국이 내린 위로부터의 정책결정이 그들의 안보를 위협하는 역효과를 낳기도 한다.

이제는 그 지역주민들의 목소리에 먼저 귀를 기울여야 한다. 전쟁과 분쟁은 인간안보를 파괴시킬 수밖에 없다는 시민사회의 합의와 공통된 가치관의 정립이 필수적이다. 예컨대 현재 이라크를 보면 미국이 전쟁 명분으로 내세웠던 민주주의 달성은 이루어지지 않았고, 전쟁의 상처로 파괴와 약탈이 반복되고 있어 어느 누구도 승리하였다고 말할 수 없는 상황이기 때문이다. 군사주의와 신자유주의 세계화의 합작품인 분쟁의 세계화를 반대하는 초국적 시민사회 네트워크가 강화되어야 하며, 이것은 반드시 아래로부터의 세계화 방식으로 진행되어야 한다. 또한 이 캠페인은 전쟁 종결이 궁극적 목적이 되어서도 안 되며, 인간안보의 차원에서 분쟁지역의 회복에 필요한 대안을 발굴하고 제시해야 한다. 이를 위해서는 자연스럽게 지역주민의 적극적 참여를 전제로 공적개발 원조, 인도주의적 지원, 그리고 공정무역 캠페인 등과 같은 방법이 활용되어야 할 것이다.

이주시대의 대안 프레임은
다문화 담론이 아닌 이주자 인권이다

세계화시대에 국가들 사이의 이주는 매우 보편적이고 일상적인 현상이다. 20세기 후반부터는 국제이주의 중심축이 아시아로 옮겨졌으며 한국도 예외가 아니었다. 한국은 개방정책을 본격적으로 추진한 1990년대 초 이후 20여 년 만에 이주민 135만 시대를 맞게 되었다. 그렇다면 이러한 상황에서 전체 인구 3% 수준에 이르는 이주자들이 한국사회에서 과연 마땅히 누려할 권리를 보장받고 있는가? 단순한 포섭 혹은 동화인지 아니면 스스로 인권 프레임을 견지하며 권리를 찾아가고 있는지 살펴볼 때이다. 한국정부는 아직까지 유엔 7대 국제인권협약 중의 하나인 '모든 이주노동자와 그 가족의 권리보호에 관한 국제협약'에 가입 및 비준조차 하지 않았다. 특히, 이주여성은 남성들보다 이중, 삼중의 차별과 침해를 경험한다.

이주자를 단순히 소수자에 대한 연민의 눈으로 바라만 보고 있지 않은가? 사실 소수자는 구성원 수가 적음을 의미하기보다는 편견과 차별여부에 달려 있는 개념이다. 그러나 아이러니하게도 한국의 이주노동자에 대한 담론은 2006년 들어 정부가 다문화주의를 공식 정책기조로 선언함으로써 이주노동자의 인권개선보다는 결혼 이주여성과 다문화 가정 지원활동에 초점이 맞춰지면서 인권보다 다문화 담론이 훨씬 지배적인 상황이다.

우리는 아직도 다문화 사회에 대한 올바른 이해를 하지 못한 채 이중적 태도를 갖고 있다. 즉, 머리로는 다문화를 생각하지만, 몸과 마음은 타 문화로 그들과의 거리

다문화 이슈는 '너'와 '내'가 아닌
'우리', 즉 인권의 문제이다.
(출처 : wetheindividuals.org)

두기를 하는 것이다. 좀더 심하게 얘기하면 한국의 다문화 정책은 '동화주의적 성격'
기 강하기 때문에 한국사회의 다문화는 껍데기만 다문화라는 비판을 받기도 한다.
정부 주도하에 모든 정책이 진행되었기에 이주민의 목소리가 정책 안에 녹아들지 못
하기도 하였다. 또한 한국의 이주자 및 다문화 운동이 빠른 시간 안에 제도화의 길을
걸으면서 운동의 성격이 퇴색되고 결혼이주자 또는 다문화 가정에 대한 정부 지원활
동을 위탁받은 사업으로 전락하고 말았다. 정부의 이주노동자 정책도 그들의 인권
을 개선하기보다는 제도에 순응하고 자신의 권리가 어느 정도 침해되는 것을 잘 인
내하는 이른바 '성실한 노동자'를 양산하는 온정주의 정책으로 후퇴하고 말았다.

그렇다면 무늬만 다문화 사회를 지향하는 현실에 대한 대안은 무엇인가? 획일적
인 문화 보편주의나 상대주의를 벗어나 '인정의 정치학' 혹은 '차이의 정치학'을 구
현하는 것, 즉 다문화 담론을 넘어선 보편적 인권 프레임을 우리가 먼저 학습하는
것이 그 첫걸음이다. 또한 경제, 사회적 권리가 확보되지 않은 채 단순히 문화에만
초점을 맞춘 사회적응 프로그램이나 지원정책은 그 효과가 제한적일 수밖에 없음
을 직시하고 정부의 온정주의적 정책의 변화를 촉구해야 한다. 이를 위해 이주자
스스로 먼저 조직화를 이루어야 한다. 시민사회 단체도 관주도의 제도화 혹은 온
정주의적 시혜정책을 대행하는 것이 아니라 이주자 스스로 조직하는 노력들 — 이
주자 노동조합과 국가별 이주자 커뮤니티 형성 — 에 적극적으로 협력하며 그들과
같은 눈높이에서 긴밀한 네트워크를 이루어야 한다.

세계시민으로서의 현장 참여를
착한소비와 마을 공동체에서 찾자

세계시민으로 성장하기 위해서는 일상생활 속에서 다양한 자원봉사 활동에 참여하는 것에서 시작돼야 한다. 특히 어려서부터 참여한 자원봉사 활동은 단순히 미션을 수행하는 것을 넘어 능동적 자세로 사회적 공공선과 윤리행위를 실천하는 습관을 갖추는 데 결정적 영향을 준다. 지구시민사회를 책임질 세계시민이 계속 성장하기 위해서는 시민사회는 물론 국가, 학교, 기업, 국제기구가 자원봉사자를 적극적으로 활용하는 프로그램을 개발하고 이를 제도화해야 한다. 또한 세계시민의 진면목은 국제무대에서 연대와 협력을 견인하는 전문가로 성장하는 것이다. 이들은 청년세대와 기성세대 간의 간극을 넘어설 수 있는 공감의 연대 프로그램을 개발하게 되며, 이념갈등을 넘어설 수 있는 구체적 대안을 제시하며, 지역주민의 목소리에 귀를 기울임으로써 지역과 세계 간의 지속가능한 연결망을 구축하게 된다.

아울러 현장이라는 미시적 차원으로 눈을 돌려 세계시민의 실천과제를 살펴보자. 2012년 협동조합의 해를 맞이하여 신자유주의 세계화의 대안경제 모델로 사회적 경제에 대한 관심이 고조되었다. 협동조합의 핵심가치는 시장의 순기능을 인정하면서도 동시에 신뢰, 호혜, 공평, 민주주의 등의 가치를 강조한다. 협동조합은 자본주의 기업의 적대자가 아니라 시장의 한계를 보완하는 대안으로서 접근할 수 있다. 그러나 신뢰와 호혜관계 속에서 생산, 유통, 그리고 소비활동을 지속할 수 있기 위해서는 문화가 전제되어야 한다. 이러한 문화는 역사의 산물이며, 이것은 장기적으로 체득된 경험과 교육의 산물일 수밖에 없다. 이제 소비가 생산을 견인할 수 있음을 주목하면서 소비자 스스로 세계시민 의식을 가지면서 사회적 책임, 즉 윤리적 소비자로서의 책임을 감당해야 할 때이다.

또한 사회적 경제의 무대는 우선 지역 혹은 마을 공동체에서 출발해야 한다. 대안세계화를 실천할 때는 특별히 마을 공동체를 이루는 한 사람 한 사람이 소중해진다. 왜냐하면 이들은 사회적 가치를 먹고 사는 사람들이기 때문이다. 즉, 자발적

브라질 상파울루의 전통시장. 활기찬 시장의 모습에 기분이 좋아진다. (ⓒ 공석기)

협력활동을 통해 작지만 평화롭고 협력적인 마을 공동체를 만들어가는 사람들인 것이다. 유럽의 경우, 100년 가까운 협동조합 경험과 역사를 통해 이러한 사람들이 풍성히 자라나고 있다. 이제 유럽의 상황을 그저 부러워하기보다는 우리 사회에서도 그 토양과 자원을 모색해야 할 때다.

우리는 그것을 민주화 운동을 이끌어간 시민사회 경험에서 찾을 수 있다. 한국사회의 대안을 모색하고자 노력하는 이 헌신적 활동가들을 사회 곳곳에서 발견할 수 있음은 참으로 다행이다. 앞으로 사회적 기업 혹은 협동조합이라는 새로운 공간 속에서 헌신에 기초한 혁신의 기나긴 여정을 떠나는 이들의 열정에 박수를 보내며 우리도 이에 적극 동참해야 할 것이다. 비록 지역 공동체의 경험이 짧지만 이제 협동조합과 사회적 기업, 마을 기업 등을 통해 마을 공동체 실험은 계속되어야 할 것이다. 이러한 실험은 새로운 공동체를 이루고자 하는 헌신적 사람들이 공동으로 노력하여 고통, 배제, 소외, 분리라는 서로의 아픈 기억을 새로운 희망의 기억으로 바꾸어가는 과정일 것이다. 비록 이들은 지역에 머물고 있지만 항상 세계시민의 자세를 견지하며, 신자유주의 세계화의 한계를 극복하고자 하는 대안들을 지속적으로 만들어낼 것이기에 우리 사회의 희망의 불씨를 계속 살릴 수 있을 것이다.

참고문헌

공석기, 2007, "지구민주주의와 초국적 사회운동: 세계사회포럼(World Social Forum) 사례를 중심으로", 《한국사회과학》, 통권 29호.

_____, 2011, "운동의 수렴: 국제연대 및 국제협력의 새로운 길 찾기", 시민운동정보센터 편, 《한국시민사회연감 2012》(449~466쪽), 서울: 시민운동정보센터.

_____ · 임현진, 2003, "지구시민사회는 가능한가?: 초국적 사회운동을 중심으로", 〈한국비영리연구〉, 2권 2호: 3~46.

_____ · 임현진, 2010, "세계사회포럼과 한국사회운동", 〈국제정치논총〉, 50권 1호: 341~372.

국제앰네스티 한국지부 편집부, 2011, "평범한 사람들이 만들어낸 특별한 변화, 앰네스티 50년의 역사", 〈Amnesty Magazine: 앰네스티인〉, 통권 제38호,

국제앰네스티 한국지부, 2002, 《한국앰네스티 30년, 인권운동 30년》, 대구: 한국.

귄터 그라스 외, 2000, 《세계화 이후의 민주주의》, 이승협 역, 평사리.

김기섭, 2012, 《깨어나라! 협동조합》, 들녘.

김남국, 2005, "다문화 시대의 시민: 한국사회에 대한 시론", 〈국제정치논총〉, 45집 4호: 97~121.

김의영, 2010, "지구시민사회: 연구동향과 쟁점", 〈국제정치논총〉, 50집 1호.

김정원, 2009, 《사회적 기업이란 무엇인가?》, 아르케.

김종덕, 2009, 《먹을거리 위기와 로컬푸드》, 이후.

김현대 외, 2012, 《협동조합, 참 좋다》, 푸른지식.

다나모토 간지 편, 2011, 《기업의 사회적 책임: CSR 경영》, 김재현 역, 시대의 창.

담비사 모요, 2009, 《죽은 원조》, 김진경 역, 알마.

던컨 그린, 2010, 《빈곤에서 권력으로: 국가와 시민은 어떻게 빈곤과 불평등을 해결할 수 있을까》, 이매진.

데이비드 하비, 2009, 《포스트 모더니티의 조건》, 한울.

레스터 브라운, 2009, 《우리는 미래를 훔쳐 쓰고 있다》, 이종욱 역, 도요새.

레이첼 카슨, 2002, 《침묵의 봄》, 에코리브르.

류은숙, 2009, 《인권을 외치다》, 푸른숲.

마사오 미요시, 1993, "국경 없는 세계인가?: 식민주의로부터 초국적주의로", 〈창작과 비평〉, 1993년 겨울호.

마이클 브라운 · 존 메이, 1994, 《그린피스》, 자유인.

마티아스 그레프라트 · 크리스티아네 그레페 · 하랄트 슈만, 2004, 《아탁: 세계화 비판론자들은 무엇을 원하는가》, 영림카디널.

박경태, 2010, 《인권과 소수자 이야기》, 책세상.

반다나 시바, 2000, 《자연과 지식의 약탈자들》, 당대.

_____, 2003, 《누가 세계를 약탈하는가》, 울력.

_____, 2003, 《물 전쟁》, 생각의나무.

브뤼노 파디 · 프레데릭 메다이, 2007, 《생물 다양성을 보존할 수 있을까》, 민음인.

빌프리트 봄머트, 2009, 《식량은 왜! 사라지는가》, 전은경 역, 알마.

사이먼 제임스, 2006, 《안녕하세요, 그린피스》, 비룡소.

사회운동포럼, "소통/연대/변혁", http://www.wmf.or.kr (검색일: 2009. 11. 30).

새뮤얼 헌팅턴, 1997, 《문명의 충돌》, 김영사.

스테파노 자마니 외, 2009, 《협동조합으로 기업하라》, 송성호 역, 북돋음.

신시아 코번, 2009, 《여성, 총 앞에 서다》, 삼인.

아네트 데스마레이즈, 2011, 《비아 캄페시나》, 박신규 외 공역, 한티재.

아브람 노엄 촘스키, 2007, 《미국의 진정으로 원하는 것》, 한울.

_____, 2008, 《촘스키, 우리가 모르는 미국 그리고 세계》, 시대의창.

아이린 칸, 2009, 《들리지 않는 진실》, 바오밥.

앤서니 기든스, 2000, 《질주하는 세계》, 생각의나무.

앤서니 기든스 · 울리히 벡 · 스콧 래쉬, 2010, 《성찰적 근대화》, 한울.

앨빈 토플러, 2003, 《부의 법칙과 미래: 전쟁과 반전쟁》, 한국경제신문.

_____, 2006, 《제3의 물결》, 홍신문화사.

에이미 굿맨 · 데이비드 굿맨, 2008, 《미친 세상에 저항하기: 민주주의를 실천하는 8가지 행동》, 노시내 역, 마티.

염광희, 2012, 《잘 가라, 원자력: 독일의 탈핵 이야기》, 한울 아카데미.

오경석 외, 2007, 《한국에서의 다문화주의: 현실과 쟁점》, 한울 아카데미.

울리히 벡, 1998, 《정치의 재발견》, 거름.

_____, 1999, 《위험사회: 새로운 근대(성)을 향하여》, 새물결.

_____, 2000, 《지구화의 길: 새로운 문명의 가능성이 열린다》, 조만영 역, 거름.

윌 킴리카, 2010, 《다문화주의 시민권》, 장동진 외 공역, 동명사.

유엔인권위민간단체공동대책위(KONUCH), 1994, 《유엔세계인권대회 자료집》, 서울: 한국.

윤수종 외, 2007, 《우리시대의 소수자 운동》, 이학사.

이노우에 토시히코, 2004, 《세계의 환경도시를 가다》, 사계절.

이반 일리히, 2004, 《성장을 멈춰라!》, 미토.

이수훈, 1994, "글로벌 자본주의와 전지구화", 《세계화 시대의 한국정치: 쟁점과 과제》, 제4회 한국정치 세계학술대회, 한국정치학회.

임현진, 2005, 《전환기 한국의 정치와 사회: 지식, 권력, 운동》, 파주: 집문당.

_____ · 공석기, 2004, "지구시민사회와 초국적사회운동: 한국의 국제연대와 관련하여", 〈대동철학〉, 24집: 391~410.

_____ · 공석기, 2006, "지구시민사회의 작동원리와 한국 사회운동의 초국적 동원전략", 〈한국사회학〉, 40권 2호: 1~36.

_____ · 공석기, 2011, 《글로벌 NGOs: 세계정치의 '와일드카드'》, 파주: 나남.

_____, 2011, 《세계화와 반세계화》, 서울: 세창출판사.

전영평, 2010, 《한국의 소수자 정책: 담론과 사례》, 서울대 출판문화원.

정진성 · 공석기 · 구정우, 2010, 《인권으로 읽는 동아시아》, 서울대 출판문화원.

제3세계 네트워크 · 폴 킹스노스, 2001, 《위기의 현대과학》, 잉걸.

제윤경 · 이헌욱, 2012, 《약탈적 금융사회》, 부키.

제임스 하워드 쿤슬러, 2005, 《장기비상시대》, 이한중 역, 갈라파고스.

조효제, 2007, 《인권의 문법》, 후마니타스.

참여연대 국제연대위원회 · 경희대 인류사회재건연구원, 《국경을 넘어선 아시아 문제와 시민사회의 역할》, 경희대 출판문화원

캐서린 H. S. 문, 2002, 《동맹 속의 섹스》, 삼인.

코너 우드먼, 2011, 《나는 세계일주로 자본주의를 만났다》, 홍선영 역, 갤리온.

투기자본감시센터, "투기자본 없는 다른 세상은 가능하다", http://www. specwatch. or. kr (검색일: 2009. 12. 12).

투자협정 · WTO 반대국민행동, 2004. 2. 27, "운동으로서의 세계사회포럼: 우리의 과제는 무엇인가?", http://anti. wto. jinbo. net (검색일: 2009. 11. 1)

_____ · WTO 반대국민행동, 2003. 10. 24, "한국민중 칸쿤 투쟁단 활동보고 및 평가", http://anti. wto. jinbo. net (검색일: 2009. 11. 1)

프랜시스 후쿠야마, 1997, 《역사의 종말》, 한마음사.

프로젝트팀 편, 2002, 《지구에서 사라진 동물들》, 도요새.

피터 로셋, 2008, 《식량주권, 식량은 상품이 아니라 주권이다》, 시대의창.

한국사회포럼, 〈한국사회포럼 자료집〉, http://www. socialforum. or. kr (검색일: 2009. 12. 10).

한도현 외, 2010, 《이주노동자들의 권익과 시민공동체》, 백산서당.

한미 FTA 저지 범국민운동본부, 2006, 《한미 FTA 국민보고서》, 그린비.

Ancelovici, Marcos, 2002, "Organizing against Globalization: The Case of ATTAC in France", *Politics & Society*, 30(3): 427~463.

Ayres, Jeffrey, 2004, "Framing Collective Action against Neoliberalism: The Case of the 'Anti-Globalization Movement'", *Journal of World-Systems Research*, 10(1): 11~34.

Boli, John & G. M. Thomas, 1999, "INGOs and the Organization of World Culture", in J. Boli & G. Thomas(eds.), *Constructing World Culture: International Nongovernmental Organizations since 1875*, Stanford, CA: Stanford University Press,

Clark, Ann Marie, 2001, *Diplomacy of Conscience: Amnesty International and Changing Human Rights Norms*, Princeton, NJ: Princeton University Press.

della Porta, Donatella, 2007, *The Global Justice Movements: Cross-National and Transnational Perspectives*, Boulder, CO: Paradigm Publishers.

_____, Massmilano Andretta, Lorenzo Mosca, & Herbert Reiter 2006, *Globalization From Below: Transnational Activists and Protest Networks*, Minneapolis, MN: University of Minnesota Press.

Friedman, Elizabeth J., Kathryn Hoschstetler, & Ann Marie Clark, 2005, *Sovereignty, Democracy, and Global Civil Society: State-Society Relations at UN World Conferences*, Albany, NY: State University of New York Press.

Juris, Jeffrey S., 2008, *Networking Futures: The Movements against Corporate Globalization*, Durham, NC: Duke University Press.

Karides, Marina & Thomas Ponniah, 2008, "In Defense of World Social Forum VII" in J. Blau & M. Karides(eds.), *The World and US Social Forums: A Better World is Possible and Necessary*, Lanham, MD: Lexington Books.

Keck, Margaret E. & Kathryn Sikkink, 1998, *Activists Beyond Borders*, Ithaca, NY: Cornell University Press.

Koohane, Robert & Josheph Nye, 1971, "Transnational Relations and World Politics: An Introduction", *International Organization*, 25(3): 329~334.

Khagram, Sanjeev, 2002, "From Santiago to Seattle: Transnational Advocacy Groups Restructuring Work Politics", in S. Khagram, J. V. Riker, & K. Sikkink(eds.), *Restructuring World Politics: Transnational Social Movements, Networks, and Norms*, Minneapolis, MN: University of Minnesota Press.

Khan, Irene & David Petrasek, 2009, *The Unheard Truth: Poverty and Human Rights*, London, UK: W. W. Norton & Company Ltd.

Kong, Suk-Ki & Hyun-Chin Lim, 2011, "Let's Build a New World Order: Tripartite Dynamics of Inter-State System, World Capitalist Economy, and Global Civil

Society", *Korean Journal of Sociology*, 45 (6) : 1~19.

Moghadam, Valentine, 2008, *Globalization and Social Movements : Islamism, Feminism, and the Global Justice Movement*, Lanham, MD : Rowman & Littlefield.

Risse, Thomas & Kathryn Sikkink, 1999, "The Socialization of International Human Rights Norms into Domestic Practices : Introduction", in T. Risse, S. Ropp, & K. Sikkink (eds.), *The Power of Human Rights : International Norms and Domestic Change*, New York, NY : Cambridge University Press.

Schmitz, Hans-Peter, 2000, "Mobilizing Identities : Transnational Social Movements and the Promotion of Human Rights", in Kendall Stiles (ed.), *Global Institution and Local Empowerment*, New York, NY : St, Martin's Press.

Smith, Jackie, 2008, *Social Movements for Global Democracy*, Baltimore, MD : Johns Hopkins University Press.

_____, M. Karides, & M. Becker, 2007, *Global Democracy and the World Social Forums*, Boulder, CO : Paragigm Publishers.

Stern, Geoffrey, 2000, *The Structure of International Society*, 2nd edition, London, UK : Continuum Press.

Tarrow, Sidney, 2005, *The New Transnational Activism*, New York, NY : Cambridge University Press.

Welch, Claude E, 2001, *NGOs and Human Rights : Promise and Performance*, Philadelphia, PA : University of Pennsylvania Press.

Wendt, Alexander, 1992, "Anarchy is What States Make of It : The Social Construction of Power Politics", *International Organization*, 46 (2) : 391~425.

찾아보기